司法書士
STANDARDSYSTEM
スタンダード合格テキスト 11

JN114069

憲法

Wセミナー／司法書士講座 編

早稲田経営出版
TAC PUBLISHING Group

はしがき

　司法書士試験は，合格率４％程度と，数ある国家試験の中でも最難関の資格のひとつに位置づけられています。また出題科目も多く，学習すべき範囲が膨大であることも司法書士試験の特徴のひとつです。このため，学習がうまく進まなかったり，途中で挫折してしまう方がいらっしゃることも事実です。

　では，合格を勝ち取るために必要な勉強法とはどのようなものでしょうか。
　Ｗセミナーでは，長年にわたり司法書士受験生の受験指導を行い，多くの合格者を輩出してきました。その経験から，合格へ向けた効率的なカリキュラムを開発し，さまざまなノウハウを蓄積してまいりました。そしてこの度，その経験とノウハウのすべてを注ぎ込み，合格のためのテキストの新たな基準をうちたてました。それが，本シリーズ「司法書士　スタンダード合格テキスト」です。

　本シリーズは，司法書士試験の膨大な試験範囲を，科目ごとに11冊にまとめました。また，法律を初めて学習する方には使い勝手のよい安心感を，中・上級者にとってはより理解を深めるための満足感を感じていただけるような工夫を随所に施しており，受験生の皆さまの強い味方になることでしょう。

　「憲法」は，司法書士試験においては出題数の少ない科目のひとつです。しかし，内容も難しく出題範囲も広いことから完全に理解するには大変な時間と労力が必要となります。そのため，本書では，憲法を試験に必要にして十分なだけ理解していただくように，条文や重要な判例を数多く掲げ，これらを分かりやすく解説しています。また，過去の本試験で出題された論点については，該当箇所にその出題年次を掲げていますので，司法書士試験における各論点の重要度が一目で分かる形となっています。

　司法書士を志した皆さまが，本シリーズを存分に活用して学習を深めていただき，司法書士試験合格を勝ち取られることを願ってやみません。

2022年8月

Ｗセミナー／司法書士講座
講師・教材開発スタッフ一同

本シリーズの特長と使い方

・特長1　法律論点を視覚的に理解できる！

ケーススタディが豊富に設けられ，具体例が示されているので，法律論点を具体的・視覚的に理解でき，知識の定着を促します。

・特長2　学習に必要な情報が満載！

重要条文はもれなく掲載されており，その都度，六法にあたる手間を省くことができます。また，本試験の出題履歴も表示されており，重要箇所の把握に大いに役立ちます。

・特長3　学習しやすいレイアウト！

行間や余白が広いため書き込みがしやすく，情報をこのテキスト一冊に集約できます。また，細かな項目分けがなされているため飽きずにスラスラ読み進むことができます。

Topics　←方向感！

何を学習するのか，どこが重要かを明らかにすることで，学習の目的や方向性を明確にすることができます。

ケーススタディ　←臨場感！

具体的な事例や図を用いることによって，複雑な権利関係や法律論点を分かりやすく解説しています。質問形式で始まるため，まるで講義を受けているかのような臨場感を味わいながら読み進めることができます。

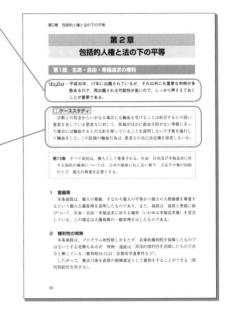

2 議員の資格争訟の裁判

第55条 両議院は、各々その議員の資格に関する争訟を裁判する。但し、議員の議席を失はせるには、出席議員の3分の2以上の多数による議決を必要とする。

(1) 意義等
　本条は、議院の自律権の一内容として、議員資格の争訟に関する裁判を行うことのできる権能を各議院に保障したものである。
　この資格争訟の裁判は、憲法76条1項の例外として憲法が認めたものである。

(2) 要件
　議員の資格を失わせるには、出席議員の3分の2以上の多数によることを必要とする。この議決により、法律上当然に議員としての地位を失う。
　議員の資格とは、議員としての地位を保持することのできる要件をいい、具体的には、法定の被選挙権を有していること、議員の兼職が禁じられている公職に就いていないことが、それにあたる。

(3) 司法審査との関係
　資格争訟の裁判は、議院の自律権の尊重の趣旨から、議員が一番かつ終審であって、この裁判に不服があっても、通常裁判所に訴えて救済を求めることはできない（通説）。　H28-3-イ　H18-1-1　H18-3-2

3 役員選任権および運営に関する自律権

第58条 両議院は、各々その議員の其の他の役員を選任する。
2 両議院は、各々その会議その他の手続及び内部の規律に関する規則を定め、又、院内の秩序をみだした議員を懲罰することができる。但し、議員を除名するには、出席議員の3分の2以上の多数による議決を必要とする。

(1) 意義等
　本条は、各議院が会議体として活動するうえで、各議院の重要な役職に就く者にこれら被拘禁者の新聞紙、図書等の閲読の自由を制限する場合において、立法権（規則制定権）、秩序維持権（議員懲罰権）を与え、憲法55条とともに議院の自律権を保障したものである。

---

(3) 「よど号」ハイジャック記事抹消事件（最判昭58.6.22）

　東京拘置所に勾留、収容されていたXらは、新聞を私費で購読していたが、赤軍派学生による日本航空「よど号」ハイジャック（乗っ取り）事件が発生したことから、拘置所長がハイジャック事件に関する記事を塗りつぶして、新聞を配布した。そこで、Xらは、当該署長の行為はXらの「知る権利」を侵害し、憲法21条などに違反し無効であるとして争った事件。

[判旨]
　未決勾留は、刑事訴訟法上の目的（逃亡・罪証隠滅の防止、刑事施設内の規律・秩序の維持）のために必要やむをえない措置として一定の範囲で個人の自由を拘束するものであり、他方、これにより拘禁される者は、当該拘禁関係に伴う制約の範囲においては、原則として一般市民としての自由を保障されるべきであるから、刑事施設内の規律および秩序の維持のためにこれら被拘禁者の新聞紙、図書等の閲読の自由を制限する場合において、それは、上記の制約を達するために真に必要と認められる限度にとどめられるべきものである。
　したがって、上記の制限が許されるためには、当該閲読を許すことにより上記の規律および秩序が害される一般的、抽象的なおそれがあるというだけでは足りず、具体的事情のもとにおいて、その閲読を許すことにより刑事施設内の規律や秩序の維持に放置することのできない程度の障害が生ずる相当の蓋然性があると認められることが必要であり、かつ、その場合においても、上記の制限の程度は、上記の障害発生の防止のために必要かつ合理的な範囲にとどまるべきである。

○コメント
　本判決は、特別権力関係理論を排斥し、「逃亡・罪証隠滅の防止、刑事施設内の規律・秩序の維持」として、身体の自由・新聞閲読の自由を制限することができるとした。また、新聞の閲読制限が許されるためには「閲読を許すことにより障害発生する相当の蓋然性があると認められることが必要である」とする合憲判断基準（相当の蓋然性基準）を示した点に意義がある。
　刑事施設被収容者（在監者）の知る権利に関しては、「本編第3章第3部■3知る権利」を参照のこと。
　なお、信書の発受の制限について、判例は、刑事施設被収容者の「信書の検閲」は憲法21条2項にいう「検閲」にあたらないとし（最判平6.10.27）、また死刑確定者の信書の発送の不許可処分も違法であるとする（最判平11.2.26）。

重要条文　←効率化！

　法律を学習する上で条文をチェックすることは欠かせませんが、本書では重要条文が引用されているので、六法を引く手間を省くことができます。

過去問表記　←リアル感！

　過去に本試験で出題された論点には、出題履歴を表示しました。試験対策が必要な箇所を把握することができ、過去問にあたる際にも威力を発揮します。「H28-3-イ」は、平成28年度本試験択一式試験（午前の部）の第3問肢イで出題されたことを示しています。

判例　←得点源！

　憲法の学習にとって、判例は大変重要です。そして、判例（判旨）の理解を助けるために事案を極力掲げています。また、事案をケーススタディとして使用することもできます。

コメント　←満足感！

　判例（判旨）のポイント等についてコメントを付して、一層の理解を図っています。

目次

凡　例

1．法令の表記

憲§21Ⅱ前段→憲法第21条2項前段

2．法令の略称

憲→　憲法

国会→　国会法

内閣→　内閣法

裁判所→　裁判所法

公選→　公職選挙法

国公→　国会公務員法

地公→　地方公務員法

地自→　地方自治法

刑訴→　刑事訴訟法

民訴→　民事訴訟法

3．判例の表記

最判昭46.11.30→　昭和46年11月30日最高裁判所判決

大阪高決昭41.5.9→　昭和41年5月9日大阪高等裁判所決定

大阪地判昭27.9.27→　昭和27年9月27日大阪地方裁判所判決

神戸簡判昭50.2.20→　昭和50年2月2日神戸簡易裁判所判決

第 **1** 編

総　論

第1章
憲法の意義

Topics・試験に出題されることはないと思われるが，憲法の出発点として，一応の概念を押さえておくことは必要である。

1　憲法の意味

憲法とは，国家の基礎法（根本法）をいう。しかし，さらに，憲法は異なった意味に使われることがある。その中で特に重要なのが，(1)形式的意味の憲法と実質的意味の憲法の区別，(2)固有の意味の憲法と立憲的意味の憲法の区別である。

(1)　形式的意味の憲法と実質的意味の憲法

①　形式的意味の憲法とは，「憲法」という法形式をとって存在している成文の法典をいう。

日本では，「日本国憲法」がこれに当たる。この意味の憲法は，内容がいかなるものであるかは問わない。

②　実質的意味の憲法とは，特定の内容をもった憲法という。

国家が存在すれば，必ず政治権力とそれを行使する機関が必要であり，この機関・権力の組織と作用およびその相互関係を規律する規範が必要となる。この規範は成文であると不文であるとを問わない。

(2)　固有の意味の憲法と立憲的意味の憲法

実質的意味の憲法には，①固有の意味の憲法（狭義の実質的意味の憲法）と，②立憲的意味の憲法（近代的意味の憲法）がある。

① 固有の意味の憲法とは，国家の統治権の主体，組織，作用を定める憲法（法規範）をいう。

　この固有の意味の憲法は，成文・不文を問わず，いつの時代のどの国家にも存在する。

② 立憲的意味の憲法とは，立憲主義の政治思想（憲法によって国家権力を制限して，国民の権利を保障するという考え）を取り入れた憲法をいう。現在，憲法学の対象とされるのは，この立憲的意味の憲法である。

2　憲法の分類

(1)　存在形式による分類

　実質的意味の憲法は，その存在形式（憲法典が存在するか，存在しないか）に着目して，①成文憲法と，②不文憲法に分けられる。

① 成文憲法

　成文憲法とは，成文の形式をとっている憲法をいう。

　立憲的意味の憲法は，国家と自由な国民との社会契約を具体化したものであるから，文書の形にすることが必要であり，望ましいと考えられ，一般に，立憲的意味の憲法は，成文憲法である。

② 不文憲法

　不文憲法とは，成文の形式をとっていない憲法をいう。

　たとえば，イギリスの憲法が，これにあたる。

(2)　性質による分類

　実質的意味の憲法は，さらにその改正手続に着目して，①硬性憲法と，②軟性憲法に分けられる。

① 硬性憲法

　硬性憲法とは，法律よりも厳格な手続（特別多数決や国民投票など）によらなければ改正することができない憲法をいう。

　立憲的意味の憲法は，国民の人権を保障するものであり，高度の安定性が要求されるので，硬性憲法であることが望ましいと考えられている。日本国憲法も硬性憲法である（憲§96Ⅰ）。

② 軟性憲法

軟性憲法とは，通常の法律と同様の単純多数決の手続によって改正することができる憲法をいう。

(3) 主体（制定権者）による分類

① 欽定憲法：君主によって制定される憲法
② 民定憲法：国民によって制定される憲法
③ 協約憲法：君主と国民の合意によって制定される憲法

(4) 「日本国憲法」の性質

日本国憲法は，前文第1段から明らかなように，日本国民が国民主権の原理に基づいて制定した民定憲法である。ところが，日本国憲法は，形式的には欽定憲法である明治憲法の改正として成立したため，この矛盾をどう解決するか問題となる。

この点，明治憲法から日本国憲法への"改正"は，その限界を超え，このような改正はそもそもできないとして，これは革命と考えざるを得ないとする説が定説である（8月革命説）。この説は，以下のことを理由としている。

① 明治憲法の改正として，明治憲法の基本原理である天皇主権と真っ向から対立する国民主権を定めることは，法的には不可能である。
② しかし，ポツダム宣言が国民主権を採ることを要求している以上，ポツダム宣言を受諾した時点で，明治憲法の天皇主権主義は否定され，国民主権主義が成立した。つまり，ポツダム宣言の受諾によって，法的には一種の革命があったとみられる。
③ ただし，実際上の便宜等から，明治憲法との間に形式的な継続性をもたせるため，明治憲法73条による改正という手続をとることにしたと考えるべきである。

3　立憲的意味の憲法（近代的意味の憲法）の特質

立憲的意味の憲法（＝近代的意味の憲法）の特質は，①個人の人権を守ることを目的として（自由の基礎法），②国家権力を制限し（制限規範），さらに，③個人の人権が，憲法以外の法によって侵害されることのないように，国法秩序において，他のすべての法秩序に優越する効力が与えられている（最高法規性）点にある。

4 法の支配——立憲的意味の憲法の展開

(1) 「法の支配」の意味

① 法の支配とは、「人（君主）の支配」を排斥し、国家権力を法で拘束して、国民の権利と自由を守ることを目的とする原理をいう。

法の支配にいう「法」とは、人間の意思に基づく行為の外に客観的に存在する正義の法（内容の正しい法）をいう。具体的には、イギリスではコモンロー、アメリカでは「最高法規」としての成文憲法典である。

② 法の支配の具体的内容

第1に、法の支配の目的は「人（君主）の支配」の否定であるから、憲法が最高法規であることが内容となる。第2に、憲法で立法府（議会）を制約することによって、立法府が法律によって個人の基本的人権を侵害しないこと、すなわち基本的人権の保障が内容となる。第3に、立法府に対する憲法の優位を確立するため、司法府（裁判所）の役割重視が内容となる。第4に、法律の内容が適正であるだけでなく、権力の行使（とくに刑事手続）も適正な手続によることが内容となる。

③ 日本国憲法における法の支配

㋐ 憲法の最高法規性（憲§96～99）

㋑ 基本的人権の尊重（第3章）

㋒ 司法権の優越（憲§77、78、80、81）

㋓ 適正手続の保障（憲§31）

(2) 「法治主義」の意味

法の支配と似た原理として、法治主義というものがある。これも法の支配と同様に、「法」によって権力を制限しようとするものである。

法治主義には、戦前のドイツにおける「形式的法治主義」と、戦後ドイツの「実質的法治主義」がある。

形式的法治主義は、法の中身については問わなかったため、ナチズムと結びついて悲惨な結果を招いた。戦後のドイツでは、この苦い経験に対する反省から、法律にその内容の正当性を要求し、不当な内容の法律を憲法に照らして排除するという違憲審査制を採用した。

このように、現在のドイツでは、戦前の形式的法治主義から実質的法治主義へと移行しており、現在では英米法の「法の支配」とほぼ同様の意味をもっている。

第2章
憲法前文

Topics ・憲法前文の内容について，出題される可能性は低いと思われる。ただ
し，法的性格について推論で出題される可能性はあるので理解してお
くとよい。

1　総　説

　　憲法前文は，国民主権，基本的人権の尊重，平和主義など，憲法本文の諸規
範の基底を貫く，憲法の基本原理を宣明する。

> 　　日本国民は，正当に選挙された国会における代表者を通じて行動し，われら
> とわれらの子孫のために，諸国民との協和による成果と，わが国全土にわたつ
> て自由のもたらす恵沢を確保し，政府の行為によつて再び戦争の惨禍が起るこ
> とのないやうにすることを決意し，ここに主権が国民に存することを宣言し，
> この憲法を確定する。そもそも国政は，国民の厳粛な信託によるものであつて，
> その権威は国民に由来し，その権力は国民の代表者がこれを行使し，その福利
> は国民がこれを享受する。これは人類普遍の原理であり，この憲法は，かかる
> 原理に基くものである。われらは，これに反する一切の憲法，法令及び詔勅を
> 排除する。
> 　　日本国民は，恒久の平和を念願し，人間相互の関係を支配する崇高な理想を
> 深く自覚するのであつて，平和を愛する諸国民の公正と信義に信頼して，われ
> らの安全と生存を保持しようと決意した。われらは，平和を維持し，専制と隷従，
> 圧迫と偏狭を地上から永遠に除去しようと努めてゐる国際社会において，名誉
> ある地位を占めたいと思ふ。われらは，全世界の国民が，ひとしく恐怖と欠乏
> から免かれ，平和のうちに生存する権利を有することを確認する。
> 　　われらは，いづれの国家も，自国のことのみに専念して他国を無視してはな
> らないのであつて，政治道徳の法則は，普遍的なものであり，この法則に従ふ
> ことは，自国の主権を維持し，他国と対等関係に立たうとする各国の責務であ
> ると信ずる。
> 　　日本国民は，国家の名誉にかけ，全力をあげてこの崇高な理想と目的を達成
> することを誓ふ。

2　内　容

(1)　第1段前半部分

　　まず，国民主権の原理，および国民の憲法制定の意思（民定憲法性）を表明し，ついで，それと関連させながら，人権と平和の二大原理をうたい，そこに日本国憲法制定の目的があることを示している。

(2)　第1段後半部分

　　第1段前半部分を受けて，国民主権とそれに基づく代表民主制の原理を宣言し，最後に，以上の原理を「人類普遍の原理」であると説き，それらの原理が憲法改正によっても否定することができない旨を明らかにしている。

(3)　第2段，第3段，第4段

　　第2段は，平和主義への希求を述べ，第3段は，国家の独善性の否定を確認し，第4段は，日本国憲法の「崇高な理想と目的を達成すること」を誓約している。

3　法的性格

(1)　法規範性

　　憲法の前文は，本文と共に憲法典の一部を構成する。したがって，憲法1条以下の本文と同じく法的性格を有し，本文と同様に憲法改正手続によらなければ憲法前文を改正することができない。

(2)　裁判規範性

　　＜論点＞

　　前文が憲法の一部をなすこと，および本文各条項の解釈基準となることに争いはない。

　　しかし，前文が裁判規範性（具体的な争訟につき，前文を根拠として裁判所に救済を求めることができる法規範としての性格）を有するか否かについては争いがある。

　　憲法前文が裁判規範性を有するか否かは，憲法前文2段3文の「平和のうちに生存する権利」（平和的生存権）を直接の根拠として裁判で主張することが出来るかという点についての争いである。

　　①　否定説

　　　理由　➡㋐　前文は憲法の理想・原則を抽象的に宣明したものであって具体性を欠く。

㋑　前文の内容は，すべて本文の各条項に具体化されているので，裁判所において実際の判断基準として用いられるのは本文の具体的規定である。

➡㋒　憲法本文の各条項には欠缺がなく，前文が直接適用される余地はない。

②　肯定説

[理由] ➡㋐　本文にも前文と同様に抽象的な規定があり，前文と本文の規定の抽象性の相違は相対的なものにとどまる。

㋑　前文は抽象的な規定にすぎず，その理念・原則はすべて本文に具体化され，本文の各条項には欠缺がないというだけでは，前文の裁判規範性を否定することにはならない。

㋒　否定説は，本文各条項に欠缺がなく，前文が直接適用される余地はないとするが，たとえば，前文における「平和のうちに生存する権利」は本文第３章には規定のない基本的人権であり，このいわゆる平和的生存権を侵害する法律や行為に対しては，直接この前文の規定を適用して憲法判断する必要がある。

4　判　例

最高裁の判例は，前文を憲法判断の基礎として提示する場合にも，前文と本文の条文を並記していることが多いため，否定説に立つのか肯定説に立つのかは明確ではない。

ただし，下級審レベルでは，肯定説を本格的に展開した長沼事件第１審判決（札幌地判昭48.9.7）がある。

第3章
国民主権

Topics ・再出題の可能性は低いと思われるが，憲法の基本概念として一応確認
しておくことが大事である。

1 主権の意味

主権の概念は多義的であるが，一般的に，次の3つの異なった意味で用いら
れている。

(1) 国家権力そのもの（国家の統治権）

国家権力そのもの（国家の統治権）としての主権とは，国家が国民および
領土を支配する権利（統治権）をいう。

ポツダム宣言第8項に「日本国の<u>主権</u>ハ本州，北海道，九州及ビ四国並ニ
吾等ノ決定スル諸小島ニ局限セラルベシ。」と定め，また，憲法41条で「国
会は，<u>国権の最高機関</u>であつて，国の唯一の立法機関である。」と定めてい
るのは，この意味の主権である。 `H28-2-イ` `H28-2-エ`

(2) 国家権力の属性としての最高独立性

国家権力の属性としての最高独立性としての主権とは，国家権力は国内に
あっては最高であり，対外的には他の権力のもとに従属しない独立性を保持
していることをいう。

国家主権としての意味である。憲法前文3項で「われらは，いづれの国家
も，自国のことのみに専念して他国を無視してはならないのであつて，政治
道徳の法則は，普遍的なものであり，この法則に従ふことは，自国の<u>主権</u>を
維持し，他国と対等関係に立たうとする各国の責務であると信ずる。」と定
めているのは，この意味の主権である。 `H28-2-ア`

(3) 国政についての最高決定権

国政についての最高決定権としての主権とは，国の在り方を最終的に決定
する権限または権威をいう。

君主主権や国民主権という場合の主権は，この意味である。憲法1条が「天
皇は，日本国の象徴であり日本国民統合の象徴であつて，この地位は，<u>主権</u>
の存する日本国民の総意に基く。」と定め，また，憲法前文1項で「日本国

民は，正当に選挙された国会における代表者を通じて行動し，われらとわれらの子孫のために，諸国民との協和による成果と，わが国全土にわたつて自由のもたらす恵沢を確保し，政府の行為によつて再び戦争の惨禍が起ることのないやうにすることを決意し，ここに主権が国民に存することを宣言し，この憲法を確定する。」と定めているのは，この意味の主権の担い手が国民にあることを表している。

H28-2-オ

2　国民主権の意義

国民主権原理には，権力的契機と正当性の契機の2つの要素が含まれている。

(1)　権力的契機

権力的契機とは，国の政治のあり方を最終的に決定する権力を国民自身が行使するというものである。

この権力的契機の主体としての「国民」は，実際に政治的意思表示を行うことのできる有権者を意味する。また，それは，直接民主制と密接に結びつくことになる。

(2)　正当性の契機

正当性の契機とは，国家の権力行使を正当付ける究極的な権威は国民に存在するというものである。

この正当性の契機の主体としての「国民」は，全国民を意味する。また，それは，代表民主制，特に議会制と結びつくことになる。

第4章
天皇制

Topics ・天皇の公的行為については，学説（推論）問題として出題される可能
性があるので，しっかり理解しておくことが大切である。

1 天皇の地位
(1) 象徴天皇制

> **第1条** 天皇は，日本国の象徴であり日本国民統合の象徴であつて，この地位は，
> 主権の存する日本国民の総意に基く。

① 意義等

本条は，天皇主権を否定して，天皇を日本国および日本国民統合の象徴
としての役割に限定するとともに，主権者である国民の意思の総意が，天
皇の地位の法的根拠であることを定める。

② 「象徴」の意味

象徴とは，無形的・抽象的・非感覚的なものを有形的・具体的・感覚的
なものによって具象化する作用，ないしはその媒介物をいう。

「象徴天皇制」の意味は，天皇が国および国民統合の象徴としての役割
以外の役割をもたないことを強調することにある。

なお，天皇がこのように国の象徴であり国民統合の象徴であることにか
んがみ，天皇には民事裁判権が及ばないとされている（最判平元.11.20；
天皇に対する不当利得返還請求訴訟）。また，刑事裁判権も同様に解され
ている。

(2) 皇位継承

> **第2条** 皇位は，世襲のものであつて，国会の議決した皇室典範の定めるとこ
> ろにより，これを継承する。

本条は，法の下の平等を定めた憲法14条の例外として，世襲制を認めると
ともに，明治憲法下で憲法と同等の効力が認められていた皇室典範を法律と

同じ次元に引き下げ，国民主権の要請と世襲制の調和を図ったものである。

世襲とは，ある地位の継承を，被継承者の血統に属する者に限って認めることをいう。

2　天皇の権能

(1)　総　説

天皇の国事行為について，まず憲法3条で天皇の国事行為に関する内閣の責任を定め，次に，憲法4条1項で天皇の権能の限界を定めている。そして，憲法6条，7条で「国事に関する行為」を具体的に明記する。

これらの規定によって，国民主権主義（前文，憲§1）の下において，天皇が行うことのできる行為は厳しく制限され，象徴としての地位にふさわしい行為だけに限られている。

(2)　権能の範囲

> **第4条**　天皇は，この憲法の定める国事に関する行為のみを行ひ，国政に関する権能を有しない。

本条1項は，天皇は国政に関する権能を持たず，この憲法の定める国事に関する行為のみを行うものとして，天皇の政治的中立の原則を明らかにしている。

「国政に関する権能」とは，広く国政についての実質的な決定・関与権をいい，「国事に関する行為」（国事行為）とは，実質的決定権を含まない形式的・儀礼的な行為をいう。

(3)　天皇の国事行為に関する内閣の責任

> **第3条**　天皇の国事に関するすべての行為には，内閣の助言と承認を必要とし，内閣が，その責任を負ふ。

①　意義等

本条は，天皇の国事に関するすべての行為を内閣の統制と監督のもとに置くことによって，天皇の権限行使に対する民主的コントロールを確保し，あわせて，責任の所在を明らかにしたものである。

② 助言と承認の法的性格

＜論点＞

　　学説上，天皇の国事行為が，結果的に，すべて形式的・儀礼的なものでなければならないとする点については一致しているが，その理論構成については争いがある。この争いは，主に衆議院の解散との関係で問題となる（詳しくは，「第3編第3章第3節❷4解散権の根拠」を参照のこと）。

　㋐　天皇が行う国事行為の中には，実質的決定権を含んだ国会の召集（憲§7②）や衆議院の解散（同③）なども含まれるが，実質的決定権を有する内閣の助言と承認の結果，天皇の国事行為は形式的・儀礼的なものになるとする見解。

　　批判　➡ⓐ　内閣が助言と承認を行う前に天皇に実質的決定権が認められることになり，憲法4条1項の文言に反する。

　　　　　　ⓑ　憲法3条・4条1項の規定する「国事行為」とは，実質的決定権を含まない形式的・儀礼的な行為を意味すると解すべきである。

　㋑　憲法6条，7条に規定された天皇の国事行為は，憲法4条によって，すべて本来的に形式的・儀礼的な性質のものとされており，内閣は，この形式的・儀礼的行為に対して助言と承認を行うものであるから，「助言と承認」は実質的決定権を含まないとする見解。

　　批判　➡　「公布すること」（憲§7①）や「国会を召集すること」（同②）などの行為は，形式的・儀礼的な行為とはいえない。

③　内閣の責任

　　「内閣が，その責任を負ふ」というのは，内閣が自ら行った助言と承認という自己の行為について責任を負うということであり，天皇の責任を肩代わりするものではない。

　　また，責任を負う相手方は天皇ではなく国会であり（憲§66Ⅲ），究極的には国民である。

　　そして，責任の性質は，民事・刑事の法的責任ではなく，政治的責任である。

⑷　**天皇の国事行為の内容**

　　天皇の国事行為は，憲法4条2項（国事行為の委任），6条（天皇の任命権），

７条に列挙されている事項に限られる（通説）。憲法４条２項については「(4)
天皇の国事行為の代行」を参照のこと。

① 憲法６条（天皇の任命権）

> **第６条**　天皇は，国会の指名に基いて，内閣総理大臣を任命する。
> **２**　天皇は，内閣の指名に基いて，最高裁判所の長たる裁判官を任命する。

H15-3-1

天皇は，内閣総理大臣の場合は国会の指名どおりに（憲§６Ⅰ，67），
最高裁判所の長たる裁判官の場合は内閣の指名どおりに（憲§６Ⅱ），そ
れぞれ任命しなければならず，拒否権は認められていない。

なお，天皇は，これらの者について，罷免権を有しない。

② 憲法７条（天皇の国事行為）

> **第７条**　天皇は，内閣の助言と承認により，国民のために，左の国事に関する
> 行為を行ふ。
> 一　憲法改正，法律，政令及び条約を公布すること。
> 二　国会を召集すること。
> 三　衆議院を解散すること。
> 四　国会議員の総選挙の施行を公示すること。
> 五　国務大臣及び法律の定めるその他の官吏の任免並びに全権委任状及び大
> 　　使及び公使の信任状を認証すること。
> 六　大赦，特赦，減刑，刑の執行の免除及び復権を認証すること。
> 七　栄典を授与すること。
> 八　批准書及び法律の定めるその他の外交文書を認証すること。
> 九　外国の大使及び公使を接受すること。
> 十　儀式を行ふこと。

㋐ 「憲法改正，法律，政令及び条約を公布すること」（同①）

H31-2-エ

公布とは，既に成立した法令等を一般国民の知ることのできる状態に
置くことをいう。

公布は法律等の成立要件ではないが，公布がないと，国法として施行
されない（効力発生要件；最判昭33.10.15）。

公布は官報をもって行われる。公布があったとされるのは，一般国民
（の誰か）が官報を見ることのできた最初の時点である（同判例）。

㋑　「国会を召集すること」(同②)

召集とは，一定期日に議員を集会させると同時に，会期を開始させる行為をいう。

召集の対象は，**常会**（憲§52），**臨時会**（憲§53），**特別会**（憲§54Ⅰ）の３つである。なお，参議院の緊急集会（憲§54Ⅱ但書）は，ここにいう「国会」とはされていない。

召集の実質的決定権者は，臨時会については憲法53条に内閣であるとの明文規定があるが，常会・特別会については規定がない。しかし，これらもやはり内閣であると解されている（通説）。

㋒　「衆議院を解散すること」(同③)

解散とは，議員の任期満了前にすべての議員の資格を失わせる行為をいう。

解散は天皇が行うが，その決定権は，助言・承認を行う内閣にあると解されている（通説）。

なお，詳しくは，「第３編第３章第３節[2]衆議院の解散権」を参照のこと。

㋓　「国会議員の総選挙の施行を公示すること」(同④)

総選挙とは，全国のすべての選挙区において同時に実施される選挙をいい，これには，衆議院議員の任期満了および衆議院の解散による総選挙と，参議院議員の３年ごとの半数改選による通常選挙が含まれる。

㋔　「国務大臣及び法律の定めるその他の官吏の任免並びに全権委任状及び大使及び公使の信任状を認証すること」(同⑤)

認証とは，その対象となった行為が正当な手続でされたことを公に証明する国家機関の行為をいう。

しかし，認証は効力要件ではないから，認証を欠いてもその行為が当然に無効となるわけではない。

国務大臣その他の官吏については，任命のみならず，罷免も認証の対象となる。 H16-1-3

㋕　「大赦，特赦，減刑，刑の執行の免除及び復権を認証すること」(同⑥)

恩赦として，５つの種類を規定している。恩赦とは，内閣(憲§73⑦)が，公訴権を消滅させ，または裁判所による刑の言渡しの効果の全部または一部を消滅させる行為をいう。

㋖　「栄典を授与すること」（同⑦）

　栄典とは，国家等に功労のあった者の栄誉を表彰するために，特定人に対して与えられる特殊な待遇をいう。

　栄典の授与は，一代に限りその効力が認められ，また，いかなる特権も伴わない（憲§14Ⅲ）。

　栄典の実質的決定権の所在については，憲法は明文の規定を置いていないが，実質的決定権は，内閣にあり，天皇は内閣の決定にしたがって，栄典を授与するものと解されている。

㋗　「批准書及び法律の定めるその他の外交文書を認証すること」（同⑧）

　批准とは，既に署名・調印された条約を審査し，同意を与え，その効力を確定する行為をいう。そして，批准を行う外交文書を批准書という。

　この批准を行う権限は，条約を締結する権限をもった内閣（憲§73③）に属する。

　この認証は効力発生要件ではないから，認証を欠いた批准書も有効である。

㋘　「外国の大使及び公使を接受すること」（同⑨）

　接受とは，外国の大使および公使を接見する儀礼的な事実行為をいう。

㋙　「儀式を行ふこと」（同⑩）

　儀式とは，天皇が主宰し執行する国家的な性格を有する儀式をいい，皇室の私的な儀式は含まれない。

　また，天皇が他の国家機関が主催する儀式（例えば，国会の開会式など）に参列することは，「儀式を行ふ」には含まれない（通説）。

(5)　**天皇の国事行為の代行**

　天皇が心身の故障などの理由によって自らその国事行為を行うことができない場合に，他の者に代行させる制度として，憲法は，①国事行為の委任と②摂政の２つを認めている。

①　国事行為の委任

第４条

2　天皇は，法律の定めるところにより，その国事に関する行為を委任することができる。

国事に関する行為の個別的委任だけでなく，包括的委任も認められる。委任の範囲は，天皇の権限事項全般に及ぶものと解されている。

② 摂　政

> **第5条**　皇室典範の定めるところにより摂政を置くときは，摂政は，天皇の名でその国事に関する行為を行ふ。……。

　　本条の「摂政」は，法定代理機関であり，摂政が天皇の国事行為を代行するのは，天皇の委任に基づくものではない。なお，摂政は，象徴ではない。

⑹ **天皇の公的行為**
　＜論点＞
　　天皇は，憲法の定める国事行為を行うほか，当然に私人としての行為（私的行為）を行うことができる。しかし，天皇は，これら以外に，例えば，国会の開会式に参列して「おことば」を述べ，外国を公式に訪問するなど，国事行為でもなく，純然たる私的行為にも当てはまらない行為を行っているが，これらの公的な行為については，憲法に明文の根拠がないことから，その合憲性をめぐって争いがある。
　　この点については，天皇に国事行為と私的行為以外を認めない二行為説と，天皇に国事行為と私的行為の外に公的行為を認める三行為説がある。

① 違憲説
　　国事行為と私的行為以外の行為は認められず，公的行為は憲法上の根拠がない以上，違憲であり認められない。
　批　判 ➡ あまりにも非現実的である。

② 合憲説
　㋐ 国事行為説
　　　国事行為と私的行為以外の行為は認められないとの前提に立った上で，国会開会式での「おことば」の朗読は，憲法7条10号の「儀式を行ふ」に含まれるが，その他の行為はあくまで私的行為として認められる。
　　批　判 ➡ 「儀式を行ふ」とは，通常は自ら儀式を主宰し執行するという意味であるから，それに各種の式典に参列する行為まで含めて考えることは文理上無理がある。

㋑　象徴行為説

国事行為と私的行為の他に公的な行為が認められるとの前提に立ち，公的行為は天皇の象徴としての地位に基づくものとして認められる。

[批判] ➡ 天皇が国会開会式で「おことば」を朗読することは，国事行為としてではなく，天皇の象徴としての地位に基づく公的な行為として認められることになるとすると，憲法上，内閣の助言と承認に基づかずに行うことができることになるため，内閣が天皇の公的行為をコントロールできなくなってしまい，憲法３条の趣旨に反する。

㋒　公人行為説

国事行為と私的行為の他に公的な行為が認められるとの前提に立ち，天皇や内閣総理大臣，最高裁判所長官など特定の地位にある者は，公人としての地位に伴う社交的・儀礼的な公的行為を行うことが当然に認められる。

[批判] ➡ 政治的権限を前提とする内閣総理大臣などの儀礼的行為と，そのような権限が否定されている天皇の儀礼的行為を同列に扱うことはできない。

- 天皇の公的行為
  - 二行為説
    - 違憲説
    - 国事行為説
  - 三行為説
    - 象徴行為説
    - 公人行為説

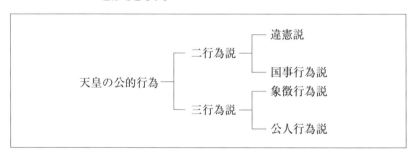

3　皇室の経済

(1)　皇室経済の民主化

憲法は，８条で皇室の財産授受に対する国会の統制を，また，88条で皇室財産の国有化と皇室費用に対する国会の議決を定めて，皇室財産に対する民主的統制を実現している。

(2) 皇室の財産授受の制限

> **第8条** 皇室に財産を譲り渡し，又は皇室が，財産を譲り受け，若しくは賜与することは，国会の議決に基かなければならない。

　本条は，皇室の財産授受を国会の統制下に置くことによって，皇室の私有財産の強大化を防ぎ，または，皇室と特定の私人との結びつきを排除しようとするものである。

　したがって，そのようなおそれのない私的経済行為や儀礼上の贈答，皇室内部における贈与行為など，一定の場合については，国会の議決を要しない（皇室経済§2）。

　なお，ここでの「皇室」とは，私人としての天皇および皇族個人をいう。

(3) 皇室財産と皇室費用

> **第88条** すべて皇室財産は，国に属する。すべて皇室の費用は，予算に計上して国会の議決を経なければならない。

　本条は，皇室の費用に対する国会のコントロールを強化するために，すべての皇室の費用を予算に計上して国会の議決を経ることにしたものである。

　なお，「予算に計上する皇室の費用」には，①内廷費（天皇・皇族の日常の生活費），②宮廷費（天皇・皇族の公的活動に必要な経費），③皇族費（内廷にある皇族以外の皇族の費用）がある。

第5章
戦争の放棄

Topics・**本試験で出題される可能性は低いので簡単に見ておけば足りる。**

1　憲法前文の宣言との関係

　　憲法は，前文2段で，「平和を愛する諸国民の公正と信義に信頼して，われらの安全と生存を保持しようと決意した」と述べ，国際的に中立の立場からの平和外交，および国際連合による安全保障を構想している。

　　そして，続けて，「われらは，平和を維持し，専制と隷従，圧迫と偏狭を地上から永遠に除去しようと努めてゐる国際社会において，名誉ある地位を占めたいと思ふ」と述べて，わが国がこのような国際秩序の形成・維持に向けて格段の努力をすることを明らかにしている。

　　すなわち，平和構想を提示したり，国際的な紛争・対立の緩和に向けて提言を行ったりして，平和を実現するために積極的行動をとるべきことを要請している。

2　戦争の放棄

> **第9条**　日本国民は，正義と秩序を基調とする国際平和を誠実に希求し，国権の発動たる戦争と，武力による威嚇又は武力の行使は，国際紛争を解決する手段としては，永久にこれを放棄する。
> 2　前項の目的を達するため，陸海空軍その他の戦力は，これを保持しない。国の交戦権は，これを認めない。

(1)　意義等

　　本条は，前文で宣言された平和主義を受けて，戦争の放棄・軍備および交戦権を否定したものである。

(2)　「戦力」の意味
　　＜論点＞

　　①　憲法9条2項の「戦力」の意味については，憲法制定以来変遷があり，議論されてきた。

㋐　厳格説

「戦力」とは，軍隊および有事の際に，それに転化しうる程度の実力部隊をいう。また，軍隊とは，外敵の攻撃に対して実力を持ってこれに対抗し，国土を防衛することを目的として設けられた，人的・物的手段の組織体のことをいう。

したがって，自衛隊は戦力にあたり違憲となる。

㋑　緩和説（政府見解）

自衛権は国家固有の権利として憲法９条の下でも否定されず，自衛権を行使するための実力（防衛力）を保持することは憲法上許される。そして，自衛のための必要最小限度の実力は，本条２項にいう「戦力」に当たらない。必要最小限度の実力といえるか否かは，その時々の国際情勢，軍事技術の水準その他の諸条件によって決定される。ただし，他国に侵略的な脅威を与えるような攻撃的武器は保持できない。

したがって，自衛隊は必要最小限度の実力を超えるものではなく合憲となる。

②　駐留米軍は，憲法９条２項の「戦力」か

判例は，憲法が保持を禁止した戦力とは，わが国がその主体となってこれに指揮権，管理権を行使し得る戦力をいうものであり，結局わが国自体の戦力を指すから，**外国の軍隊は**，たとえそれが**わが国に駐留するとしても，ここにいう戦力には該当しない**とする（最判昭34.12.16；砂川（すながわ）事件）。

(3)　自衛権

自衛権とは，外国から急迫，現実の不法な侵害に対し，自国を防衛するために必要な一定の実力を行使する権利をいう。

憲法は，自衛権の有無については何も規定していないが，わが国に自衛権があることについては，異存なく肯定されている。

判例は，憲法９条は，戦争を放棄し，戦力の保持を禁止しているが，これによってわが国が**主権国として持つ固有の自衛権は何ら否定されたものではない**とする（最判昭34.12.16；砂川事件）。

.

第 2 編

人 権

第1章
人権総論

第1節　人権の内容

Topics・平成18年に人権の分類が出題されているが，基本的な概念なので一
応理解しておくとよい。

1　人権の分類

　人権の主要な分類として，(1)自由権，(2)社会権，(3)参政権，(4)国務請求権（受
益権）に分けることができる。

(1)　自由権とは，国家が個人の領域に対して権力的に介入することを排除して，
個人の自由な意思決定と活動とを保障する人権をいう。その意味で，「国家
からの自由」ともいわれ，人権体系の中心をなしている。

H18-3-エ
　自由権の内容としては，①精神的自由権（思想・良心の自由（憲§19），
信教の自由（憲§20），表現の自由（憲§21），学問の自由（憲§23）），②経
済的自由権（職業選択の自由（憲§22），居住・移転の自由（憲§22），財産
権（憲§29）），③人身の自由がある。

(2)　社会権とは，社会的・経済的弱者が国家に対して積極的な配慮を求めるこ
とのできる権利をいう。その意味で，「国家による自由」ともいわれる。社
会権は，資本主義の高度化に伴い生じた失業・貧困・労働条件の悪化などの
弊害から，社会的・経済的弱者を守るために20世紀になって確立した，国家
により後見的に保護される人権である。

H18-3-ア
H18-3-オ
　社会権の内容としては，社会権の総則規定である①生存権（憲§25），②
教育を受ける権利（憲§26），③勤労の権利（憲§27），④労働基本権（憲§
28）がある。

(3)　参政権とは，国民が国政に参加する権利をいう。その意味で，「国家への
自由」ともいわれる。参政権は国民の人権を十分に保障するためには，国民
の意思を国政に反映させることが必要であることから認められてきた人権で
ある。

　参政権の内容としては，選挙権（憲§15）がある。

⑷　国務請求権（受益権）とは，人権保障をより確実なものとするために認められている人権をいう。その意味では，「**国家に求める自由**」ともいわれている。

国務請求権（受益権）の内容としては，㋐請願権（憲§16），㋑国家賠償請求権（憲§17），㋒裁判を受ける権利（憲§32），㋓刑事補償請求権（憲§40）がある。

⑸　以上の分類に含まれないものとして，①包括的基本権（憲§13），②法の下の平等（憲§14）がある。

2　人権の分類の相対性

人権の分類は，それぞれの人権の共通の特質に注目して類型化したものであるが，その分類は絶対的なものではなく，相対的なものにすぎない。

たとえば，表現の自由から導き出される「知る権利」は，情報が妨げられないという自由権的性格を有するだけでなく，情報の公開を請求するという請求権的性格を有している。 [H18-3-イ]

他方，社会権についても，教育を受ける権利や生存権は，公権力によって，不当に制限されてはならないという自由権的側面を有する。 [H18-3-ウ]

第2節　人権の享有主体性

Topics・平成25年には人権の享有主体性全般が，平成31年，21年に外国人の
　　　　人権について出題されているが，出題された判例以外にも多くの判例
　　　　があるので，確認しておくことが大事である。

1　総　説

> **第11条**　国民は，すべての基本的人権の享有を妨げられない。この憲法が国民
> に保障する基本的人権は，侵すことのできない永久の権利として，現在及び
> 将来の国民に与へられる。

　本条は，憲法12条，13条とともに人権の総則規定としての性格を有し，国民
が基本的人権を享有すること，基本的人権が不可侵の永久の権利であることを
指摘し，特に憲法の保障する基本的人権が自然権思想を基礎にしていることを
明らかにしたものである。

2　国　民

⑴　国民の要件

> **第10条**　日本国民たる要件は，法律でこれを定める。

　本条は，憲法第3章の権利義務の主体としての「国民」の範囲を命令等で
はなく，法律で定めることを明らかにしたものである（国籍法律主義）。本
条に従い，国籍法が定められている。

⑵　国籍の取得

　①　出生による場合

　　　国籍法は，血統主義を原則とし，例外的に，出生地主義を認めている（国
　　籍§2）。

　②　認知による場合

　　　旧国籍法3条1項は，「出生の時に父又は母が日本人であった場合，出
　　生後に父母の婚姻及びその認知により嫡出たる身分を取得した子（準正の
　　嫡出子）は，その旨を法務大臣に届け出ることにより国籍を取得する」と
　　定めていたが，判例は，嫡出子かどうかは子が自らの意思や努力により変

えることのできないものであることを理由に，父母の婚姻の要件は違憲無効であるから，残りの要件を満たせば国籍は取得されるとする（最判平20.6.4；国籍法違憲判決）。

この判決を受けて，現行の国籍法3条は，非準正子であっても，出生後に日本国民である父から認知された場合には，届出により日本国籍を取得することができるものと改められた（本編第2章第2節5(4)②判例を参照のこと）。

(3) 国籍の喪失

憲法22条2項は，「何人も，……国籍を離脱する自由を侵害されない」として，無条件に「国籍を離脱する自由」を保障している。

国籍法は外国国籍の取得を国籍離脱の条件としているが，憲法22条2項の「国籍を離脱する自由」の保障は，無国籍になる自由までも保障したものではないことから，このような条件を課しても憲法に違反しないと解されている。

3　外国人

> 📖**ケーススタディ**
>
> 日本国に在留する外国人が，入国後，反戦運動の活動家としてデモに参加するなどの政治活動を行ったために，外務大臣の不許可処分により，在留延長が認められなかった。この外務大臣の不許可処分は，外国人の在留の権利を侵害しないか。

(1) 意　義

外国人とは，日本の国籍を有しない者および無国籍者をいう。

(2) 人権享有主体性の有無

＜論点＞

憲法第3章の標題が「国民の権利及び義務」となっていることから，外国人に人権享有主体性が認められるか否かについて争いがある。

① 否定説

外国人に人権を保障するか否かは立法政策の問題であり，人権を保障しなくても違憲の問題は生じないとする見解。

　　　　理由　➡　　㋐　憲法第3章の表題，および第3章の総則規定である憲法11条，

　　　　　　　　　　　12条，13条は，すべて「国民」という文言を用いている。

　　　　　　　　　㋑　本来，憲法は，国と国民の関係を規律するものであり，また，

　　　　　　　　　　　外国人はわが国の国権の作用に服する義務はない。

　　　　　　　　　㋒　外国人は，日本国家の運命の担当者ではない。

　　②　肯定説（判例，通説）

H21-1-①

　　　　外国人にも人権保障が及ぶとする見解。

　　　　理由　➡㋐　人権は前国家的・前憲法的性格を有するものである。

　　　　　　　　　㋑　憲法は国際協調主義（前文，憲§98Ⅱ）を採用している。

　　　　　　　　　㋒　国際人権規約は内外人の平等を規定している。

⑶　保障の有無が問題となった人権

　　①　総　説

　　　＜論点＞

　　　　外国人に人権享有主体性が認められるとする「肯定説」に立った場合

　　　に，外国人が憲法の定めるいかなる基本的人権をいかなる程度において

　　　享有することができるかが問題となる。

　　　㋐　性質説

H21-1-②

　　　　基本的人権の保障は，権利の性質上日本国民のみを対象としていると

　　　解されるものを除き，わが国に在留する外国人に対しても等しく及ぶと

　　　する見解（最判昭53.10.4；マクリーン事件）。

　　　㋑　文言説

H21-1-③

　　　　外国人には，憲法各条に「何人も」と規定されている人権のみ保障さ

　　　れるとする見解。

　　　　批判　➡　憲法22条2項が「何人も，……国籍離脱の自由を侵害されない」

　　　　　　　　　と規定していることから，外国人も「国籍離脱の自由」を有する

　　　　　　　　　ことになってしまい妥当でない。

　　②　出入国の自由

　　　㋐　入国の自由

H25-1-イ
H21-1-④

　　　　居住・移転の自由を享けるものは法文上日本国民に局限されてないの

　　　であるから，外国人であっても日本国に在ってその主権に服している者

　　　にも及ぶが，憲法22条は外国人が日本国に入国する自由については何ら

規定していないものというべきであって，このことは，国際慣習法上，外国人の入国の拒否は当該国家の自由裁量により決定し得るものであって，特別の条約が存しない限り，国家は外国人の入国を許可する義務を負わない（最判昭32.6.19）。

④　入国・在留の自由
　　マクリーン事件（最判昭53.10.4）

> アメリカ国籍のマクリーンは，英語教師として１年間の在留期間での入国を許可されたところ，入国後，反戦運動の活動家としてデモに参加するなどの政治活動を行ったため，翌年在留期間の更新を申請したが，法務大臣により不許可処分とされたため，その取消しを求めて争った事件。

【判旨】

　憲法22条１項は，日本国内における居住・移転の自由を保障する旨を規定するにとどまり，外国人がわが国に入国することについてはなんら規定していないものであり，このことは，国際慣習法上，国家は外国人を受け入れる義務を負うものではなく，特別の条約がない限り，外国人を自国内に受け入れるかどうか，また，これを受け入れる場合にいかなる条件を付するかを，当該国家が自由に決定することができるものとされている。　　　　　　　　　　　　　　　[H21-1-④]

　したがって，憲法上，外国人は，わが国に入国する自由を保障されているものでないことはもちろん，在留の権利ないし引き続き在留することを要求しうる権利を保障されているものでもないと解すべきである。

　コメント
　　　✏ ケーススタディの場合，外務大臣の在留更新の不許可処分は，外国人の在留の権利を侵害しない。

⑤　再入国の自由
　　再入国とは，日本国に在留する外国人が，その在留期間満了前に日本国に再び入国する意図をもって出国することをいう。
　　森川キャサリーン事件（最判平4.11.16）

> 　指紋押捺を拒否したアメリカ国籍の女性（森川キャサリーン）が，海外旅行のための再入国許可申請をしたところ，法務大臣により不許可処分とされたため，その取り消しを求めて争った事件。

【判旨】

H31-1-イ

　わが国に在留する外国人は，憲法上，外国へ一時旅行する自由を保障されているものでないことは，昭和32年（入国の自由に関する事件）と昭和53年（マクリーン事件）の最高裁判例の趣旨に徴して明らかである。

　したがって，外国人の再入国の自由は，憲法22条により保障されない。

💬コメント

　本判決は，外国人には入国の自由は保障されていないから，法務大臣の（再）入国不許可処分も裁量権の濫用には当たらないとする。

　また，最判平10.4.10（海外渡航拒否事件）も，改正前の外国人登録法に基づく指紋押捺を拒否した在日韓国人の海外旅行申請に対し，本件と同様の判旨で法務大臣が再入国を拒否し，さらに永住権まで剥奪したことも違法とはいえないとしている。

 ㋑　出国の自由

　判例は，憲法22条2項は「何人も，外国に移住し，又は国籍を離脱する自由を侵されない」と規定しており，ここにいう外国移住の自由（出国の自由）は，その権利の性質上外国人に限って保障しないという理由はないとする（最判昭32.12.25）。

③　自由権

 ㋐　政治活動の自由

　　マクリーン事件（最判昭53.10.4）

【判旨】

H31-1-エ

　憲法第3章の基本的人権の保障は，権利の性質上日本国民のみをその対象としていると解されるものを除き，わが国に在留する外国人に対しても等しく及ぶものと解すべきであり，政治活動の自由についても，わが国の政治的意思決定またはその実施に影響を及ぼす活動等外国人の地位にかんがみこれを認めることが相当でないと解されるものを除き，その保障が及ぶものと解するのが，相当である。しかしなが

ら，それは，外国人在留制度の枠内で与えられているにすぎず，在留期間中の基本的人権の保障を受ける行為を在留期間の更新の際に消極的な事情としてしんしゃくされないことまでの保障が与えられているものと解することはできない。 H15-1-1

コメント

本判決は，外国人に保障される範囲につき，性質説の立場に立つことを明らかにし，原則として，政治活動の自由も外国人に保障されるとしたが，それは「外国人在留制度の枠内」で与えられているにすぎないものとする。

㋑　プライバシー権

外国人指紋押なつ拒否事件（最判平7.12.15）

外国人の宣教師Xは，外国人登録原票，登録証明情報および指紋原紙に指紋押なつをしなかったために，旧外国人登録法違反で起訴された。そこで，Xは，外国人に対する指紋押なつ制度を定めた外国人登録法の条項が憲法13条等に違反するとして争った事件。

【判旨】

指紋は，個人の内心に関する情報となるものではないが，性質上万人不同性，終生不変性をもつので，採取された指紋の利用方法次第では個人の私生活あるいはプライバシーが侵害されるおそれがある。

したがって，個人の私生活上の自由の一つとして，何人もみだりに指紋の押なつを強制されない自由を有するというべきであり，国家機関が正当な理由もなく指紋の押なつを強制することは，憲法13条の趣旨に反して許されず，また，この自由の保障はわが国に在留する外国人にも等しく及ぶと解される。 H30-1-オ

しかし，旧外国人登録法が定める在留外国人についての指紋押なつ制度は，戸籍制度のない外国人の人物特定につき最も確実な制度として制定されたもので，その立法目的には十分な合理性があり，かつ，必要性も肯定できるものである。また，本件当時の制度内容は，押なつ義務が３年に一度で，押なつ対象指紋も一指のみであり，加えて，その強制も罰則による間接強制にとどまるものであって，精神的，肉体的に過度の苦痛を伴うものとまではいえず，方法としても，一般的に許容される限度を越えない相当なものであったと認められる。

コメント

本判決は，外国人にも「みだりに」指紋押捺を強制されない自由は保障されているとしながら，在留外国人についての指紋押捺強制は「みだり」ではないとして，合憲としたものである。

なお，1992年の外国人登録法の改正によって，永住資格を認められた在留外国人には指紋押なつ義務は廃止され，署名と写真提出の制度に改められた。

④　参政権

㋐　選挙権・被選挙権

ⓐ　外国人の国政選挙権事件（最判平5.2.26）

日本国の永住許可を取得したイギリス国籍のXは，日本国籍を有していないことを理由に参議院議員選挙の投票が認められなかった。そこで，Xは，永住権を有する外国人は憲法15条の「国民」に該当するので，Xに選挙権を認めない公職選挙法は，憲法15条等に違反するとして争った事件。

【判旨】

国会議員の選挙権を有する者を日本国民に限っている公職選挙法９条１項の規定が憲法15条，14条の規定に違反するものでないことは，最判昭53.10.4（マクリーン事件）の趣旨に徴して明らかである。

ⓑ　外国人の地方議会議員選挙権事件（最判平7.2.28）

日本国の永住資格を有する在日韓国人は，憲法上地方公共団体における選挙権が保障されているとして，選挙管理委員会に対して選挙人名簿に登録することを求めたが却下されたため，却下決定の取消しを求めて争った事件。

【判旨】

憲法15条１項は，国民主権原理に基づき，公務員の終局的任免権が国民に存することを表明したものにほかならないところ，憲法の国民主権の原理における国民とは，日本国民すなわちわが国の国籍を有する者を意味することは明らかである。そうだとすれば，**憲法15条１項の規定は，権利の性質上日本国民のみをその対象とし，**上

記規定による権利の保障は，わが国に在留する外国人には及ばない。

　また，憲法93条2項にいう「住民」とは，地方公共団体の区域内　　H21-1-⑤
に住所を有する日本国民を意味するものと解するのが相当であり，
上記規定は，わが国に在留する外国人に対して，地方公共団体の長，
その議会の議員等の選挙の権利を保障したものということはできな
い。

　もっとも，わが国に在留する外国人のうちでも永住者等であって　　H31-1-ウ
その居住する区域の地方公共団体と特段に密接な関係を持つに至っ
たと認められるものについて，法律をもって，地方公共団体の長，
その議会の議員等に対する選挙権を付与する措置を講ずることは，
憲法上禁止されているものではない。

　しかしながら，上記のような措置を講ずるか否かは，もっぱら立　　H25-1-エ
法政策にかかわる事柄であって，このような措置を講じないからと
いって違憲の問題を生ずるものではない。

　(⋯)コメント

　　本判決は，国政選挙のみならず地方選挙についても，憲法93条2項
　の「住民」は日本国民を意味するとして，外国人には保障されないと
　する。その上で，本判決は，定住者等，一定の範囲の外国人に地方レ
　ベルの選挙権を付与することは，憲法は禁じていないとし，それは立
　法政策の問題であるとする。

　ⓒ　外国人の国政の被選挙権事件（最判平10.3.13）
　　国会議員の被選挙権を有する者を日本国民に限っている公職選挙法
　10条1項の規定は，憲法15条に違反しない。

　④　公務就任権
　　外国人管理職選考受験拒否事件（最判平17.1.26）

> 　韓国籍の特別永住者で東京都に保健師（地方公務員）として採用
> されているXは，課長級の職への管理職選考を受験しようとしたと
> ころ，外国籍を理由に受験が認められなかったため，管理職試験の受
> 験資格と損害賠償を求めて争った事件。

【判旨】
　　国民主権原理に基づき，国および普通地方公共団体による統治の在
　り方については日本国の統治者としての国民が最終的な責任を負うべ

きものであること（憲法１条，15条１項参照）に照らし，原則として日本の国籍を有する者が公権力行使等地方公務員（地方公務員のうち，住民の権利義務を直接形成し，その範囲を確定するなどの公権力の行使に当たる行為を行い，もしくは普通地方公共団体の重要な施策に関する決定を行い，またはこれらに参画することを職務とするもの）に就任することが想定されているとみるべきである。

普通地方公共団体が，公務員制度を構築するに当たって，公権力行使等地方公務員の職とこれに昇任するのに必要な職務経験を積むために経るべき職とを包含する一体的な管理職の任用制度を構築して人事の適正な運用を図ることも，その判断により行うことができるものというべきである。

H31-1-ア

そうすると，日本国民である職員に限って管理職に昇任することができることとする措置を執ることは，合理的な理由に基づいて日本国民である職員と在留外国人である職員とを区別するものであり，上記の措置は，労働基準法３条にも，憲法14条１項にも違反するものではない。

⑤　社会権
㋐　塩見訴訟（最判平元.3.2）

年少のころ失明した韓国人女性が，日本に帰化後障害福祉年金の受給申請をしたところ，廃疾（回復不能の病）認定日に日本人であることの受給要件を満たしていないとして請求棄却処分とされたため，その処分取消しを求めて争った事件。

【判旨】

社会保障上の施策において在留外国人をどのように処遇するかについては，国は，特別の条約の存しない限り，当該外国人の属する国との外交関係，変動する国際情勢，国内の政治・経済・社会的諸事情等に照らしながら，その政治的判断によりこれを決定することができるのであり，その限られた財源の下で福祉的給付を行うに当たり，自国民を在留外国人より優先的に扱うことも，許されるべきことと解される。したがって，（旧）国民年金法81条１項の障害福祉年金の支給対象者から在留外国人を除外することは，立法府の裁量の範囲に属する事柄と見るべきであって，憲法25条の規定に違反するものではない。

◯コメント

　　従来，生存権を中心とする社会権は，まず各人の所属する国によって
保障されるべき権利であるが，立法によって外国人にそれらを認めるこ
とは可能であると解されてきた。本判例も，この立場に立つものである。
　　なお，本判例は，障害福祉年金の受給資格は，立法府の裁量の範囲内
に属する事柄であるとして，憲法14条１項にも違反しないとする。

㋑　生活保護申請却下処分取消請求事件（最判平13.9.25）

> 　中国国籍で不法残留者である外国人が，交通事故に遭った際に，
> 生活保護法による保護の申請をしたところ，日本国籍でなかったこ
> とを理由に保護申請が却下されたため，その却下処分の取消しを求
> めて争った事件。

【判旨】

　憲法25条（生存権）の趣旨にこたえて具体的にどのような立法措置 `H31-1-オ`
を講ずるかの選択決定は立法府の広い裁量に委ねられていると解すべ
きところ，不法残留者を保護の対象に含めるかどうかが立法府の裁量
の範囲に属することは明らかである。不法残留者が緊急に治療を要す
る場合についても，この理が当てはまる。したがって，生活保護法が
不法残留者を保護の対象としていないことは，憲法25条に違反しない。
　また，生活保護法が不法残留者を保護の対象にしないことは何ら合
理的理由のない不当な差別的取扱いには当たらないから，憲法14条１
項に違反しない。

㋒　永住外国人と生活保護法（最判平26.7.18）

> 　永住者の在留資格を有する外国人が，生活保護法に基づく生活保
> 護の申請をしたところ，大分市福祉事務所長から同申請を違法に却
> 下する処分を受けたため，その処分取消し等を求めて争った事件。

【判旨】

　旧生活保護法は，その適用の対象につき「国民」であるか否かを区
別していなかったのに対し，現行の生活保護法は，１条及び２条にお
いて，その適用の対象につき「国民」と定めたものであり，このよう
に同法の適用の対象につき定めた上記各条にいう「国民」とは日本国

民を意味するものであって，外国人はこれに含まれないものと解される。そして，現行の生活保護法が制定された後，現在に至るまでの間，同法の適用を受ける者の範囲を一定の範囲の外国人に拡大するような法改正は行われておらず，同法上の保護に関する規定を一定の範囲の外国人に準用する旨の法令も存在しない。したがって，生活保護法を始めとする現行法令上，生活保護法が一定の範囲の外国人に適用されまたは準用されると解すべき根拠は見当たらない。

そうすると，本件却下処分は，生活保護法に基づく受給権を有しない者による申請を却下するものであって，適法である。

4　法　人

ケーススタディ

会社の代表取締役が，会社を代表して政党に対して政治献金をすることは，政治的行為の自由として認められるか。

(1)　人権享有主体性の有無

人権保障は，人間が生まれながらにもっている権利であるとして，元来，その主体は自然人に限ると考えられてきた（むしろ，近代人権思想は団体に対しては敵対的であった）。しかし，経済社会の発展にともない，法人その他の団体の活動の重要性が増大し，法人の人権享有主体性が認められるようになり（ドイツ憲法§19Ⅲ など），今日では，法人の人権享有主体性が肯定されている（最判昭45.6.24；八幡製鉄政治献金事件）。

理　由　➡①　法人の活動が自然人を通じて行われ，その効果は究極的に自然人に帰属する（法人の人権を認めることにより，法人の構成員たる自然人の人権保障が厚くなる）。

②　法人は現代社会において一個の社会的実体として重要な活動を行っており，その行為を自然人の行為に還元・分解することは非現実的である。

(2)　保障される人権の範囲

法人の人権享有主体性が肯定されるとした場合，法人に保障される人権の範囲が問題となる。

判例は，憲法第3章に定める国民の権利および義務の各条項は，性質上可能な限り，内国の法人にも適用されるとする（最判昭45.6.24；八幡製鉄政治

献金事件)。

　したがって，例えば，営業の自由（憲§22）や財産権（憲§29）などの経済的自由，国家賠償請求権（憲§17）や裁判を受ける権利（憲§32）などの国務請求権，宗教法人の場合は宗教活動の自由（憲§20），学校法人の場合は学問の自由（憲§23），出版社や報道機関などの場合は言論・出版等の表現の自由，報道の自由（憲§21）が保障される。また，判例は，法人に政治活動の自由を認める。これに対して，参政権（選挙権・被選挙権）（憲§15Ⅰ）や生存権（憲§25）などは保障されない。

(3) **判　例**

　① 報道・取材の自由

　　博多駅取材フィルム提出命令事件（最決昭44.11.26）

> 　裁判所が裁判のために必要であるとして，米原子力空母寄港反対運動に関して学生と機動隊員とが博多駅付近で衝突した模様を撮影した放映済みのテレビフィルムの提出を放送局に命令した。これに対して，放送局は，裁判所の当該提出命令は取材活動に支障をきたし，報道の自由を保障する憲法21条に違反するとして争った事件。

【判旨】

　報道機関の報道の自由は，表現の自由を規定した憲法21条の保障のもとにあることはいうまでもなく，また，このような報道機関の報道が正しい内容をもつためには，報道の自由とともに，報道のための取材の自由も，憲法21条の精神に照らし，十分尊重に値するものとされる。

H28-1-ア

　⋯⋯コメント

　　本判決は，報道の自由は憲法21条に含まれるとしたが，取材の自由については憲法21条の精神に照らし，十分に尊重されるとして，消極的肯定の立場に立った。

　　なお，判旨のその他の部分については，「本編第3章第3節❸2 報道の自由，3 知る権利」を参照のこと。

　② 政治活動の自由

　　㋐ 八幡製鉄政治献金事件（最判昭45.6.24）

> 　八幡製鉄株式会社の代表取締役は，会社を代表して政党に対して政治献金をしたが，それは会社の定款所定の目的の範囲外の行為で

あり，かつ，取締役の忠実義務に違反するものであるとして，旧商法267条の株主代表訴訟が提起された事件。

【判旨】

H25-1-ア

憲法第3章に定める国民の権利および義務の各条項は，性質上可能な限り，内国の法人にも適用されるものと解すべきであるから，会社は，自然人たる国民と同様，国や政党の特定の政策を支持，推進または反対するなどの政治的行為をなす自由を有するのである。政治資金の寄付もまさにその自由の一環であり，会社によってそれがなされた場合，政治の動向に影響を与えることがあったとしても，これを自然人たる国民による寄付と別異に扱うべき憲法上の要請があるものではない。

コメント

ケーススタディの場合，会社の代表取締役が，会社を代表して政党に政治献金をすることは，政治的行為の自由として認められる。

④　南九州税理士会事件（最判平8.3.19）

税理士会が政治資金規正法上の政治団体に金員を寄付すること（いわゆる「政治献金」）が，法で定められた税理士会の目的の範囲内の行為であるかが争われた事件。

【判旨】

税理士会は，会社とその法的性格を異にする法人であり，その目的の範囲についても，これを会社のように広範なものと解するならば，法の要請する公的な目的の達成を阻害して法の趣旨を没却する結果となることが明らかである。

法が税理士会を強制加入の法人としている以上，その構成員である会員には，様々な思想・信条および主義・主張を有する者が存在することが当然に予想されている。したがって，税理士会が多数決の方式により決定した意思に基づいてする活動にも，そのために会員に要請される協力義務にも，おのずと限界がある。特に，政党など規正法上の団体に対して金員の寄付をするかどうかは，選挙における投票の自由と表裏を成すものとして，会員各人が市民としての個人的な政治的思想，見解，判断等に基づいて自主的に判断すべき事柄というべきである。

　　そうすると，公的な性格を有する税理士会が，政治団体に金員の寄付をするような事柄を多数決原理によって団体の意思として決定し，構成員にその協力を義務付けることはできないというべきである。たとえ税理士に係る法令の制定改廃に関する要求を実現するためであっても旧税理士法49条2項所定の税理士会の目的の範囲外の行為といわざるをえない。

（⋯）コメント

　　本判決は，税理士会が，法で設立が義務付けられている強制加入団体であることなどから，前述の株式会社に関する八幡製鉄政治献金事件（最判昭45.6.24）とは異なり，政治資金規正法上の政治団体に金員を寄付することは税理士会の目的外の行為であるとする。

③　その他

群馬司法書士会事件（最判平14.4.25）

> 　　群馬県司法書士会が，阪神・淡路大震災により被災した兵庫県司法書士会に復興支援拠出金を寄付することとして，会員から登記申請事件1件当たり50円の復興支援特別負担金を徴収することが，司法書士法に定める会の目的の範囲内といえるかが争われた事件。

【判旨】

　　司法書士会は，司法書士の品位を保持し，その業務の改善進歩を図るため，会員の指導および連絡に関する事務を行うことを目的とするものであるが，その目的を遂行する上で直接または間接に必要な範囲で，他の司法書士会との間で業務その他について提携，協力，援助等をすることもその活動範囲に含まれるというべきである。したがって，兵庫県司法書士会に復興支援拠出金を寄付することは，群馬県司法書士会の権利能力の範囲であるというべきである。

　　司法書士会がいわゆる強制加入団体であることを考慮しても，本件負担金の徴収は，会員の政治的または宗教的立場や思想信条の自由を侵害するものでなく，また，本件負担金の額も，登記申請事件1件につき50円であり，これを3年間の範囲で徴収するというものであって，会員に社会通念上過大な負担を課するものではないのであるから，本件負担金の徴収について，公序良俗に反するなど会員の協力義務を否定すべき特段の事情があるとは認められない。

> ⊡➤コメント
>
> 　本判決は，前記南九州税理士会事件と異なり，同じ司法書士会の復興支援の寄付という互恵的なもので，政治色のないものであることから，権利能力の範囲を超えるものではないと判断されたものである。

5　天皇および皇族の人権

　憲法が世襲制に基づく象徴天皇制（憲§1，2）を存置させていることから，天皇および皇族は，憲法第3章の人権享有主体としての「国民」に含まれるかについて，肯定説と否定説の争いがある。

　肯定説に立った場合でも，憲法自身が認めている天皇の世襲制や天皇の象徴としての地位から，天皇および皇族が一般の国民と異なった取り扱いを受けることを認めている。

　判例は，天皇も憲法第3章にいう国民に含まれ，憲法の保障する基本的人権の享有主体であって，その地位の世襲制，象徴としての地位，職務からくる最小限の特別扱いのみが認められるから，天皇にもプライバシー権や肖像権の保障が及ぶとする（富山地判平10.12.16，最決平12.10.27；コラージュ事件）。

　なお，天皇は日本国の象徴であり日本国民統合の象徴であることに鑑み，天皇には民事裁判権が及ばないと解されている（最判平元.11.20）。

Topics・公共の福祉による基本的人権の制約については，学説問題として平成
16年に出題されているので，一応読んでおけば足りる。

・私人間における人権の保障と限界については，学説問題として平成
15年と19年に出題されているので，一応読んでおけば足りる。

・公共の福祉による基本的人権の制約と私人間における人権の保障に関
する判例については，出題の可能性が高いのでしっかり準備しておく
ことが大切である。

■ 人権と公共の福祉

1 人権の限界

　憲法は，自然法思想のもとに，基本的人権を「侵すことのできない永久の権
利」として保障する（憲§11，97）。

　しかし，基本的人権も絶対無制約なものではない。個人は社会との関係を無
視して生存することはできないからである。特に，他の人権との関係で制約を
免れない。

2 人権制約の根拠

＜論点＞

　憲法12条は，国民は基本的人権を「公共の福祉のために」利用する責任を
負うとし，憲法13条は，国民の権利については「公共の福祉に反しない限り」，
立法その他の国政の上で，最大の尊重を必要とすると定めている。また，個
別的人権規定において，憲法22条の居住・移転および職業選択の自由，憲法
29条の財産権の保障の2か条には，重ねて「公共の福祉」による制限が明示
されている。

　そこで，これらの憲法規定との関連で，「公共の福祉」が人権の制約根拠
となり得るかについて争いがある。

(1) 一元的外在制約説

　憲法12条，13条の「公共の福祉」は，人権の外にあって，人権を制約する
ことができる一般的な原理であり，基本的人権は，すべて「公共の福祉」に
よって制約される。憲法22条1項，29条2項の「公共の福祉」は，注意的規
定であり，特別の意味をもたないとする見解。

　批判 →① 「公共の福祉」を人権制約の一般的原理ととらえると，公共の福　**H16-3-ア**

祉が人権に優位する結果，法律による人権侵害が容易に合憲とされ

H16-3-エ

ることになり，明治憲法における「法律の留保」の付いた人権保障
と同じになってしまう危険性がある。

②　憲法22条1項，29条2項は，特別の意味をもたなくなり，特にそ
れぞれの条文で「公共の福祉」を規定した意味が没却されてしまう。

(2)　内在・外在二元的制約説

　　「公共の福祉」とは，国家の政策的・積極的規制を意味し，このような公
共の福祉により制約されるのは，憲法22条1項，29条2項のように憲法がと
くに人権規定によって明らかにしている場合と国家の積極的な施策が必要な

H16-3-オ

社会権（憲§25〜28）だけであり，それ以外の人権は内在的制約に服するの
みであり，憲法12条，13条の「公共の福祉」についての定めは訓示的・倫理
的規定であるとする見解。

　批判➡️①　自由権と社会権の区別が相対化しつつあるのに，それを画然と分
けて，その限度を一方は内在的，他方は外在的と割り切ることは妥
当でない。

H16-3-イ

②　憲法13条を訓示的・倫理的規定と解すると，憲法13条を根拠とし
て新しい人権を認めることができなくなってしまう。

③　憲法22条，29条の「公共の福祉」を国の政策的考慮に基づく公益
という意味（社会国家的公共の福祉）に限定してしまうのは，実際
問題において適切ではない（自由国家的公共の福祉による制約が認
められなくなる）。

(3)　一元的内在制約説

H16-3-ウ

　　憲法12条，13条の「公共の福祉」とは，人権相互の矛盾・衝突を調整する
ための，実質的公平の原理であり，憲法の規定の有無にかかわらずすべての
人権に論理必然的に内在しており，自由国家的な制約の場合は「必要最小限
度」の規制だけが許され，社会国家的な制約の場合は「必要な限度」の規制
が許されるとする見解。

　批判➡️①　何が「必要最小限度」か「必要な限度」かは，必ずしも自明では
ない。

②　制約の内容次第では，実質的に一元的外在制約説と大差のない結
論となるおそれもある。

③　職業選択の自由や財産権に対する政策的規制も内在的制約という
ことになり，経済的弱者の人権や社会権等の保障が十分に行えなく
なってしまう危険がある。

④　人権制約の正当化事由は，各人権の性質に応じて具体的に引き出されなければならないとするだけで，各人権に対応する個別具体的な判定基準が明らかでないために，恣意的な制約がされる危険がある。

② 特別な法律関係における人権の限界

1　特別権力関係の理論とその問題点

特別権力関係論とは，通常の国民が国家に服する「一般的権力関係」とは異なり，特別の公法上の原因（法律の規定または本人の同意）によって成立する公権力と国民との特別の法律関係をいう。特別権力関係においては，①公権力は包括的な支配権（命令権，懲戒権）を有し，個々の場合に法律の根拠なくして特別権力関係に属する私人を包括的に支配でき（**法治主義の排除**），②公権力は，特別権力関係に属する私人に対して，一般国民として有する人権を，法律の根拠なくして制限することができ（**人権の制限**），③特別権力関係内部における公権力の行為は原則として司法審査に服さない（**司法審査の排除**），とされている。

しかし，日本国憲法は，「法の支配」の原理を採用し，基本的人権の尊重を基本原理とし（憲§11，13，97），さらに，国会を「唯一の立法機関」（憲§41）と定めているので，伝統的な特別権力関係論を採用することはできない。従来，特別権力関係として議論されてきたものに，①公務員関係，②刑事施設被収容（在監）関係などがある。

2　公務員の人権

公務員の人権については，国家公務員の政治活動の自由の制限（国公§102，人事院規則14-7）と，公務員等の労働基本権の制限（国公§98Ⅱ，地公§37，国営企業労働関係〔現行は特定独立行政法人等の労働関係に関する法律〕§17等）がとくに問題となる。

初期の判例においては，公務員の人権制限の根拠は，公共の福祉および「全体の奉仕者」（憲§15Ⅱ）という抽象的な観念に求められていた。しかし，それでは人権制限の根拠としては不十分であることから，その後の判例は，公務の職務の性質上，国民全体の利益の保障という見地からの制約を当然の内在的制約として内包するにとどまるとしたが（最判昭41.10.26），公務員の労働基本権の制限が問題となった事件において，再び判例は，公務員の「地位の特殊性」「職務の公共性」という抽象的理由による人権制限を認めている（最判昭48.4.25）。なお，「本編第6章第3節② 4 公務員の労働基本権の制限」を参照のこと。学説は，公務員の人権制限の根拠を，憲法が公務員関係の存在と自律性

を憲法秩序の構成要素として認めていること（憲§15，73④等）に求める。

　判例としては，猿払事件（最判昭49.11.6），全逓プラカード事件（最判昭55.12.23）などがある。詳しくは各該当判例を参照のこと。

3　刑事施設被収容者（在監者）の人権

(1)　総　説

　刑事施設被収容（在監）関係においても，伝統的な特別権力関係論はもはや通用しない。刑事施設被収容者の人権制限を正当化する根拠は，公務員の場合と同じく，憲法が在監関係とその自律性を憲法的秩序の構成要素として認めていること（憲§18，31参照）に由来する。この憲法が予定している在監関係を維持するために在監者の権利を特別に制限することは許されるが，その制限は，拘禁と戒護（逃亡・罪証隠滅・暴行・殺傷の防止，紀律維持など）および受刑者の矯正教化という在監目的を達成するために必要最小限度にとどまるものでなければならない。

(2)　未決拘禁者喫煙禁止事件（最判昭45.9.16）

　未決拘禁者Xは，禁煙解除の請願をしたが容れられなかったため，国を相手に，禁煙処分により精神的苦痛を被ったとして損害賠償を請求した事件。

【判旨】

　監獄（刑事施設）内において，喫煙を許すことにより，罪証隠滅のおそれがあり，また，火災発生の場合には被拘禁者の逃走が予想され，かくては，直接拘禁の本質的目的を達することができないことは明らかである。他面，煙草は生活必需品とまでは断じがたく，喫煙の禁止は，それが人体に直接障害を与えるものではないのであり，かかる観点よりすれば，喫煙の自由は，憲法13条の保障する基本的人権の一つに含まれるとしても，あらゆる時，所において保障されなければならないものではない。そして，未決勾留における拘禁の目的と制限される基本的人権の内容，制限の必要性などの関係を総合考察すると，前記の喫煙禁止という程度の自由の制限は必要かつ合理的なものであり，未決勾留により拘禁された者に対し喫煙を禁止する規定が憲法13条に違反するものとはいえない。

(3)　「よど号」ハイジャック記事抹消事件（最判昭58.6.22）

　　東京拘置所に勾留，収容されていたXらは，新聞を私費で購読していたが，赤軍派学生による日本航空「よど号」ハイジャック（乗っ取り）事件が発生したことから，拘置所長はハイジャック事件に関する記事を塗りつぶして，新聞を配布した。そこで，Xらは，当該署長の行為はXらの「知る権利」を侵害し，憲法21条などに違反し無効であるとして争った事件。

【判旨】

　　未決勾留は，刑事司法上の目的（逃亡・罪証隠滅の防止，刑事施設内の規律・秩序の維持）のために必要やむをえない措置として一定の範囲で個人の自由を拘束するものであり，他方，これにより拘禁される者は，当該拘禁関係に伴う制約の範囲外においては，原則として一般市民としての自由を保障されるべき者であるから，刑事施設内の規律および秩序の維持のためにこれら被拘禁者の新聞紙，図書等の閲読の自由を制限する場合においても，それは，上記の目的を達するために真に必要と認められる限度にとどめられるべきものである。

　　したがって，上記の制限が許されるためには，当該閲読を許すことにより上記の規律および秩序が害される一般的，抽象的なおそれがあるというだけでは足りず，具体的事情のもとにおいて，その閲読を許すことにより刑事施設内の規律および秩序の維持上放置することのできない程度の障害が生ずる相当の蓋然性があると認められることが必要であり，かつ，その場合においても，上記の制限の程度は，上記の障害発生の防止のために必要かつ合理的な範囲にとどまるべきである。

（･･･）コメント

　　本判決は，特別権力関係理論を排除し，「逃亡・罪証隠滅の防止，刑事施設内の規律・秩序の維持」を理由に，身体の自由・新聞閲読の自由を制限することができるとし，また，新聞の閲読制限が許されるためには，「閲読を許すことにより障害が生ずる相当の蓋然性があると認められることが必要である」とする合憲判断基準（相当の蓋然性説）を示した点に意義がある。

　　刑事施設被収容者（在監者）の知る権利に関しては，「本編第3章第3節❸3知る権利」を参照のこと。

　　なお，信書の発受の制限について，判例は，刑事施設被収容者の「信書の検閲」は憲法21条2項にいう「検閲」に当たらないとし（最判平6.10.27），また死刑確定者の信書の発送の不許可処分も適法であるとする（最判平11.2.26）。

3　私人間における人権の保障と限界

1　問題の所在

　　憲法の保障する基本的人権の規定は，元来，公権力との関係で国民の権利・自由を保護するものであるから，私人間の争いは私的自治によって解決すべきであり，本来，憲法は適用されない。しかし，資本主義の高度化に伴い，社会の中に，企業・労働組合・経済団体などの巨大な力を持った私的団体が数多く生まれ，一般国民の人権が脅かされるという事態が生じてきた。そこで，このような「社会的権力」による人権侵害からも国民の人権を保護する必要から，憲法を私人間にも適用すべきではないかが問題となる。

H19-1-①

　　なお，①投票の秘密（憲§15Ⅳ），②奴隷的拘束からの自由（憲§18），③労働基本権（憲§28）の規定は，その趣旨，目的ないし法文から，私人間において直接適用されるものと解されている。

2　人権規定の私人間適用の有無
＜論点＞

　　人権規定の私人間への適用が憲法で明記されておらず，さらに，立法によって具体化されていない場合に，人権規定は私人間に適用されるのか，適用されるとしてどのように適用されるかが問題となる。

⑴　無効力説

H15-2-5

　　憲法の人権規定は，憲法に特別の規定のない限り，私人間には適用されないとする見解。

> **理　由** ➡　憲法は，国家と国民の間の公法関係を規律する法規範であり，対等な個人相互の私法関係とは，基本原理が異なる。

> **批　判** ➡　公権力に匹敵する力をもっている「社会的権力」（企業・労働組合・経済団体等）による人権侵害を放置したのでは，憲法による人権保障の趣旨が実質的に害されてしまう。

⑵　直接適用説

H15-2-2

　　憲法の人権規定の効力は，あらゆる法領域に妥当するものであり，私人による侵害に対しても直接に適用されるとする見解（直接効力説ともいう）。

> **理　由** ➡　現代の民主主義的憲法は，公法・私法の両者に通ずる客観的法秩序である。

批判 ➡① 公法である憲法の規定が私人間に直接適用されると，市民社会の
領域で基本原則として妥当している私的自治の原則が害される危険
性がある。

H19-1-③
H15-2-4
H19-1-②

② 人権が国家に対して保障されている（「国家からの自由」）という
本質を見失わせる危険性がある。

③ 自由権と社会権の複合的な性格をもつ人権，例えば，「知る権利」
について憲法の直接適用を認めると，国民の知る権利（憲法21条で
保障される）が拡張される反面，マス・メディアの報道の自由（こ
れも憲法21条で保障される）が制約される危険がある。

(3) 間接適用説（判例・通説）

　私法の一般条項，とくに民法90条の公序良俗規定の解釈にあたり，憲法の
趣旨を取り込むことによって，間接的に私人間の行為を規律しようとする見
解（間接効力説ともいう）。

理由 ➡① 公法と私法との二元的法体系を維持し，私法における私的自治の
原則を尊重しつつ，憲法の保障する人権規定の効力を私人間に拡張
する解釈を採ることが妥当である。

H19-1-④
H15-2-1

② 国家は人権保障の直接の名宛人としてこれを尊重するだけでなく，
私人間においてもその価値が実現されるよう配慮する義務がある。

③ 憲法の人権保障の精神に背馳(はいち)するような私人間の人権侵害行為を
放置しておくことは許されない。

批判 ➡① 公法としての基本権の価値体系が，どのようにして私法上の公序
良俗の内容になるのか明らかでない。

② 基本権の無条件の遵守が社会の秩序であるとすれば，直接効力説
と異なるところはなく，逆に，人身売買や強制労働のような，私人
による極端な人権侵害のみを公序良俗違反として私法上の効果を否
認するのであれば，事実上，無効力説と同じになってしまう。

③ 純然たる事実行為による人権侵害行為に対しては，救済が十分で
はない（法律行為の無効を規定する民法90条は適用できないし，同
709条による救済では不十分）。

H19-1-⑤
H15-2-3

3　判　例

(1)　三菱樹脂事件（最判昭48.12.12）

> 　三菱樹脂株式会社に採用されたXが，入社試験の際に学生運動歴について虚偽の申告をしたという理由で，3か月の試用期間終了後に本採用を拒否（解雇）されたために，その無効が争われた事件。

【判旨】

　憲法の各規定は，もっぱら国または公共団体と個人の関係を規律するものであり，私人相互の関係を直接規律することを予定するものではない。私人間の関係においては，私人間の基本的自由や平等の侵害やそのおそれの態様，程度が社会的に許容しうる程度を超えるときは，私的自治に対する一般的制限規定である民法1条，90条や不法行為に関する諸規定等の適切な運用によって，一面で私的自治の原則を尊重しながら，他面で社会的許容性の限度を超える侵害に対し，基本的な自由や平等の利益を保護し，その間の適切な調整を図る方途も存するのである。

　⋯⋯コメント

　本判決は，間接適用説を採ったものと解されている。もっとも，本判決は，続けて「企業者は，経済活動の一環として契約締結の自由を有し，営業のためいかなる者をいかなる条件で雇うかにつき原則として自由であり，企業者が特定の思想，信条を有する者をそのゆえをもって雇い入れることを拒んでも当然に違法ではない。」と判示し，その実態は限りなく無効力説に近いものであると批判されている。

(2)　昭和女子大事件（最判昭49.7.19）

> 　大学に無届で，政治的暴力行為防止法（政暴法）制定反対の署名運動や学外での政治団体への加入行為が大学の「生活要録」に違反するとして退学処分になった女子学生が，その地位確認を求めて争った事件。

【判旨】

　憲法19条，21条，23条等のいわゆる自由権的基本権の保障規定は，国または公共団体の統治行動に対して個人の基本的な自由と平等を保障することを目的とした規定であって，もっぱら国または公共団体と個人との関係を規律するものであり，私人相互間の関係について当然に適用ないし類推適用されるものでないことは，当裁判所判例（最判昭48.12.12；三菱樹脂

事件判決）の示すところである。したがって，その趣旨に徴すれば，私立学校である昭和女子大学の学則の細則としての性質をもつ生活要録の規定について直接憲法19条，21条，23条等の基本権保障規定に違反するかどうか論ずる余地はないものというべきである。

　大学は，国公立であると私立であるとを問わず，学生の教育と学術の研究を目的とする公共的な施設であり，在学する学生を規律する包括的権能を有し，同大学が学生の穏健中正を標榜する保守的傾向の私立学校であることを勘案すれば，本件退学処分は，懲戒権者に認められた裁量権の範囲内である。

(3)　日産自動車事件（最判昭56.3.24）

　定年年齢を男子60歳，女子55歳（提訴当時は男子55歳，女子50歳）と定めるN会社の就業規則は，不合理な男女差別にあたるとして，その効力が争われた事件。

【判旨】

　定年年齢を男子60歳，女子55歳と定める会社の就業規則は，もっぱら女子であることのみを理由として差別したことに帰着するものであり，性別のみによる不合理な差別を定めたものとして民法90条の規定により無効である。

コメント

　本判決も，人権規定の私人間適用につき間接適用説を採るが，不合理な男女別定年制を民法90条の公序良俗に違反し無効とした点に意義がある。

　なお，その他の判旨については「本編第2章第2節5 個別的差別禁止事項」を参照のこと。

第2章
包括的人権と法の下の平等

第1節　生命・自由・幸福追求の権利

Topics・平成30年，17年に出題されているが，それ以外にも重要な判例が多数あるので，再出題される可能性が高いので，しっかり押さえておくことが重要である。

📖**ケーススタディ**

　宗教上の信念からいかなる場合にも輸血を受けることは拒否するとの固い意思を有している患者Xに対して，医師がほかに救命手段がない事態に至った場合には輸血するとの方針を採っていることを説明しないで手術を施行して輸血をした。この医師の輸血行為は，患者Xの自己決定権を侵害しないか。

第13条　すべて国民は，個人として尊重される。生命，自由及び幸福追求に対する国民の権利については，公共の福祉に反しない限り，立法その他の国政の上で，最大の尊重を必要とする。

1　意義等

　本条前段は，個人の尊厳，すなわち個人の平等かつ独立の人格価値を尊重するという個人主義原理を表明したものであり，また，後段は，前段と密接に結びついて，生命・自由・幸福追求に対する権利（いわゆる幸福追求権）を宣言している。この規定は人権保障の一般原理を示したものである。

2　権利性の有無

　本条後段は，プログラム的性格しかもたず，具体的権利性を保障したものではないとする見解もあるが，判例・通説は，**具体的権利性を保障したものである**と解している（最判昭44.12.24；京都府学連事件など）。

　したがって，憲法13条を直接の根拠規定として裁判をすることができる（裁判規範性を有する）。

3　法的構造

　　憲法13条の幸福追求権は，人格的生存に必要不可欠な権利・自由を含む包括的な権利であるが，憲法14条以下の個別の人権規定とは，一般法と特別法の関係にあり，憲法14条以下の条項によってカバーされない人権（新しい人権）を補充的に保障する（補充的保障）。

4　幸福追求権から導き出される権利

　　幸福追求権から導き出される「新しい人権」として主張されたものは，プライバシー権，指紋押なつを拒否する権利，環境権，日照権，静穏権，眺望権，嫌煙権，健康権，情報権，アクセス権，平和的生存権など，多数に上る。しかし，判例で権利として明確に認められたものは，プライバシー権，人格権，肖像権だけである。

(1)　プライバシー権

　　「プライバシー権」とは，かつては，「ひとりでいさせてもらう権利」，「私生活をみだりに公開されない権利」をいうとされていたが，近時においては，「自己についての情報をコントロールする権利」をいうとする見解が有力となってきている。

　　「人格権」とは，身体，名誉，信用，肖像，氏名など，個人の人格にかかわる利益についての保護を求める権利をいう。

　　なお，人格権はドイツ法に由来するものであり，アメリカ法のプライバシー権とはその由来を異にするが，両者は実質的にかなりの部分で重なり合う。

①　「宴のあと」事件（東京地判昭39.9.28）

　　三島由紀夫の小説「宴のあと」のモデルとされたXが，プライバシー権の侵害を理由として謝罪広告と損害賠償を求めて争った事件。

【判旨】

　　個人の尊厳という思想は，相互の人格が尊重され，不当な干渉から自我が保護されることによってはじめて確実なものとなるのであって，そのためには，正当な理由がなく他人の私事を公開することが許されてはならないことは言うまでもない。私事をみだりに公開されないという保障は，不法な侵害に対しては法的救済が与えられるまでに高められた人格的な利益であり，それはいわゆる人格権に包摂されるものであるけれども，なお一つの権利と解するのが相当である。

⊡コメント

　　本判決は，下級審段階のものであるが，裁判上，プライバシー権を最初に承認したものである。

　　また，プライバシー権の侵害に対し法的な救済が与えられるためには，公開された内容が，①私生活上の事実または私生活上の事実らしく受け取られるおそれのある事柄であること，②一般人の感受性を基準にして，当該私人の立場に立った場合に公開を欲しないであろうと認められる事柄であること，③一般の人々に未だ知られていない事柄であること，が必要であるとする。

② 　京都府学連事件（最判昭44.12.24）

　　大学管理制度改正反対をとなえるデモ行進を，許可条件に反すると疑った警察官が，違法な行進状況や違反者を確認するため，歩道からデモ隊を写真撮影したことが，肖像権を保障した憲法13条に違反するなどとして争われた事件。

【判旨】

　　憲法13条は，国民の私生活上の自由が，警察権等の国家権力の行使に対しても保護されるべきことを規定しているものということができる。そして，個人の私生活上の自由の一つとして，何人も，その承諾なしに，みだりにその容ぼう・姿態（以下「容ぼう等」という。）を撮影されない自由を有する。これを肖像権と称するかどうかは別にして，少なくとも警察官が，正当な理由もないのに，個人の容ぼう等を撮影することは，憲法13条の趣旨に反し，許されない。

　　しかしながら，個人の有するこの自由も，国家権力の行使から無制限に保護されるわけでなく，公共の福祉のために必要のある場合には相当の制限を受ける。

　　そして，犯罪を捜査することは，公共の福祉のため警察に与えられた国家作用の一つであり，警察にはこれを遂行すべき責務があるから，警察官が犯罪捜査の必要上写真を撮影する際，その対象の中に犯人のみならず第三者である個人の容ぼう等が含まれていても，これが許容される場合がありうる。

⊡コメント

　　本判決は，名称として「肖像権」という用語は用いていない（「これを肖像権と称するかは別として」）が，実質的には憲法13条を根拠に具体的権利

H27-1-ア
H17-1-オ

としての幸福追求権を新しい人権の根拠となる一般的かつ包括的権利とし，肖像権もそのひとつとしていると考えられる。

なお，本判例は無令状かつ被撮影者の同意なしに警察官が個人の容ぼう等を撮影しうる要件として，㋐現に犯罪が行われもしくは行われたのち間がないと認められる場合であって，㋑証拠保全の必要性および緊急性があり，㋒その撮影が一般的に許容される限度を超えない相当な方法をもって行われること，の3つを挙げている。

また，東京地判昭49.6.17は，私人についても同様の要件で写真撮影をすることが許されるが，私人は捜査の専門家ではないから㋐の要件は緩やかに，また私人は捜査の責務・権限を持つものではないから㋑の要件は厳格に理解して適用する必要があると判示している。

③　前科照会事件（最判昭56.4.14）

会社の解雇事件を受任した弁護士が，弁護士法の規定に基づき京都市内の区役所にXの前科および犯罪経歴を照会したのに対し，当該区役所がその人物の前科等を回答したため，会社がXを解雇した。そこで，Xは，「自己の前科や犯罪経歴を知られたくない権利」が侵害されたとして，損害賠償を求めて争った事件。

【判旨】

前科および犯罪経歴は，人の名誉，信用に直接にかかわる事項であり，前科等のある者もこれをみだりに公開されないという法律上の保護に値する利益を有する。したがって，市区町村長が漫然と弁護士会の照会に応じ，犯罪の種類，軽重を問わず，前科等のすべてを報告することは，公権力の違法な行使にあたる。 R4-1-エ

コメント

本判決は，官公署が有する前科等の情報が「みだりに公開されないという法律上の保護に値する利益」とした点で重要である。また，本判決は，根拠条文として憲法13条を挙げているわけではないが，事実上プライバシー権を認めていると考えられる。

④　オービス撮影事件（最判昭61.2.14）

速度違反車両の自動撮影を行う自動速度監視装置（オービス）により，運転者および同乗者の容ぼうを撮影することは，憲法13条の肖像

権を侵害するとして争われた事件。

【判旨】

　自動速度監視装置（オービス）による運転者の容ぼうの写真撮影は，①現に犯罪が行われている場合になされ，②犯罪の性質，態様からいって緊急に証拠保全をする必要があり，③その方法も一般的に許容される限度を超えない相当なものであるから，本条（憲法13条）に違反しない。その際，同乗者の容ぼうを撮影することになっても，憲法13条，21条に違反しないことは，当裁判所判決（最判昭44.12.24）の趣旨に照らして明らかである。

コメント

　本判決は，オービスによる運転者の容ぼうの撮影について，前掲最判昭44.12.24（京都府学連事件）の要件を適用の上，合憲性を肯定したものであるが，その前提として，当然，肖像権が憲法13条により保障される具体的権利であることを認めていると考えられる。

⑤　税関検査事件（最判平7.4.13）

　Xは，外国から書籍等を郵便で輸入しようとしたところ，旧関税定率法21条1項3号の「公安又は風俗を害すべき書籍，図画，彫刻その他の物品」にあたり輸入できない旨の通知を受けた。そこで，Xは，税関検査はプライバシーを侵害し，憲法13条に違反するとして争った事件。

【判旨】

H17-1-エ

　憲法13条により，国民が自己の意思に反してプライバシーに属する情報を公権力により明らかにされることのない利益が憲法上尊重されるべきとしても，そのようなプライバシーの利益も絶対無制限なものではなく，公共の福祉の制約の下にあるというべきである。わが国内における健全な性風俗を維持確保する見地から，わいせつ表現物がみだりに国外から流入することを阻止するために，郵便物中の信書以外の物について税関検査に服すべきものとすることは，公共の福祉の要請に基づくやむを得ない措置であり，プライバシーの利益もその限りにおいて制約を受けるものであり，本件税関検査は，憲法13条の規定に違反するものではない。

⑥　ノンフィクション「逆転」事件（最判平6.2.8）

> 　Ｘは，ノンフィクション小説「逆転」のなかで，実名で前科にかかわる事実が公表されたことにより，プライバシー権が侵害されたとして，慰謝料を請求して争った事件。

【判旨】

　刑事事件につき被疑者とされ，特に有罪判決を受け服役したという事実は，その者の名誉あるいは信用に直接かかわる事項であるから，その者は，みだりに前科等にかかわる事実を公表されないことにつき，法的保護に値する利益を有する。もっとも，ある者の前科等にかかわる事実は，刑事事件・裁判という社会一般の関心あるいは批判の対象となるべき事項にかかわるので，事件それ自体を公表することに歴史的または社会的な意義が認められるような場合には，事件当事者の実名を明らかにすることが許されないとはいえない。 `H30-1-イ`

　💬コメント

　　本判決は，前科照会事件判決（最判昭56.4.14）を先例として，前科にかかわる事実を公表されないという利益が法的保護に値する利益であることを認めている。その上で，ノンフィクション作品の公表という文脈において，個人の前科と実名で公表する場合の表現の自由とのプライバシー権との調整を図ったものである。

　　実名の公表が許される場合としては，㋐事件の公表に歴史的または社会的意義が認められる場合，㋑その者の社会的活動の性質・社会的影響が重大である場合，㋒その者が社会一般の正当な関心の対象となる公的立場にある人物である場合であり，前科の公表が違法か否かは，その著作物の目的・性格等に照らし，実名を使用することの意義および必要性を併せ考えることが必要であるとする。

⑦　外国人指紋押なつ拒否事件（最判平7.12.15）

【判旨】

　個人の私生活上の自由の一つとして，何人も指紋の押捺を強制されない自由を有するものというべきであり，国家機関が正当な理由なく指紋の押なつを強制することは，人格権を保障する憲法13条の趣旨に違反する。そして，この自由の保障はわが国に在留する外国人にも等しく及ぶ。 `H30-1-オ`

　💬コメント

　　外国人指紋押なつ拒否事件の事案および詳しい判旨は，「本編第１章第２

節3外国人」を参照のこと。

⑧　外国人登録原票事件（最判平9.11.17）

> 　在留外国人Ｘは外国人登録証明書の交付を受けていたが，その切替えを失念したために，確認申請義務違反として起訴された。そこで，本件当時の外国人登録原票の確認申請を義務付ける登録事項確認制度の内容は，職業，勤務所等のプライバシーに属する情報に関する事項を含むものであったため，在留外国人Ｘは，当該登録事項確認制度が憲法13条に違反するとして争った事件。

【判旨】

H17-1-ウ

　憲法13条により個人の意思に反してみだりにプライバシーに属する情報の開示を公権力により強制されることはないという利益が尊重されるべきであるとしても無制限なものではなく，公共の福祉のために制限を受ける。登録事項確認制度は，在留外国人の居住関係および身分関係を明確ならしめ，その公正な管理に資するという行政目的を達成するため，外国人登録原票の登録事項の正確性を維持，確保する必要から設けられたもので，その立法目的には十分な合理性があり，その必要性も肯定することができる。そして，確認を求められる事項は，職業，勤務所等の

H17-1-ウ

情報を含むものであるが，いずれも内心にかかわる情報とはいえ，申請者に過度の負担を強いるものではなく，憲法13条に違反しない。

⊙コメント

　　また，本判決は，登録事項確認制度は在留外国人に対し日本人と異なった取扱いをするものであるが，戸籍制度のない外国人と日本人とでその取扱いに差異を生じることは合理的根拠があるから，憲法14条に違反しないとする。

⑨　「石に泳ぐ魚」事件（最判平14.9.24）

> 　小説家柳美里の小説「石に泳ぐ魚」に登場する「朴里花」（仮名）に関して，顔に腫瘍があることや，父親の逮捕歴等が記述されていたために，モデルとされた女性がＸであることが容易に認識できた。そこで，Ｘは，登場人物のモデルとされたことによって名誉やプライバシーが侵害されたとして，小説の出版による公表の差止め等を求めて争った事件。

【判旨】

　　Ｘをモデルとし，経歴，身体的特徴，家族関係等によってＸと同定可能な朴里花が全編にわたって登場する小説において，朴里花が顔面に腫瘍を有すること，これについて通常人が嫌う生物や原形を残さない水死体の顔などに例えて表現されていること，朴里花の父親が逮捕された経歴を有していることなどの記述がされていることなどの事実関係によれば，公共の利益に係らないＸのプライバシーにわたる事項を表現内容に含む本件小説の公表により公的立場にないＸの名誉，プライバシー，名誉感情が侵害されたものであって，本件小説の出版等によりＸに重大な回復困難な損害を被らせるおそれがあるというべきである。

⚬⚬⚬コメント

　　本判決は，プライバシーのほかに，名誉および名誉感情が侵害されたとの主張を認めている。なお，出版の差止めについては，「本編第3章第3節❹3『検閲』が問題となった判例」を参照のこと。

⑩　長良川リンチ殺人報道事件（最判平15.3.14）

> 　犯行当時18歳の少年Ｘ等による連続殺人，強盗殺人，死体遺棄事件について，出版社が容易に少年Ｘと推知することのできる仮名Ｘ'を用いて，法廷での様子，犯行形態，経歴等に関する記事を週刊文春に掲載した。そこで，Ｘは，本件記事により，名誉を毀損され，プライバシーが侵害され，また，少年法61条の禁止する推知報道に当たるとして損害賠償を求めて争った事件。

【判旨】

　　週刊文春の記事に記載された犯人情報および履歴情報は，いずれもＸの名誉を毀損する情報であり，また，他人にみだりに知られたくない情報として，プライバシーに属する情報である。そして，少年Ｘと面識があり，または犯人情報あるいは少年Ｘの履歴情報を知る者は，その知識を手がかりに本件記事が少年Ｘに関する記事であると推知することが可能であり，本件記事の読者の中にこれらの者が存在した可能性を否定することはできない。したがって，出版社の本件記事の掲載行為は，少年Ｘの名誉を毀損し，プライバシーを侵害するものであるということができる。

　　また，少年法61条に違反する「推知報道」かどうかは，その記事等に　H30-1-ア

より，不特定多数の一般人がその者を当該事件の本人であると推知することができるかどうかを基準として判断すべきところ，本件記事は，少年Xについて，当時の実名と類似する仮名が用いられ，その経歴等が記載されているものの，少年Xと特定するに足りる事項の記載はないから，少年Xが当該事件の本人であることを推知することができるとはいえない。したがって，本件記事は，少年法61条の規定に違反するものではない。

⑪　江沢民講演会名簿提出事件（最判平15.9.12）

> 大学において外国の政治家による講演会が行われた際，警備上の理由から，大学が，学籍番号，氏名，住所，電話番号が記載された参加者名簿の写しを，参加した学生の同意を得ないで警視庁に提出したため，プライバシー権が侵害されたとして争われた事件。

【判旨】

学籍番号，氏名，住所，電話番号等の個人情報は，大学が個人識別等を行うための単純な情報であって，その限りにおいては，秘匿されるべき必要性が必ずしも高いものではない。しかし，このような個人情報についても，本人が，自己が欲しない他者にはみだりにこれを開示されたくないと考えることは自然なことであり，そのことへの期待は保護されるべきものであるから，本件個人情報は，学生のプライバシーに係る情報として法的保護の対象となるというべきである。

H30-1-ウ

個人情報を開示することについて参加者本人の承諾を求めることは容易であったにもかかわらず，参加者の意思に基づかずみだりに個人情報を警察に開示した同大学の行為は，参加者が任意に提供したプライバシーに係る情報の適切な管理についての合理的期待を裏切るものであり，参加した学生のプライバシーを侵害するものである。

⑫　和歌山毒カレーライス事件（最判平17.11.10）

> 刑事事件において，被疑者Xの手錠，腰縄により身体の拘束を受けている状態をイラスト画により公表されたことにより，Xの肖像権が侵害されたとして争われた事件。

【判旨】

　人は，自己の容ぼう，姿態を描写したイラスト画についても，これを みだりに公表されない人格的利益を有する。しかしながら，人の容ぼう 等を描写したイラスト画は，その描写に作者の主観や技術が反映される ものであるから，人の容ぼう等を描写したイラスト画を公表する行為が 社会生活上受忍の限度を超えて不法行為法上違法と評価されるか否かの 判断に当たっては，写真とは異なるイラスト画の上記特質が斟酌されな ければならない。

　法廷において，Ｘが訴訟関係人から資料を見せられている状態等を描 いたイラスト画を，新聞，雑誌等に掲載することは社会的に是認された 行為であり，それを公表する行為は社会生活上受忍すべき限度を超えて Ｘの人格的利益を侵害するとはいえないが，手錠，腰縄により身体の拘 束を受けている状態のイラスト画の公表は，Ｘを侮辱し，名誉感情を侵 害するものであり，社会生活上受忍すべき限度を超えて，Ｘの人格的利 益を侵害するものであり，不法行為法上違法と評価すべきである。

（⋯）コメント

　また，本判決は，写真週刊誌のカメラマンが，刑事事件のＸの動静を報 道する目的で，勾留理由開示手続が行われた法廷において，同人の容ぼう， 姿態を，裁判所の許可を受けることなく隠し撮りした行為を，不法行為法 上違法であるとする。

⑬　住基ネット訴訟（最判平20.3.6）

> 　住民基本台帳ネットワークシステム（住基ネット）により行政機関 が住民の本人確認情報を収集，管理または利用する行為は，憲法13条 の保障するプライバシー権その他の人格権を違法に侵害するものとし て争われた事件。

【判旨】

　憲法13条は，国民の私生活上の自由が公権力の行使に対しても保護さ れるべきことを規定しているものであり，個人の私生活上の自由の一つ として，何人も，個人に関する情報をみだりに第三者に開示または公表 されない自由を有するものと解される。

　そこで，住基ネットが住民らの上記の自由を侵害するものであるか否 かについて検討するに，行政機関による本人確認情報の管理または利用 は，住民サービスの向上および行政事務の効率化という正当な行政目的

の範囲内で行われている一方，本人確認情報の目的外利用や秘密の漏洩は，行政処分または刑罰をもって禁止されているし，その情報を適切に取り扱うための制度的な担保も講じられている。

H30-1-エ

そうすると，行政機関が住基ネットにより住民らの本人確認情報を管理，利用等する行為は，個人に関する情報をみだりに第三者に開示または公表するものということはできず，当該個人がこれに同意していないとしても，憲法13条により保障された上記の自由を侵害するものではない。

⑭　肖像権（最判平24.2.2）

> 女性デュオXらは，Xらを被写体とする14枚の写真をYが自ら発行した週刊誌に無断で掲載したため，Xらの肖像等が有する顧客吸引力を排他的に利用する権利が侵害されたと主張して不法行為に基づく損害賠償をYに求めて争った事件。

【判旨】

R4-1-イ

肖像等は，商品の販売等を促進する顧客吸引力を有する場合があり，このような顧客吸引力を排他的に利用する権利（パブリシティ権）は，肖像等それ自体の商業的価値に基づくものであるから，人格権に由来する権利の一内容を構成する。肖像等を無断で使用する行為は，①肖像等それ自体を独立して鑑賞の対象となる商品等として使用し，②商品等の差別化を図る目的で肖像等を商品等に付し，③肖像等を商品等の広告として使用するなど，専ら肖像等の有する顧客吸引力の利用を目的とするといえる場合には，パブリシティ権を侵害するものとして不法行為法上違法となる。

(2)　自己決定権・人格権

「自己決定権」とは，個人が一定の私的事柄について，公権力により干渉されることなく自ら決定する権利ないし自由をいう。

①　「北方ジャーナル」事件（最判昭61.6.11）

> 雑誌「北方ジャーナル」を発行するXは，知事選立候補予定者Yに対し，下品な表現で攻撃する記事を掲載しようとしたので，Yが発行禁止の仮処分を求めて裁判所に申請した事件。

【判旨】

　人の品性，徳行，名声，信用等の人格的価値について社会から受ける客観的評価である名誉を違法に侵害された者は，損害賠償（民法710条）または名誉回復のための処分（同法723条）を求めることができるほか，人格権としての名誉権に基づき，加害者に対し，現に行われている侵害 `R4-1-ア` 行為を排除し，または将来生ずべき侵害を予防するため，侵害行為の差止めを求めることができるものと解するのが相当である。

🔈コメント

　裁判所による仮処分の違憲性については，「本編第3章第3節**4**(3)裁判所による事前差止め」を参照のこと。

② 　どぶろく裁判（最判平元.12.14）

> 　酒税法に定められた免許を受けず，清酒等を製造したため，酒税法違反に問われたXが，自己消費目的の酒造を処罰することは憲法13条に違反するとして争った事件。

【判旨】

　酒税法の規定は，自己消費を目的とする酒類製造であっても，これを放任するときは酒税収入の減少など酒税の徴収確保に支障を生じる事態が予想されるところから，国の重要な財政収入である酒税の徴収を確保するため，製造目的のいかんを問わず，酒類製造を一律に免許の対象とした上，免許を受けないで酒類を製造した者を処罰することとしたものである。これにより自己消費目的の酒類製造の自由が制約されるとして `H17-1-ア` も，そのような規制が立法府の裁量権を逸脱し，著しく不合理であることが明白であるとはいえず，憲法13条等に違反するものではない。

③ 　「エホバの証人」輸血拒否事件（最判平12.2.29）

> 　宗教上の信念からいかなる場合にも輸血を受けることは拒否するとの固い意思を有している患者Xに対して，医師がほかに救命手段がない事態に至った場合には輸血するとの方針を採っていることを説明しないで手術を施行して輸血をしたため，Xは，自己決定権および信教上の良心が侵害されたとして，当該医師等を相手に損害賠償を請求した事件。

【判旨】

　患者Xが，輸血を受けることは自己の宗教上の信念に反するとして，輸血を伴う医療行為を拒否するとの明確な意思を有している場合，このような意思決定をする権利は，人格権の一内容として尊重されなければならない。患者Xのこのような意思を知っている医師らは，手術の際に輸血以外には救命手段がない事態が生ずる可能性を否定し難いと判断した場合には輸血するとの方針を採っていることを説明して，手術を受けるか否かを患者X自身の意思決定にゆだねるべきであった。

　ところが，医師らは，患者Xらに対して輸血する可能性があることを告げないまま手術を施行し，輸血をしたことにより，患者Xが輸血を伴う可能性のあった手術を受けるか否かについて意思決定をする権利を奪ったものといわざるを得ず，患者Xの人格権を侵害し，これによって被った精神的苦痛を慰謝すべき責任を負うものというべきである。

コメント

　ケーススタディの場合，医師の輸血行為は，患者Xの自己決定権を侵害することになる。

　本判決は，最高裁が初めて，医療におけるインフォームド・コンセント（説明と同意）を認め，その説明義務を怠って手術を行うことは，患者の自己決定権を奪うものであるとする。また，本判決は，医療上必要な輸血よりも信仰上の意思を重視したものとも解される。

④　夫婦別氏制事件（最判平27.12.16）

　夫婦になろうとする男女が，夫婦別氏による婚姻届けを役所に提出したところ不受理となったため，夫婦同氏制を定める民法750条は，憲法13条，14条1項，24条に違反するものであり，当該規定を改廃する立法措置をとらないという立法不作為の違法を理由に，国家賠償法1条1項に基づき損害賠償を求めて争った事件。

【判旨】

　氏名は，人が個人として尊重される基礎であり，その個人の人格の象徴であって，人格権の一内容を構成するものというべきであるが，氏に関する人格権の内容も，憲法上一義的に捉えられるべきものではなく，憲法の趣旨を踏まえつつ定められる法制度をまって初めて具体的に捉えられるものである。本件で問題となっているのは，婚姻という身分関係の変動を自らの意思で選択することに伴って夫婦の一方が氏を改めると

いう場面であって，自らの意思に関わりなく氏を改めることが強制されるというものではなく，また，氏が，親子関係など一定の身分関係を反映し，婚姻を含めた身分関係の変動に伴って改められることがあり得ることは，その性質上予定されていることから鑑みると，婚姻の際に「氏の変更を強制されない自由」が憲法上の権利として保障される人格権の内容であるとはいえず，民法750条の規定は，憲法13条に違反するものではない。

コメント

また，本判決は，民法750条は夫婦がいずれの氏を称するかを夫婦となろうとする者の間の協議に委ねているのであって，その文言上性別に基づく法的な差別的取扱いを定めているわけではなく，本件規定の定める夫婦同氏制それ自体に男女間の形式的な不平等が存在するわけではないため，憲法14条に違反しないとする。

なお，憲法24条との関係については，「本編第２節６⑸②㋑」を参照のこと。

⑶　その他

図書廃棄事件（最判平17.7.14）

公立図書館に勤務していた司書Ｙは，著作者Ｘらに対する否定的評価と反感から，図書館資料除籍基準に該当しないにもかかわらず，独断でＸらの書籍を廃棄した。そこで，Ｘらは人格的利益等が侵害され精神的苦痛を受けたとして損害賠償を求めて争った事件。

【判旨】

公立図書館の図書館職員が閲覧に供されている図書を著作者の思想や信条を理由とするなど不公正な取扱いによって廃棄することは，当該著作者が著作物によってその思想，意見等を公衆に伝達する利益を不当に損なうものといわなければならない。そして，著作者の思想の自由，表現の自由が憲法により保障された基本的人権であることにかんがみると，公立図書館において，その著作物が閲覧に供されている著作者が有する上記利益は，法的保護に値する人格的利益であると解するのが相当であり，当該図書館職員である公務員が，図書の廃棄について，不公正な取扱いをしたときは，当該図書の著作者の人格的利益を侵害するものとして国家賠償法上違法となる。 [R4-1-ウ]

第2節　法の下の平等

Topics ・平成30年と22年に出題されているが，重要な判例が多数あり，また，学説（推論）問題も作りやすいので，再度出題される可能性が高いので，しっかり学習することが大切である。

📖ケーススタディ

　　Xは前夫との離婚成立から３か月後に後夫Yとの婚姻届を出したが，女性に離婚後６か月の再婚を禁止する旧民法733条に抵触するとして受理されなかった。この女性にのみ６か月の再婚禁止期間を定める旧民法733条は，性別による差別として，法の下の平等に違反しないか。

> **第14条**　すべて国民は，法の下に平等であつて，人種，信条，性別，社会的身分又は門地により，政治的，経済的又は社会的関係において，差別されない。

1　平等の理念

　　すべての人を「平等」に扱うことは，国家権力からの「自由」と並んで，人権の歴史において，個人の尊重の思想に由来し，常に最高の目的とされてきた。

H22-1-A
　　19世紀の自由国家において，すべて個人を法的に均等に取り扱い，その自由な活動を保障するという「形式的平等」（機会の均等）は，資本主義の進展に大きな功績をもたらした反面，また個人の不平等という結果をもたらした。

　　そこで，20世紀の社会国家においては，個人間の不平等を修正・解消するために，社会的・経済的弱者に対してより厚い保護を与えて，他の国民と同様の自由と生存とを保障しようとする「実質的平等」（配分または結果の均等）が重視されるようになった。

2　憲法における平等原則

　　憲法は，まず平等の基本原則（憲§14Ⅰ）を述べた上で，貴族制度の廃止（同Ⅱ），栄典の授与に伴う特権の禁止（同Ⅲ），普通選挙の原則（憲§15Ⅲ），家庭生活における男女の平等（憲§24Ⅰ），「家」制度の廃止・両性の本質的平等（同Ⅱ），教育の機会均等（憲§26），議員および選挙人の資格の平等（憲§44），などの規定を置いている。ただし天皇制は世襲（憲§2）によるものであり，憲法自らが定めた重大な例外である。

3　法の下の平等の意味

　憲法14条は，１項前段で平等主義の大原則を宣明し，続いてこれを具体化するために，２項および３項において，貴族制度の廃止および栄典に伴う特権の禁止を規定している。

　また，憲法14条１項は，①国民を不平等に扱ってはならないという義務を国家に対して課する原則（平等原則）であるとともに，②国民各自を法的に平等に扱うように求めることのできる権利（平等権）という個人の主観的権利を保障したものであると解されている。

　したがって，国に対し，現実に生じている経済的不平等を是正するために金 H30-2-ア 銭的給付を求める権利までは認められない。

4　憲法14条１項の法的構造

＜論点＞

　憲法14条１項の法的構造については，①前段の「法の下」の意味（立法者も拘束するのか否か），②後段の列挙事由の意味（限定列挙か，例示列挙か），③「平等」の意味（絶対的平等か，相対的平等か）をめぐって争いがある。

⑴　立法者拘束説（法内容平等説）（判例・通説）

　法の適用が平等であるだけでなく，法の内容も平等でなければならないとする見解。

理由 ➡①　法の内容が不平等な法を平等に適用しても，平等の要請は充たされない。

　　②　法の支配（憲§76，81，98Ⅰ等）の要請から，立法者も等しく法の支配に服するのであり，法の定立においても，その内容が不平等であることは許されない。

① 　「法の下」の意味

　「法の下」の平等とは，法を執行し適用する行政権と司法権による差別 H22-1-C を禁止するという法適用の平等だけではなく，法の内容の平等をも要求して，すべての国家機関（立法機関も含む）を拘束するものである（最判昭25.1.24）。

　したがって，違憲審査権（憲§81）を有する裁判所は，制定された法令 H22-1-E の内容が憲法に違反しないかどうかを審査し，その内容が憲法に違反する場合には法令違憲の判決を下すことができることになる。

② 列挙事由の意味

H30-2-エ

1項後段は前段の保障の例示的説明（例示列挙）にすぎず，後段の列挙事由による差別以外の差別についても，平等違反があり得る（最判昭25.10.11，同昭48.4.4）。

③ 「平等」の意味

H30-2-イ
H22-1-B

「平等」の意味に関しては，人の事実上の差異（貧富の差，年齢，性別など)を考慮に入れて，事柄の性質に即した合理的な理由のある場合には，例外的に法律上異なった取り扱いも許され，合理的差別（区別）は認められる（相対的平等；最判昭39.5.27）。

したがって，例えば，累進課税，未成年者に参政権を認めないことなどの合理的差別は認められるが，男女間で定年年齢に差を設けるなどの不合理な差別は禁止される。

(2) **立法者非拘束説（法適用平等説）**

法の適用が平等であればよく，法の内容そのものが平等であることまでは必要でないとする見解。

理　由 ➡ 憲法14条1項は「法の下」という文言を用いているが，これは法の適用上差別されないことを意味する。

① 「法の下」の意味

H22-1-D

「法の下」の平等とは，法を執行し適用する行政権と司法権による差別を禁止するという法適用の平等を意味し，立法者を拘束するものではない。

② 列挙事由の意味

1項前段と後段を別目的のものと解して，後段の列挙事由は限定列挙であり，それらの事由については差別立法が絶対に禁止され，立法者も拘束される。

③ 「平等」の意味

「平等」の意味に関しては，各人の事実上の差異を無視して，あらゆる取扱いに関して絶対的に均等に取り扱うことを要求することを意味する（絶対的平等）。

⑶　法の下の平等のまとめ

	立法者非拘束説(法適用平等説)	立法者拘束説(法内容平等説)
「法の下」の意味(憲§14 Ⅰ前段)	法の下の平等とは，行政・司法を拘束するだけで，立法者までも拘束するものではない。	法の下の平等とは，行政・司法を拘束するだけでなく，立法者をも拘束する。
批　判	①　憲法14条1項の後段列挙事由を限定列挙と捉えると，後段列挙事由以外の事由に基づく不平等な取扱いを法が定めても本条違反の問題を一切生じないことになり，憲法が法の下の平等を定めた意味が十分に生かされないことになる。 ②　いくら法を平等に適用しても法内容が不平等であるならば，法の下の平等は実現されず，個人の尊厳（憲§13前段）を保障した趣旨が無意味となる。	――――
例示列挙か限定列挙か(憲§14Ⅰ後段)	限定列挙（憲法14条1項後段の列挙事由に限り，差別的取扱いを禁止する）であり，立法者をも拘束する。	例示列挙（憲法14条1項後段の列挙事由は，例示にすぎず，それ以外の事由による差別的取扱いも禁止する）である。

※　判例は，立法者拘束説（法内容平等説）に立ち，後段列挙事由については例示列挙に立つと解されている（最判昭25.10.11，同昭48.4.4）。

5　個別的差別禁止事項

　憲法14条1項後段に挙げられている個別的事項は，歴史的に見て不合理な差別がおこなわれてきた代表的な事項である。

⑴　人　種

　人種とは，皮膚，毛髪，目，体型等の身体的特徴によって区別される人類学上の種類をいう。

　外国人に対する取り扱いの区別は，国籍の有無を基準とした憲法上の人権

享有主体性の問題であり，人種による差別の問題ではない（最判昭30.12.14）。

(2) 信　条

① 意　義

H30-2-ウ
信条とは，宗教や信仰だけでなく，広く思想や世界観等を含む概念をいう（通説）。

② 判　例

三菱樹脂事件（最判昭48.12.12）

【判旨】

企業者は，経済活動の一環としてする契約締結の自由を有し，自己の営業のために労働者を雇用するにあたり，原則として自由にこれを決定することができるのであって，企業者が特定の思想，信条を有する者をそのゆえをもって雇い入れることを拒んでも，それを当然に違法とすることはできない。

コメント

事案および人権規定の私人間適用の有無については，「本編第1章第3節 3 3判例」を参照のこと。

(3) 性　別

① 総　説

男女差別は，歴史的に各国で広く行われ，明治憲法下ではむしろ当然視されていた。そこで，現行憲法の下で，差別撤廃が目指され，権利や資格についての形式的平等や家族関係の平等が確立した。

もっとも，男女には，実際に肉体的・生理的な条件の違いがあり，その面からくる女性保護のための合理的差別（区別）は認められる。

② 判　例

㋐ 日産自動車事件（最判昭56.3.24）

【判旨】

Ｎ会社の就業規則は男子の定年年齢を60歳，女子の定年年齢を55歳（提訴当時は男子55歳，女子50歳）と規定しているところ，Ｎ会社においては，①女子従業員の担当職務は相当広範囲にわたっていて，従業員の努力とＮ会社の活用策いかんによっては貢献度を上げうる職種が数多く含まれており，女子従業員各個人の能力等の評価を離れて，その全体をＮ会社に対する貢献度の上がらない従業員と断定する根拠

はないこと，しかも，②女子従業員について労働の質量が向上しないのに実質賃金が上昇するという不均衡が生じていると認めるべき根拠はないこと，③少なくとも60歳前後までは，男女とも通常の職務であれば企業経営上要求される職務遂行能力に欠けるところはなく，定年年齢において女子を差別しなければならない合理的理由は認められない。

そうすると，N会社の就業規則中女子の定年年齢を男子より低く定めた部分は，もっぱら女子であることのみを理由として差別したものであり，性別のみによる不合理な差別を定めたものとして民法90条の規定により無効である（憲法14条1項，民法2条参照）。

(•••)コメント

事案および人権規定の私人間適用の有無については，「本編第1章第3節3判例」を参照のこと。

④　再婚禁止期間事件—違憲判決（最判平27.12.16）

女性にのみ6か月の再婚禁止期間を定める旧民法733条は，性別による差別であり，憲法14条1項，24条2項に違反するとして争われた事件。

【判旨】

(旧)民法733条の規定の立法目的は，父性の推定の重複を回避し，もって父子関係をめぐる紛争の発生を未然に防ぐことにあると解されるところ，民法772条の規定から，女性の再婚後に生まれる子については，計算上100日の再婚禁止期間を設けることによって，父性の推定の重複が回避されることになるため，当該100日について一律に女性の再婚を制約することは，婚姻および家族に関する事項について国会に認められる合理的な立法裁量の範囲を超えるものではなく，上記立法目的との関連において合理性を有するものということができ，当該規定のうち100日の再婚禁止期間を設ける部分は，憲法14条1項に違反するものではない。しかし，他方，医療や科学技術が発達した今日においては，再婚禁止期間を厳密に父性の推定が重複することを回避するための期間に限定せず，一定の期間の幅を設けることを正当化することは困難になったといわざるを得ず，100日超過部分は，合理性を欠いた過剰な制約を課すものとして，国会に認められる合理的な立法裁量の範囲を超えるものであり，その立法目的との関連において合理性を欠き，憲法14条1項，24条

2項に違反する。

⊙⋯⊙コメント

　　本判決は，（旧）民法733条１項が女子の再婚禁止期間を設けること自体を憲法14条１項，24条２項に違反するとしたわけではなく，100日を超えて再婚禁止期間を設ける部分が，子女に合理性を欠いた過剰な制約を課すものであり，憲法14条１項，24条２項に違反するとしたものである。

(4)　社会的身分

① 　意　義

　　社会的身分とは，人が広く社会においてある程度継続的に占めている地位をいう（最判昭39.5.27）。

H30-2-5

　　したがって，高齢者であること（同判例）や，親子であること（最判昭25.10.11）は，社会的身分に当たらないが，嫡出子か嫡出子でないかは社会的身分に当たる（東京高決平5.6.23，最決平25.9.4）。

② 　判　例

㋐　非嫡出子差別規定違憲訴訟─違憲決定（最決平25.9.4）

> 　　平成13年７月に死亡したＹの遺産につき，Ｙの嫡出である子Ｚらが，Ｙの嫡出でない子Ｘに対し，遺産の分割の審判を申し立てたところ，原審は嫡出でない子の相続分を嫡出子の相続分の２分の１とする旧民法900条４号ただし書の規定を適用して算出された法定相続分を前提にＹの遺産の分割をすべきものとした。そこで，Ｘは，旧民法900条４号ただし書の規定が憲法14条１項に違反し無効であるとして争った事件。

【判旨】

　　昭和22年民法改正時から現在に至るまでの間の社会の動向，我が国における家族形態の多様化やこれに伴う国民の意識の変化，諸外国の立法のすう勢，嫡出子と嫡出でない子の区別に関わる法制等の変化等を総合的に考察すれば，家族という共同体の中における個人の尊重がより明確に認識されてきたことは明らかであるといえる。そして，法律婚という制度自体は我が国に定着しているとしても，上記のような認識の変化に伴い，上記制度の下で父母が婚姻関係になかったという，子にとっては自ら選択ないし修正する余地のない事柄を理由としてその子に不利益を及ぼすことは許されず，子を個人として尊重し，その

権利を保障すべきであるという考えが確立されてきているものということができる。

R4-2-エ

　以上を総合すれば，遅くともＹの相続が開始した平成13年７月当時においては，立法府の裁量権を考慮しても，嫡出子Ｚと嫡出でない子Ｘの法定相続分を区別する合理的な根拠は失われていたというべきである。

　したがって，（旧）民法400条４号ただし書の規定は，遅くとも平成13年７月当時において，憲法14条１項に違反していたものというべきである。

⊙ コメント

　本判決は，旧民法900条４号ただし書の規定が憲法14条1項に違反するとして，従来当該規定を合憲としていた判例（最決平7.7.5，最判平15.3.31）を変更したところに意義がある。

④　国籍法違憲訴訟─違憲判決（最判平20.6.4）

　日本国籍の父親と外国籍の母親との間に生まれたＸは，父親に出生後に認知されたが両親が婚姻しなかったために，「出生の時に父又は母が日本人であった場合，出生後に父母の婚姻及びその認知により嫡出たる身分を取得した子（準正の嫡出子）は，その旨を法務大臣に届け出ることにより国籍を取得する」と定めていた旧国籍法３条１項により，日本国籍の取得が認められなかった。そこで，Ｘらは，旧国籍法３条１項が憲法14条１項に違反するとして争った事件。

【判旨】

　日本国籍は，我が国の構成員としての資格であるとともに，我が国において基本的人権の保障，公的資格の付与，公的給付等を受ける上で意味をもつ重要な法的地位でもある。一方，父母の婚姻により嫡出子たる身分を取得するか否かということは，子にとっては自らの意思や努力により変えることのできない父母の身分行為に係る事柄である。したがって，このような事柄をもって日本国籍取得の要件に関して区別を生じさせることに合理的理由があるか否かについては慎重に検討することが必要である。

　血統主義を基調としつつ，我が国との密接な結び付きの指標となる一定の要件を設けて，これらを満たす場合に限り出生後における日本

国籍の取得を認めることとした立法目的自体に合理的な根拠は認められるものの，立法目的との間における合理的関連性は，我が国の内外における社会的環境の変化等によって失われており，今日において，(旧)国籍法3条1項の規定は，日本国籍の取得につき合理性を欠いた過剰な要件を課するものとなっている。したがって，本件区別は，立法府に与えられた裁量権を考慮してもなおその立法目的との間において合理的関連性を欠くものとなっていたといわざるを得ず，憲法14条1項に違反する。

`R4-2-イ`

　ⓦ　戸籍法49条2項1号違反事件（最判平25.9.26）

> 　父Xは婚外子の出生届出を行ったが，戸籍法49条2項1号所定の届書の記載事項である「嫡出子または嫡出でない子の別」を記載しなかったことから，世田谷区長により受理されず，子に係る戸籍および住民票の記載がされなかったため，Xは，同号の規定のうち届書に「嫡出子または嫡出でない子の別」を記載すべきものと定める部分は，婚外子を不当に差別するものであり憲法14条1項に違反するとして争った事件。

【判旨】

　民法および戸籍法において法律上の父子関係等や子に係る戸籍上の取扱いについて定められている規律が父母の婚姻関係の有無によって異なるのは，法律婚主義（民§739Ⅰ）の制度の下における身分関係上の差異およびこれを前提とする戸籍処理上の差異であって，戸籍法49条2項1号の規定は，身分関係上および戸籍処理上の差異を踏まえ，戸籍事務を管掌する市町村長の事務処理の便宜に資するものとして，出生の届出に係る届書に嫡出子または嫡出でない子の別を記載すべきことを定めているにとどまる。そして，届書にこれが記載されない場合，当該届出に係る子が嫡出子または嫡出でない子のいずれであっても，その記載の欠缺により届出が不受理の理由となり得る瑕疵のあるものとなる一方で，届出の受理や職権による戸籍の記載も可能である。以上に鑑みると，本件規定それ自体によって，嫡出でない子について嫡出子との間で子またはその父母の法的地位に差異がもたらされるものではないから，不合理な差別的取扱いを定めたものとはいえず，憲法14条1項に違反するものではない。

コメント

　本判例の少し前に民法の非嫡出子相続分区別規定を違憲とした判例（最決平25.9.4：非嫡出子差別規定違憲訴訟）が出されたことから，その内容が注目されたが，結局，本判例は，戸籍法49条2項1号の規定は非嫡出について嫡出との関係で不合理な差別的取扱いを定めたものとはいえず，憲法14条1項に違反しないと判断した。

(5)　門　地

　門地とは，家系・血統等の家柄をいう。

　貴族制度の採用は「門地」による差別にあたるが，憲法14条2項で，別途，これを否認している。

　現在，皇族に認められる特別の地位は，形式的には門地による差別であるが，これは憲法2条が世襲の皇位継承を認めることから許される例外とされている。

(6)　憲法14条1項後段以外の事由

①　罰則規定による不平等

尊属殺重罰規定違憲訴訟—**違憲判決**（最判昭48.4.4）

　14歳のときに実父Yから強制性交され，10年余り夫婦同様の生活を強いられたXに，結婚話がもちあがったが，これを知った実父Yから脅迫虐待を受けたため，Xは実父Yを殺害し，刑法200条（平成7年改正前）の尊属殺人罪（法定刑が死刑または無期懲役刑のみ）で起訴された。そこで，Xは，刑法200条が憲法14条1項に違反し無効であるとして争った事件。

【判旨】

　尊属に対する尊重報恩は，社会生活上の基本的道義というべく，このような自然的情愛ないし普遍的倫理の維持は，刑法上保護に値するものであるから，このことを類型化し，法律上，刑の加重要件とする規定を設けても，かかる差別的取扱いをもって直ちに合理的な根拠を欠くものと断ずることはできず，憲法14条1項に違反するということはできない。 `R4-2-オ`

　しかしながら，刑法200条（平成7年改正前）は，尊属殺の法定刑を死刑または無期懲役刑のみに限っている点において，その立法目的達成のため必要な限度を遥かに超え，普通殺に関する刑法199条の法定刑に比し著しく不合理な差別的取扱いをするものと認められ，憲法14条1項

に違反して無効であるとしなければならない。

⸺コメント

　　本判決は，刑法200条の尊属殺を合憲とした最判昭25.10.11を改め，違憲
無効とした画期的判決である。

　　改正前の刑法200条の尊属殺人罪は，「自己又は配偶者の直系尊属を殺し
たる者は死刑又は無期懲役に処す」と規定して，普通殺人に比べ著しい重
罰を科していたが，本判決は，親の尊重報恩という立法目的については合
理性を認め，刑罰が厳しすぎるという点のみを違憲とした（この点につい
ては，厳しい批判がされた）。平成7年の刑法改正により，刑法200条の尊属
殺規定は削除された。

　　これに対して，最判昭49.9.26判決は，通常の傷害致死罪（刑§205Ⅰ）の
場合よりも加重処罰を規定する尊属傷害致死罪（同Ⅱ）については，①立
法目的は是認しうるし，②刑法205条2項程度の刑罰なら特に厳しすぎるこ
ともなく立法手段として妥当であり，憲法14条に反しないとする。しかし，
刑法205条2項も，平成7年の刑法改正により削除された。

　　なお，「尊属」を憲法14条1項後段の「社会的身分」に当たるとして，社
会的身分の問題としてとらえることもできる。

② 　投票価値の不平等（議員定数不均衡の合憲性）

　　国会議員（地方議員も同じ）の選挙において，各選挙区の議員定数の配
分に不均衡があり，そのため，人口数（有権者数）との比率において，選
挙人の投票価値（1票の重み）に不平等が存在している。そこで，このよ
うな不平等が14条1項に違反しないかが問題になる。

　　学説は，1票の重みが，議員1人当たりの人口が最高の選挙区と最低の
選挙区とで，おおむね1対2以上に開くことは，投票価値の平等の要請に
反すると解する見解が有力である。1対2以上に開くと，1人に2票を与
えたのと同じ結果になり，1人1票の原則に反するからである。

㋐ 　衆議院の定数不均衡

ⓐ 　衆議院議員定数不均衡訴訟⑴─違憲判決（最判昭51.4.14）

【判旨】

　　憲法14条1項に定める法の下の平等は，選挙権に関しては，国民
はすべて政治的価値において平等であるべきであるとする徹底した
平等化を志向するものであり，各選挙人の投票の価値の平等もまた，
憲法の要求するところであると解するのが，相当である。

　　選挙人の投票価値の不平等が，国会において通常考慮しうる諸要

素をしんしゃくしてもなお，一般的に合理性を有するものとは到底考えられない程度に達しているときは，もはや国会の合理的裁量の限界を超えるものと推定すべきであり，このような不平等を正当化すべき特段の理由が示されない限り，憲法違反と判断するよりほかはない。

本件衆議院議員選挙当時においては，各選挙区の議員1人あたりの選挙人数と全国平均のそれとの開きは，約5対1の割合に達していたのであり，その開きが示す選挙人の投票価値の不平等は，一般的に合理性を超えるに至っているものというほかはなく，憲法の選挙権の平等の要求に反する程度になっていたものといわなければならない。

💬コメント

本判決は，較差が1対5に至った衆議院議員選挙を違憲違法とした画期的判決であるが，選挙を無効とする混乱を避けるため，行政事件訴訟法31条1項前段の「事情判決の法理」を利用して選挙自体は無効としなかった。

ⓑ　衆議院議員定数不均衡訴訟⑵―違憲判決（最判昭60.7.17）

【判旨】

昭和58年12月18日施行の衆議院議員選挙当時において最大1対4.40に拡大した較差は，選挙区の選挙人数または人口と配分議数との比率の平等が最も重要かつ基本的な基準とされる衆議院議員の選挙の制度の下で，国会において通常考慮し得る諸般の要素をしんしゃくしてもなお，一般に合理性を有するものとは考えられない程度に達していたというべきであり，したがって，憲法の選挙権の平等の要求に反する程度に至っていたものというべきである。

そして，本件において，投票価値の不平等状態が違憲の程度に達した時から本件選挙までの間に上記較差の是正が何ら行われなかったことは，憲法上要求される合理的期間内の是正が行われなかったものと評価せざるを得ない。したがって，本件議員定数配分規定は，本件選挙当時，憲法の選挙権の平等の要求に反し，違憲と断定するほかない。

💬コメント

本判決も，本件選挙が憲法に違反する議員定数配分規定に基づいて行われた点において違憲である旨を示したが，選挙自体は事情判決の法理を利用して無効とはしなかった。

⑴　参議院の定数不均衡

ⓐ　参議院議員定数不均衡訴訟⑴（最判昭58.4.27）

【判旨】

H21-2-ウ

　参議院地方選出議員の選挙の仕組みについて事実上都道府県代表的な意義ないし機能を有する要素を加味したからといって，これによって選出された議員が全国民の代表であるという性格と矛盾抵触することになるということはできず，参議院については，投票価値の平等の要求は，人口比例主義を基本とする選挙制度の場合と比較して，一定の譲歩，後退を免れない。

　参議院の任期を6年としていわゆる半数改選制を採用し，また，参議院については解散を認めないものとするなど憲法の定める二院制の本質にかんがみると，参議院地方選出議員については，選挙区割や議員定数の配分をより長期にわたって固定し，国民の利害や意見を安定的に国会に反映させる機能をそれに持たせることとすることも，立法政策として許容されるところである。

　本件参議院議員選挙当時に選挙区間においては議員1人当たりの選挙人数に最大1対5.26の較差があり，あるいはいわゆる逆転現象（有権者の少ない選挙区のほうが有権者の多い選挙区よりも議員定数が多いという現象）が一部の選挙区においてみられたとしても，それだけでは，違憲の問題が生ずる程度の著しい不平等状態が生じていたとするには足らないものというべきである。

📖コメント

　本判決は，参議院の特殊性，すなわち，①参議院議員の半数改選制，②地方区選出議員に地域代表的要素があることなどを理由に，投票価値の平等につき衆議院議員選挙の場合とは異なった取扱いをする。

ⓑ　参議院議員定数不均衡訴訟⑵（最判平8.9.11）

【判旨】

　本件選挙当時の最大1対6.59の較差が示す選挙区間における投票価値の不平等は，参議院議員の選挙制度の仕組み，是正の技術的限界などを考慮しても，投票価値の平等の有すべき重要性に照らして，本件選挙当時，違憲の問題が生ずる程度の著しい不平等の状態が生じていたものと評価せざるを得ない。

　本件選挙当時，選挙区間における議員1人当たりの選挙人数の較差等からして，違憲の問題が生ずる程度の投票価値の著しい不平等状態が生じていたものといわざるを得ないが，本件選挙当時におい

て本件定数配分規定が憲法に違反するに至っていたものと断ずることはできない。

(⋯⋯)コメント

　　最高裁は，最判昭63.10.21判決で１対5.85の場合について合憲判断をしていることから，参議院議員選挙については，１対６を違憲と合憲の境界としているものと推測されている（最判平10.9.2においては１対4.81，最判平18.10.4においては１対5.13の較差について合憲判断をしている）。

ⓒ　**参議院議員定数不均衡訴訟(3)（最判平24.10.17)**

【判旨】

　　憲法の趣旨，参議院の役割等に照らすと，参議院は衆議院とともに国権の最高機関として適切に民意を国政に反映する責務を負っていることは明らかであり，参議院議員の選挙であること自体から，直ちに投票価値の平等の要請が後退してよいと解すべき理由は見いだし難い。すなわち，参議院議員の選挙制度において都道府県を選挙区の単位として各選挙区の定数を定める仕組みとなっているが，都道府県を参議院議員の選挙区の単位としなければならないという憲法上の要請はなく，むしろ，都道府県を選挙区の単位として固定する結果，投票価値の大きな不平等状態が長期にわたって継続していると認められる状況の下では，上記の仕組み自体を見直すことが必要になる。また，憲法の趣旨から議員定数配分を衆議院より長期にわたって固定することも立法政策として許容されるという主張も，参議院議員の選挙制度の仕組みの下では較差の是正には一定の限度があるという主張も，数十年間の長期にわたり大きな較差が継続することを許容する根拠とはならない。

　　本件選挙当時，投票価値の較差は最大で１対５に達しており，当　**R4-2-ウ**
該較差が示す選挙区間における投票価値の不均衡は，投票価値の平等の重要性に照らしてもはや看過し得ない程度に達しており，違憲の問題が生ずる程度の著しい不平等状態に至っていた。しかし，参議院議員の選挙制度の構造的問題およびその仕組み自体の見直しの必要性が指摘された判決から本件選挙まではわずかしかなかったこと，参議院においても制度改革の検討が行われていたことなどを考慮すると，本件選挙までの間に本件定数配分規定を改正しなかった　**R4-2-ウ**
ことが国会の裁量の限界を超えるものとはいえず，本件定数配分規定が憲法に違反するに至っていたということはできない。

　　㋒　地方議会の定数不均衡
　　　東京都議会議員定数不均衡訴訟（最判昭59.5.17）
　　【判旨】
　　　　地方公共団体の議会は，定数配分規定を定めるに当たり，旧公職選挙法15条7項ただし書の規定を適用し，人口比例により算出される数に地域間の均衡を考慮した修正を加えて選挙区別の定数を決定する裁量権を有する。いかなる事情の存するときに上記の修正を加えるべきかについては，地方公共団体の議会の具体的に定めるところがその裁量権の合理的な行使として是認されるかどうかによって決するほかはない。

　　　　本件選挙当時，選挙区間の議員1人当たりの人口の較差が，地方公共団体の議会において地域間の均衡を図るため通常考慮しうる諸般の要素をしんしゃくしてもなお一般的に合理性を有するものと考えられない程度に達しており（東京都全体では最大較差1対7.45），旧公職選挙法15条7項の規定上要求される合理的期間内における是正をしなかったものであり，都定数条例の配分規定は，本件選挙当時，同項の規定に違反するものであったと断定せざるを得ない。

　　　🔘コメント
　　　　本判決は，地方公共団体の議会の議員選挙に関する定数配分不均衡問題に関する，最高裁判所の最初の判断である。
　　　　なお，その後の都議会議員定数不均衡判決では，それぞれ最大較差1対3.40（最判昭62.2.17），最大較差1対3.09（最判平3.4.23）につき，違法判断が下されている。

　③　租税の不平等
　　　サラリーマン税金訴訟（最判昭60.3.27）

　　┌────────────────────────────────────┐
　　　　事業所得者に比べ，給与所得者に不公平な税負担を課している旧所得税法の給与所得課税は，憲法14条1項の平等原則に違反するとして争われた事件。
　　└────────────────────────────────────┘

　　【判旨】
　　　　租税法の定立については，国家財政などの正確な資料を基礎とする立法府の政策的，技術的な判断にゆだねるほかはなく，裁判所は，基本的にはその裁量的判断を尊重せざるを得ない。
　　　　旧所得税法が給与所得に係る必要経費につき実額控除を廃した代わり

に概算控除の制度を設けた目的は，給与所得者に実額控除を行った場合，徴税上生ずる種々の弊害を防止することにあり，正当なものといえる。また，給与所得者の自ら負担する必要経費額が一般に同法所定の給与所得控除額を明らかに上回ると認めることも困難であることからすれば控除額が必要経費との対比上，相当性を欠くものともいえない。

以上により，旧所得税法が必要経費の控除につき事業所得者と給与所得者との間に設けた区別は合理的であって，憲法14条１項に反しない。

④　選挙犯罪者の地位に基づく不平等
公民権停止事件（最判昭30.2.9）

衆議院議員総選挙候補者の運動員Ｘらは，買収の罪で，懲役または罰金の刑を受けると同時に，公職選挙法（公選法）252条により選挙権および被選挙権を各３年間停止された。そこで，Ｘらは，一般犯罪による受刑者の場合は，罰金刑に処せられた者には選挙権および被選挙権の停止がないのに比較して，選挙犯罪による受刑者を差別することになり，不合理な差別であって，公選法252条は，憲法14条，44条の趣旨に違反するとして争った事件。

【判旨】

国民主権を宣言する憲法の下において，公職の選挙権が国民の最も重要な基本的権利の一つであるが，それだけに選挙の公正はあくまでも厳粛に保持されなければならないのであって，一旦この公正を阻害し，選挙に関与せしめることが不適当と認められるものは，しばらく，被選挙権，選挙権の行使から遠ざけて選挙の公正を確保すると共に，本人の反省を促すことは相当であるから，**これをもって不当に国民の参政権を奪うものというべきではない。** [H21-2-ア]

したがって，公選法252条が選挙犯罪者について一般犯罪者に比し特に厳格に選挙権・被選挙権停止の処遇を規定していても，憲法14条，44条に反するものではない。

⑤　地位に基づく不平等
㋐　堀木訴訟（最判昭57.7.7）

視力障害者（全盲）のため障害福祉年金を受給しているＸ（堀木某）が，離婚後に児童扶養手当の併給を申請したが，Ｘが障害福祉

年金を受給しているので児童扶養手当の受給資格を欠くとして，知
事により却下されたため，Ｘは，障害福祉年金と児童扶養手当との
併給禁止を規定している児童扶養手当法が，憲法14条，25条等に違
反するとして争った事件。

【判旨】

　　障害福祉年金と児童扶養手当との併給を禁じた併給調整条項の適用
により，障害福祉年金を受けることができる地位にある者とそのよう
な地位にない者との間に児童扶養手当の受給に関して差別を生ずるこ
とになるとしても，身体障害者，母子に対する諸施策および生活保護
制度の存在などに照らして総合的に判断すると，当該差別がなんら合
理的理由のない不当なものであるとはいえず，憲法14条に違反しない。

😀コメント

　　なお，児童扶養手当との併給を禁じた併給禁止規定が，生存権（憲法
25条）の侵害とならないかという点については，「本編第6章第1節**2**
(2)②堀木訴訟」を参照のこと。

④　地方公務員自動失職制違憲事件（最判平元.1.17）

　　Ｙ県立図書館に勤務する公務員であったＸは，採用後に採用前に
行った犯罪について有罪刑の確定を受けたため，地方公務員法（地
公法）16条2号，28条4項の規定により判決確定時に失職した。そ
こで，Ｘは，当該地公法の規定が憲法14条1項等に違反するとして，
雇用関係確認および給与支払いを求めて争った事件。

【判旨】

　　地公法28条4項，16条2号は，禁固以上の刑に処せられた者を公務
の執行から排除することにより公務に対する住民の信頼を確保するこ
とを目的としているものであるところ，前記目的には合理性があり，
地方公務員を法律上このような制度が設けられていない私企業労働者
と比べて不当に差別したものとはいえない。

　　したがって，地公法28条4項，16条2号は，憲法14条1項，13条に
違反するものではない。

😀コメント

　　また，本判決は，条例に特別の定めがある地方公共団体の地方公務員
と特別の定めがない地方公共団体の地方公務員との間には失職に関しそ

の取扱いに差異が生ずることになるが，それは各地方公共団体の自治を尊重した結果によるものであって不合理なものとはいえないとする。下記⑥参照のこと。

⑥ 地域による不平等
売春等取締条例違反事件（最判昭33.10.15）

> （旧）東京都売春等取締条例4条違反により起訴されたXは，各都道府県ごとに処罰の規定が異なる売春等取締条例が，憲法14条の平等原則などに違反するとして争った事件。

【判旨】

憲法が各地方公共団体に条例制定権を認める以上，地域によって差別が生ずることは当然予期されることであるから，このような差別は憲法みずから容認するところであると解すべきである。したがって，地方公共団体が売春の取締りについて各別に条例を制定する結果，その取扱いについて差別を生ずることがあっても，地域差の故をもって違憲ということはできない。

⑦ 住所による不平等
給水条例無効事件（最判平18.7.14）

> 普通地方公共団体が営む水道事業に係る条例所定の水道料金を改定する条例のうち，当該普通地方公共団体の住民基本台帳に記録されていない別荘に係る給水契約者の基本料金を別荘以外の給水契約者の基本料金の3.57倍を超える金額に改定した部分が，地方自治法244条3項に違反し無効であるとして争われた事件。

【判旨】

普通地方公共団体の住民ではないが，その区域内に事務所，事業所，家屋敷等を有し，当該普通地方公共団体に対し地方税を納付する義務を負う者など住民に準ずる地位にある者による公の施設の利用について，当該公の施設の性質やこれらの者と当該普通地方公共団体との結び付きの程度等に照らし合理的な理由なく差別的取扱いをすることは，地方自治法244条3項に違反する。

6　平等原則の具体化・制度化

(1)　貴族制度の廃止

> **第14条**
> 2　華族その他の貴族の制度は，これを認めない。

　　貴族制度の採用は「門地」（憲§14Ⅰ）による差別の禁止に含まれるが，本条2項は，明治憲法下で認められていた貴族という特権身分を廃止し，将来において類似の制度が復活することをも禁止したことを明らかにしたものである。

　　貴族とは，一般国民から区別された特権を伴う世襲の身分であるから，皇族は，貴族にあたると考えられるが，憲法がとくに天皇制を認めていることに伴う例外と解されている。

(2)　栄典の授与に伴う特権の禁止

> **第14条**
> 3　栄誉，勲章その他の栄典の授与は，いかなる特権も伴はない。栄典の授与は，現にこれを有し，又は将来これを受ける者の一代に限り，その効力を有する。

　　栄典自体も広い意味では一種の特権といえる。しかし，憲法自体が栄典の授与を認めていることから（憲§7⑦等），例えば，経済的利益の提供などを伴っても，直ちに違憲とはいえない。

(3)　選挙権の平等

> **第15条**
> 3　公務員の選挙については，成年者による普通選挙を保障する。
> **第44条**　両議院の議員及びその選挙人の資格は，法律でこれを定める。但し，人種，信条，性別，社会的身分，門地，教育，財産又は収入によつて差別してはならない。

　　憲法15条3項は，憲法14条1項を受けて成年者による普通選挙制の原則を定め，また，憲法44条は，憲法14条1項で列挙されていない「教育，財産又は収入」による差別を明示的に禁止するとともに，議員および被選挙人の資格の平等も定めたものである。

⑷　教育の機会均等

第26条　すべて国民は，法律の定めるところにより，その能力に応じて，ひとしく教育を受ける権利を有する。

　　教育は，個人が人格を形成し，社会において有意義な生活を送るための不可欠な前提をなすものであるから，教育機会の平等化を図ったものである。

⑸　婚姻および家族生活における平等

第24条　婚姻は，両性の合意のみに基いて成立し，夫婦が同等の権利を有することを基本として，相互の協力により，維持されなければならない。

2　配偶者の選択，財産権，相続，住居の選定，離婚並びに婚姻及び家族に関するその他の事項に関しては，法律は，個人の尊厳と両性の本質的平等に立脚して，制定されなければならない。

---

　①　意義等

　　　本条1項は，「両性の合意」のみを要件とする婚姻の自由およびその消極面としての非婚・離婚の自由を，また，夫婦の同等の権利とそれに基づく婚姻維持の自由を保障して，特に両性の本質的平等を定める。

　　　2項は，「婚姻及び家族に関する事項」について法律を制定する場合は，すべて個人の尊厳と両性の本質的平等に立脚して行わなければならないことを立法府の義務として，憲法13条・14条の原則を家族生活の場面に具体化したものである。

　②　判　例

　　㋐　夫婦所得課税事件（最判昭36.9.6）

　　　　Xは，確定申告に当たって，自己名義で取得した給与所得等は，家庭での妻の家事労働等による協力で得たものであるとして，所得の2分の1のみをXの所得として申告したところ，所轄の税務署長から過少申告加算税の決定を受けたので，審査請求をしたが却下された。そこで，Xは，所得税法の取扱いが両性の本質的平等を侵害し憲法24条等に違反するとして争った事件。

【判旨】

　　憲法24条の規定は，婚姻関係における夫と妻とが実質上同等の権利を享有することを期待した趣旨の規定と解すべく，個々具体の法律関係において，常に必ず同一の権利を有すべきものであるというまでの要請を包含するものではない。

　　次に，民法762条1項の規定を見ると，夫婦の一方が婚姻中の自己の名で得た財産はその特有財産とすると定められ，夫婦相互間の協力，寄与に対しては，財産分与請求権，相続権ないし扶養請求権等の権利を行使することにより，結局において夫婦間に実質上の不平等が生じないよう立法上の配慮がなされているから，民法762条1項の規定は，憲法24条の法意に照らし，憲法に違反するものではない。

　　したがって，所得税法が，生計を一つにする夫婦の所得の計算について，民法762条1項によるいわゆる別産主義に依存しているとしても，同条項が憲法24条に違反するものとはいえず，所得税法もまた違憲ということはできない。

④　夫婦別氏制事件（最判平27.12.16）
【判旨】

　　夫婦同氏制の下においては，婚姻に伴い，夫となろうとする者の一方は必ず氏を改めることになるところ，婚姻によって氏を改める者にとって，そのことによりいわゆるアイデンティティの喪失感を抱いたり，婚姻前の氏を使用する中で形成してきた個人の社会的な信用，評価，名誉感情等を維持することが困難になったりするなどの不利益を受ける場合があることは否定できず，妻となる女性がこのような不利益を受ける場合が多い状況が生じているものと推認でき，さらには，これらの不利益を受けることを避けるために，あえて婚姻をしないという選択をする者が存在することもうかがわれるが，近時，婚姻前の氏を通称として使用することが社会的に広まっているところ，上記の不利益は，氏の通称使用が広まることにより一定程度は緩和され得るものであり，直ちに個人の尊厳と両性の本質的平等の要請に照らして合理性を欠く制度であるとは認めることはできず，本件規定は憲法24条に違反するものではない。

　　⋯コメント

　　　本判決は，初めて夫婦同氏制について合憲判断をしたものである。なお，本判決は，選択的夫婦別氏制については合理性がないと断ずるものではないとし，この種の制度の在り方は，国会で論ぜられ，判断されるべき事柄にほかならないとしている。

　　　なお，事案については，「本編第2章第1節4(2)④」を参照のこと。

第3章
精神的自由権

第1節　思想および良心の自由

Topics・令和3年に2肢，平成27年，15年に各1肢のみ出題されているが，重要な判例が多くあるので，今後とも，出題の可能性がある。
　　　　・判例をしっかり押さえておくこと，また，保障の対象については，学説（推論）問題として出題される可能性があるので，根拠，批判，帰結を覚えておくことが大切である。

1　総　説

　精神的自由権は，経済的自由権に比べて優越的地位に立つとされている。それは，第1に，精神的自由権が個人の尊厳の原理（憲§13）に不可分に結びつき，人格形成に直接かかわるものとして重要であること，第2に，精神的自由権が表現の自由を中心に，国民の民主的な政治的意思形成を支えるものとして重要であるからである。

　憲法は，精神的自由権として，①思想および良心の自由（憲§19），②信教の自由（憲§20），③表現の自由（憲§21），④学問の自由（憲§23）を保障している。

　ただし，居住移転の自由や海外旅行の自由（憲§22）も個人の精神作用と関係している限りで，精神的自由権としての性質を帯びている（なお，「本編第4章第2節**1**2法的性格」を参照のこと）。

2　思想および良心の自由

┌─📖ケーススタディ─┐

　市立小学校の音楽専科の教諭に対して，入学式における国歌斉唱の際に「君が代」のピアノ伴奏を行うようにとの校長の職務命令は，当該教諭の思想および良心の自由を侵害しないか。

第19条　思想及び良心の自由は，これを侵してはならない。

85

1　意義等

　　思想および良心の自由は，個人の尊厳（憲§13）に密接に結びつく自由であり，精神的自由の保障の前提をなす権利として重要な地位を占めている。

　　本来，思想および良心の自由は，外部に向かって現れるときは，信教の自由（憲§20），表現の自由（憲§21），学問の自由（憲§23）として保障されるものであるが，明治憲法の下で，治安維持法等により反国家的とみなされた思想が激しく弾圧され，内心の自由自身が著しく侵害されたことから，特に，思想および良心の自由を保障したものである。

2　思想と良心の関係

　　「良心」とは，人の精神作用の内の倫理的側面を，「思想」とは，それ以外の精神作用をいう。

　　この思想と良心の関係については，これを一体とする見解（一体説）と両者を分けた上で，良心を信仰の意味に解する説（信仰説）が対立するが，憲法19条が両者を包摂していることから，一体とする見解が通説である。

3　保障の対象
＜論点＞

　　思想と良心の関係について，一体的なものとして人の内心領域における自由を意味すると解した場合（一体説），それが具体的に何を保障しているのかについては，信条説と内心説がある。そして，それぞれの見解は，新聞紙等に謝罪広告を掲載することを命ずる判決などが，思想および良心の自由を侵害しないのかという点で結論を異にする。

(1)　信条説（限定説）

　　思想および良心を政治的信念，世界観，人生観，主義，主張といった人格的内面的精神作用とする見解（判例，通説）。

　　理　由 ➡　憲法19条の保障の範囲を人格形成活動に関連のある内心の活動に限定することによって，思想および良心の自由を厚く保障するべきである。

　　批　判 ➡　基準が不明確であり，憲法19条の保障の対象とされるものとされないものとの明確な区別ができない。

　　帰　結 ➡　新聞紙等に謝罪広告を掲載することを命ずる判決が，その内容が単に事態の真相を告白し陳謝の意を表明するにとどまる程度のものであれば，人の政治的信念，世界観などに関連するとはいい難いので，思

想および良心の自由を侵害するものではない。

⑵　内心説（広義説）

　　思想および良心を世界観などに限らず，物事に関する是非弁別の判断を含む内心（ものの見方ないし考え方）一般とする見解。

理　由 ➡　憲法19条が，外部的行為でなく，人の内面的態様それ自体を対象とするものである以上，その保障対象はむしろ広範囲に捉えるべきである。

批　判 ➡　人格形成活動に関連性のない内心の活動までを保障の対象に含めると，思想および良心の自由の高位の価値を希薄にし，その自由の保障が軽くなってしまう。

帰　結 ➡　新聞紙等に謝罪広告を掲載することを命ずる判決が，その内容が単に事態の真相を告白し陳謝の意を表明するにとどまる程度のものであっても，人のものの見方ないし考え方に関連するといえるので，思想および良心の自由を侵害するものとなる。

4　「侵してはならない」の意味

　　思想および良心の自由を「侵してはならない」とは，個人がいかなる世界観や人生観などを持とうとも，それが内心の領域にとどまる限りは制限されることのないことをいう。

　　そして，思想および良心の自由の保障の具体的な内容としては，⑴内心の自由の絶対的保障と⑵沈黙の自由がある。

⑴　内心の自由の絶対的保障

　　人の精神活動が内心にとどまる限り，他の利益と抵触することはないから，内心の自由を制限することは許されない。

　　したがって，国家権力は，内心の思想に基づいて不利益を課したり（例えば，憲法を否定する思想をもつ者を公務員として採用しないなど），特定の思想（例えば，民主主義を否定する思想など）を抱くことを禁止することはできない。

⑵　沈黙の自由

　　自己の内心を外部に表明することを強制されない権利として，沈黙の自由が保障される。

　　したがって，国家権力は，個人が内心において抱いている思想について直

接または間接に訊ねることも許されない。

　もっとも，単にある事実に関して知っていることや，職業的・技術的知識の陳述の拒否は含まれない。また，公務員には，憲法尊重擁護義務が課せられていることから（憲§99），公務員に対して，就任に際し憲法尊重擁護の宣誓を行わせても，本条に反しないとされている。

5　判　例

(1)　謝罪広告掲載命令事件（最判昭31.7.4）

> 　名誉毀損に対する救済方法として新聞紙等に謝罪広告を掲載することを命ずる裁判所の判決が，思想および良心の自由を侵害し，憲法19条に違反しないかが争われた事件。

【判旨】

R3-1-オ
H27-1-イ
H15-1-2

　裁判所が，他人の名誉を毀損した加害者に対して，新聞紙等に謝罪広告を掲載することを命ずることは，その内容が単に事態の真相を告白し陳謝の意を表明するにとどまる程度のものにあっては，当該掲載を命ぜられた者に屈辱的もしくは苦役的労苦を科し，または当人の有する倫理的な意思，良心の自由を侵害することを要求するものとは解せられない。したがって，この程度のものであれば，謝罪広告掲載命令は憲法19条に反するものではない。

⋯コメント
　本判決は，信条説に立って，謝罪広告掲載命令を合憲としたものである。

(2)　勤務評定長野方式事件（最判昭47.11.30）

> 　長野県教育委員会の教育長の通達により，教職員に対して勤務評定書に自己観察の結果を表示することを命ずることは，当該教職員の沈黙の自由を侵害し，憲法19条に違反しないかが争われた事件。

【判旨】

　教職員に自己観察を記入させる長野県教育委員会の教育長の通達の文言自体，これを最大限に拡大して解釈しない限り，記入者の有する世界観，人生観，教育観等の表明を命じたものと解することはできず，本件通達によって記載を認められる事項が，教職員の内心的自由等に重大なかかわりを有するものと認めるべき合理的根拠はない。

⚟コメント

　　本判決も信条説を前提として，自己観察の記入は思想および良心の表明に当たらないとしたものである。

(3)　三菱樹脂事件（最判昭48.12.12）
【判旨】

　　憲法が思想および信条の自由を保障すると同時に，他方，憲法22条，29条において，財産権の行使，営業その他広く経済活動の自由をも基本的人権として保障しており，企業者にはこのような経済的自由の一環として雇用の自由が認められることから，労働者が特定の思想および信条を有することを理由として雇入れを拒んでもこれを違法とすることができない以上，企業者が，労働者の採否決定に当たり，労働者の思想および信条を調査し，これに関する申告を求めることも，憲法で定める思想および良心の自由に反するとはいえない。 ▕R3-1-エ▏

⚟コメント

　　事案等については，「本編第1章第3節❸3判例」を参照のこと。

(4)　麹町中学内申書事件（最判昭63.7.15）

　　公立中学校が，生徒Xの内申書に「麹町中全共闘を名乗り，機関紙『砦』を発行した。学校文化祭の際，文化祭紛糾を叫んで他校の生徒とともに校内に乱入し，ビラまきを行った。大学生ML派の集会に参加している。」などの不利益な記載をしたために，高校入試で不合格となった。そこでXは，このような内申書の記載は，憲法19条の思想および良心の自由を侵害するとして争った事件。

【判旨】

　　本件内申書の記載は，生徒の思想，信条そのものを記載したものでないことは明らかであり，その記載にかかる外部的行為によっては当該生徒の思想，信条を了知し得るものではないし，また，当該生徒の思想，信条を高等学校の入学者選抜の資料に供したものとは到底解することはできない。したがって，憲法19条に反するものではない。

(5)　ポストノーティス命令事件（最判平2.3.6）

　　不当労働行為に対する救済として，使用者に対して労働委員会が決め

た内容の公示を従業員に見やすい場所に掲示することを命令する，いわゆるポストノーティス命令が，使用者の思想および良心の自由を侵害しないかが争われた事件。

【判旨】

医療法人に対し，誓約書という題の下に，「当社団が行った次の行為は，神奈川県地方労働委員会により不当労働行為と認定されました。当社団は，ここに深く反省するとともに今後再びかかる行為を繰り返さないことを誓約します。」との文言の掲示を命じたポストノーティス命令は，労働委員会によって当該法人の行為が不当労働行為と認定されたことを関係者に周知徹底させ，同種の行為の再発を抑制しようとする趣旨のものであり，当該法人に対して反省等の意思の表明を要求することは，当該命令の本旨とするものではなく，憲法19条に違反するものではない。

💬コメント

本判決も信条説に立って，当該ポストノーティス命令（不当労働行為の「救済命令」において，使用者に対して命令の趣旨を表示する文書の掲示を命ずること）は，使用者の「反省の意思」の表明を要求するものではないとして，合憲とする（最判平7.2.23同旨）。

(6)　**君が代ピアノ伴奏事件（最判平19.2.27）**

市立小学校の校長が，職務上の行為として，音楽専科の教諭に対し，入学式における国歌斉唱の際に「君が代」のピアノ伴奏を行うように命令することは，当該教諭の思想および良心の自由を侵害しないかが争われた事件。

【判旨】

市立小学校の校長が職務命令として音楽専科の教諭に対し入学式における国歌斉唱の際に「君が代」のピアノ伴奏を行うようにとの職務命令は，教諭の歴史観ないし世界観自体を直ちに否定するものとは認められない。

入学式の国歌斉唱の際に「君が代」のピアノ伴奏をする行為は，教諭等が特定の思想を有するということを外部に表明する行為であると評価することは困難であり，また，教諭に対し特定の思想を持つことを強制したりこれを禁止したりするものではない。

したがって，校長の当該職務命令は，教諭の思想および良心の自由を侵すものとして憲法19条に違反するということはできない。

コメント

✎　ケーススタディの場合，教諭の思想および良心の自由を侵害しない。

(7)　国歌斉唱不起立事件（最判平23.5.30）

> 　公立高等学校の校長が教諭に対し，卒業式における国歌斉唱の際に国旗に向かって起立し国歌を斉唱することを命じた職務命令が，憲法19条に違反しないかが争われた事件。

【判旨】

　卒業式における起立斉唱行為は，学校の儀式的行事における慣例上の儀礼的な所作としての性質を有するものであり，教諭の歴史観ないし世界観を否定することと不可分に結び付くものではなく，当該職務命令は，その歴史観ないし世界観それ自体を否定するものとはいえない。

　卒業式における起立斉唱行為が，特定の思想またはこれに反する思想の表明として外部から認識されるものと評価することは困難であり，当該職務命令は，教諭に特定の思想を持つことを強制したり，これに反する思想を持つことを禁止したりするものではなく，特定の思想の有無について告白することを強要するものともいえない。

　したがって，公立高等学校の校長が教諭に対し卒業式における国歌斉唱の際に国旗に向かって起立し国歌を斉唱することを命じた職務命令は憲法19条に違反しない。

第2節　信教の自由

Topics・令和3年，平成22年に出題されたが，重要な判例が多くあるので，
判例を中心にしっかり学習しておくことが重要である。

1　総　説

(1)　明治憲法でも信教の自由を保障していたが（明憲§28），実際は，国家主
義や軍国主義の精神的な支柱となった国教的性格をもつ国家神道が特別扱い
され，国家神道に反対するキリスト教などには容赦のない弾圧が加えられた。
そこで，日本国憲法は，憲法20条1項前段と2項で個人の信教の自由（狭義）
を厚く保障するとともに，同1項後段と3項で国家と宗教の分離（政教分離）
を明確化したのである。また，憲法89条前段は，政教分離原則を財政面から
裏付けている。

(2)　信教の自由は，人間の内面における精神活動の自由であるから，完全に自
由であるが，それが信仰告白，宣伝・布教，さらには集会・結社等の外部的
行為形態として表出された場合は，一般市民法の規制を受ける。しかし，信
教の自由の重要性からは，その制約は表現の自由と同様な厳格な審査基準に
より，その合憲性が審査されることになる。

2　信教の自由（狭義）

ケーススタディ

信仰上の理由から剣道の実技の履修を拒否した公立の高等専門学校の学生
Xに対する留年および退学処分は，学生Xの信教の自由を侵害しないか。

第20条　信教の自由は，何人に対してもこれを保障する。……。
2　何人も，宗教上の行為，祝典，儀式又は行事に参加することを強制されない。

(1)　意義等

信教の自由とは，特定の信教を信じ，または一般にこれを信じない自由を
いう。この信教の自由には，(1)信仰の自由，(2)宗教的行為の自由，(3)宗教的
結社の自由が含まれる。

(2) **信仰の自由**

　　信仰の自由とは，信仰を持つことまたは持たないことを強制されない自由をいう。これは，憲法19条の思想および良心の自由が，宗教の面に現れているものである。

　　この信仰の自由には，①特定の宗教を信ずる自由（積極的信仰の自由）または信じない自由（消極的信仰の自由），および，②信仰を告白する自由（積極的信仰告白の自由）または告白しない自由（消極的信仰告白の自由）が含まれる。

(3) **宗教的行為の自由**

　　宗教的行為の自由とは，礼拝，祈禱_{きとう}その他の宗教上の行為，祝典，儀式，行事を行い，または参加し（積極的宗教的行為の自由），もしくはこのような行為をしない自由（消極的宗教的行為の自由）をいう。

　　憲法20条2項は，何人もこのような行為を強制されないこと（消極的宗教行為の自由）を明文で定めている。

　　また，宗教的行為の自由には，宗教を宣伝する自由（布教の自由），または，これをしない自由も含まれる。

(4) **宗教的結社の自由**

　　宗教的結社の自由とは，信仰を同じくする者が宗教団体を設立，活動，加入する自由（積極的結社の自由），およびそれらを行わない自由（消極的結社の自由）をいう。

　　宗教的結社の自由は，結社の自由（憲§21）の保障の一部でもある。

3　限　界

　　信仰の自由は，個人の内心における自由であって，絶対的に保障される（つまり，「公共の福祉」による制約は認められない）。しかし，宗教は通常，内心の信仰にとどまらず外部的行為を伴うもの（宗教的行為の自由，宗教的結社の自由）であるから，外部的行為が他者の権利・利益や，社会に具体的害悪を及ぼす場合には，国家権力による規制の対象となることがある（「公共の福祉」による制約が認められる）。

　　もっとも，その規制は，必要不可欠な目的を達成するための最小限度の手段でなければならない。

4　判　例

(1)　加持祈禱治療事件（最判昭38.5.15）

> 精神障害の平癒を祈願するために僧侶が加持祈禱を行った際に，暴れる被害者に暴力などを加えて死亡させた行為が，信教の自由として保障されるかが争われた事件。

【判旨】

　精神障害者に対する平癒祈禱のための加持祈禱が，一種の宗教行為としてなされたものであっても，それが他人の生命，身体等に危害を及ぼす違法な有形力の行使に当たるものであり，これにより被害者を死に致したものである以上，僧侶の行為が著しく反社会的なものであることは否定できず，憲法20条１項の信教の自由の保障の限界を逸脱したものというほかはない。

(2)　牧会活動事件（神戸簡判昭50.2.20）

> 建造物侵入等の事件の犯人として警察が捜査中の高校生を匿った教会の牧師の行為は，犯人蔵匿罪（刑§103）に当たるとして起訴された事件。

【判旨】

　牧会活動は，形式的には宗教の職にある牧師の職の内容をなすものであり，実質的には日本国憲法20条の信教の自由のうち礼拝の自由にいう礼拝の一内容をなすものであるから，それは宗教行為としてその自由は日本国憲法のその条項によって保障される。

(3)　古都保存協力税条例事件（京都地判昭59.3.30）

> 市が，条例により，市内に存在する社寺の文化財の観賞について，観賞者に対して一律に50円の税金を課すことは，文化財の観賞に伴う信仰行為，ひいては観賞者個人の宗教的信仰の自由を侵害するのではないかが争われた事件。

【判旨】

　古都保存協力税が，有償で行う文化財の観賞という行為の客観的，外形的側面に担税力を見出して，観賞者の内心にかかわりなく一律に本税を課

すものであること，本税の税額が50円であり現在の物価水準からして僅少であることなどに鑑みると，本件条例は，文化財の観賞に伴う信仰行為，ひいては観賞者個人の宗教的信仰の自由を規律制限する趣旨や目的で本税を課すものでないことは明らかであり，またその信仰行為に抑止効果を及ぼし，これを結果的に制限するものでもない。

　また，本税は，文化財の有償観賞行為を課税客体とし，その観賞者を納税義務者とするものであって，宗教施設の公開による布教という宗教上の活動自体に対する課税として，これを直接規制するものではない。

⑷　日曜日授業参観事件（東京地判昭61.3.20）

　公立小学校において，学校長が授業参観を日曜日に実施し，参観授業と時間的に競合する宗教上の行為に参加するために，これに出席しなかった児童を欠席扱いにすることは，児童の信教の自由を侵害するものであるとして争われた事件。

【判旨】

　一般に，宗教教団がその宗教的活動として宗教教育の場を設け，教会学校などをもつことは，憲法に保障された自由であり，そのこと自体は公教育上も尊重されるべきである。しかし，公教育を行い，これを受けさせることもまた，憲法が国家および国民に対して要請するところである。

　宗教行為に参加する児童に対して授業の出席を免除することは，公教育の中立性を保つ上で好ましいことではないのみならず，当該児童の公教育上の成果をそれだけ阻害し，そのうえさらに，公教育が集団的教育として挙げるはずの成果をもそこなうことにならざるをえず，公教育が失うところは少なくない。

　公教育上の特別の必要性がある授業日の振替えの範囲内では，宗教教団の集会と抵触することになったとしても，法はこれを合理的根拠に基づくやむをえない制約として容認しているものと解すべきである。

⑸　殉職自衛官合祀申請訴訟（最判昭63.6.1）

　自衛隊の外郭団体である山口県隊友会（私人）が，公人である自衛隊山口地方連絡部職員の協力の下に殉職自衛官の霊をキリスト教徒である妻の意思に反して県護国神社に合祀申請したことに対し，妻が信教の自由を侵害されたとして申請の取消しと損害の賠償を求めた事件（政教分

離との関係は，後記参照のこと）。

【判旨】

　　信教の自由の保障は，何人も自己の信仰と相容れない信仰をもつ者の信仰に基づく行為に対して，それが強制や不利益の付与を伴うことにより自己の信教の自由を妨害するものでない限り寛容であることを要請しているというべきであり，このことは死去した配偶者の追慕，慰霊等に関する場合においても同様である。

　　原審が宗教上の人格権であるとする静謐（せいひつ）な宗教的環境の下で信仰生活を送るべき利益なるものは，これを直ちに法的利益として認めることができない性質のものである。

　　また，県護国神社が夫（殉職自衛官）を合祀するのは，まさしく信教の自由により保障されているところとして同神社が自由になし得るところであり，それ自体は何人の法的利益を侵害するものではない。

(6)　オウム真理教解散命令事件（最決平8.1.30）

　　毒ガスであるサリン等を散布して大量殺人事件を起こした宗教法人オウム真理教に対して，東京都が宗教法人法81条に基づき解散命令を申し立てたことが，憲法20条1項の信仰の自由を侵害するとして争われた事件。

【判旨】

　　行政機関による解散命令によって宗教法人が解散しても，信者は，法人格を有しない宗教団体を存続させ，あるいは，これを新たに結成することが妨げられるわけではなく，また，宗教上の行為などを行うことを妨げられるわけではないなどから，解散命令は，信者の宗教上の行為を禁止したり制限したりする法的効果を一切伴わないものである。

　　また，宗教法人の解散命令の制度は，もっぱら宗教法人の世俗的側面を対象とし，かつ，もっぱら世俗的目的によるものであって，宗教団体や信者の精神的・宗教的側面に容かいする意図によるものではなく，その制度の目的も合理的である。

　　さらに，大量殺人を目的として毒ガスであるサリンを大量に生成したようなオウム真理教の行為に対処するには，オウム真理教を解散し，その法人格を失わせることが適切かつ必要であり，他方，解散命令によって宗教団体であるオウム真理教やその信者がおこなう宗教上の行為に何らかの支

R3-1-ア
H22-2-オ

障が生じることが避けられないとしても，その支障は，解散命令に伴う間接的で事実上のものであるにとどまる。

(7) 「エホバの証人」剣道拒否事件（最判平8.3.8）

> 公立の高等専門学校の学生Xは，信仰上の理由から剣道の実技の参加を拒否したため，体育科目の修得認定を受けられず，原級留置（進級拒否），退学処分を受けた。そこでXは，信教上の信条から剣道実技に参加しない者に，その履修を強制し，それを履修しなかった者に代替措置をとることなく，原級留置，退学処分をしたことは，憲法20条の信教の自由などに違反するとして争った事件。

【判旨】

学生Xが剣道実技への参加を拒否する理由は，学生Xの信仰の核心部分と密接に関連する真しなものであり，剣道実技の履修は必須のものであるとはいい難いにもかかわらず剣道実技の履修拒否の結果として，原級留置，退学という事態に追い込まれたというべきであり，その不利益が極めて大きいことも明らかである。また，学生Xがそれらによる重大な不利益を避けるためには剣道実技の履修という自己の信仰上の教義に反する行動を採ることを余儀なくさせられたという性質を有するものであったことは明白である。

⋯⋯コメント

🖉　ケーススタディの場合，学生Xの信教の自由を侵害することになる。

本件判例は，信教（信仰）の自由のほかに，代替措置を採ることが政教分離原則に反しないかという点が問題となり，学校側の当該生徒に対する退学処分は，裁量の範囲を超える違法なものとされた。なお，代替措置と政教分離原則違反に関する判旨については，「政教分離の原則」を参照のこと。

5　政教分離の原則

⬜ケーススタディ

市の体育館の起工式が，神職主宰のもとで神式の地鎮祭として挙行された際に，市が神官への謝礼や供物料などを公金から支出することは，政教分離の原則に違反しないか。

> **第20条**　……。いかなる宗教団体も，国から特権を受け，又は政治上の権力を行使してはならない。
>
> **3**　国及びその機関は，宗教教育その他いかなる宗教的活動もしてはならない。
>
> **第89条**　公金その他の公の財産は，宗教上の組織若しくは団体の使用，便益若しくは維持のため，……これを支出し，又はその利用に供してはならない。

(1)　意義等

　　憲法20条１項後段，３項は，信教の自由（狭義）をより確実に保障するために，①国家と宗教との結びつきを禁止し（国家の非宗教性），②国家に対して宗教的中立性を要求したものである（政教分離の原則）。また，憲法89条前段は，国または地方公共団体と宗教上の組織・団体等の財政的な関係を断ち切ることによって，政教分離，信教の自由を財政面から確保しようとしたものである。

　　政教分離の原則をめぐっては，①目的，②法的性格，③分離の程度（厳格分離か相対分離か），の３点が問題とされている。

① 　目　的
　　㋐　信教の自由の保障
　　　　国家が宗教一般，ないし特定の宗教と結びつくと，宗教を信じない自由，他の特定の宗教を信じる自由が著しく抑圧されることから，信教の自由を実質的に保障することが政教分離の主眼点である。

　　㋑　宗教の腐敗・堕落の防止
　　　　歴史上，宗教が世俗権力と結びつくと，本来の宗教としての潔癖さを失い，腐敗・堕落する結果となったことから，国家と宗教との結びつきを防止する必要がある。

② 　法的性格
　　憲法の定める政教分離規定が，㋐制度的保障規定なのか，㋑人権規定なのか，解釈上争われている。

　　判例は，憲法20条３項の政教分離規定は，いわゆる制度的保障の規定であって，私人に対して信教の自由そのものを直接保障するものではなく，国およびその機関が行うことのできない行為の範囲を定めて国家と宗教との分離を制度として保障することにより，間接的に信教の自由を確保しようとするものであり，この規定に違反する国またはその機関の宗教的活動

R3-1-ウ
H22-2-ア

も，それが同条1項前段に違反して私人の信教の自由を制限し，あるいは同条2項に違反して私人に対し宗教上の行為等への参加を強制するなど，憲法が保障している信教の自由を直接侵害するに至らない限り，私人に対する関係で当然には違法と評価されるものではないとする（最判昭63.6.1；殉職自衛官合祀申請訴訟）。

判例の採る制度的保障説によれば，政教分離に違反する行為により，制度それ自体が侵害されても，それによって特定個人の信教の自由などの権利利益が侵害されたといえない限り，訴訟で争うことはできないことになる。

③　政教分離の程度

政教分離の程度については，㋐国家と宗教との係わり合いを一切排除するものではなく，一定限度の結びつきは認められるとする限定分離説と，㋑国の行為においてわずかでも宗教性が認められれば直ちに政教分離原則違反になるとする完全分離説の対立がある。

この点，判例は，国家が，社会生活に規制を加え，あるいは教育，福祉，文化などに関する助成，援助等の諸施策を実施するにあたって，宗教とのかかわり合いを生ずることを免れず，現実の国家制度として，国家と宗教 **H22-2-イ** との完全な分離を実現することは，実際上不可能に近いとして，限定分離説を採っている（最判昭52.7.13；津地鎮祭訴訟）。

したがって，判例の立場によれば，例えば，宗教団体の経営する私立学校に対して一般の私立学校と同様の助成金を出したり，神社や寺院が所有している文化財を保護するために助成金を出したりすることは，憲法上許されることになる。

④　政教分離の判断基準

判例は，政教分離の判断基準について，宗教とのかかわり合いをもたらす行為の目的および効果に鑑み，そのかかわり合いが当該諸条件に照らし相当とされる限度を超えるものと認められる場合にこれを許さないとして，目的効果基準を採っている（最判昭52.7.13；津地鎮祭訴訟）。

すなわち，政教分離に反するか否かは，行為の目的が宗教的意義をもち，その効果が宗教に対する援助，助長，促進または圧迫，干渉等になるか否かによって判断する。

(2)　**内　容**

政教分離原則の内容として，①特権付与の禁止，②宗教団体の政治上の権

力行使の禁止，③国の宗教的活動の禁止，の３つが挙げられる。

① 特権付与の禁止

　　憲法20条１項後段は，宗教団体に対する国（および地方公共団体，公法人）の特権付与を禁止している。

　　㋐ 「宗教団体」の意味

　　　　宗教団体とは，特定の宗教の信仰，礼拝または普及等の宗教的活動を行うことを本来の目的とする組織ないし団体をいう（狭義説，最判平5.2.16；箕面忠魂碑訴訟）。

　　㋑ 「特権」の意味

　　　　特権とは，一切の優遇的地位，権利，利益をいう。特定の宗教団体に特権を付与することが許されないばかりでなく，宗教団体すべてに対し他の団体から区別して特権を与えることも禁止される。

　　　　他方，一定の要件を満たす国民もしくは団体一般へ利益付与をする際に，その中にたまたま宗教団体が含まれるような場合（例えば，宗教系私学に対する助成，宗教法人を含む非営利法人に対する免税措置など）は，憲法14条（平等原則）により，原則として憲法20条の禁止する宗教団体への特権付与にはあたらない。

② 宗教団体の政治上の権力行使の禁止

　　憲法20条１項後段は，宗教団体が「政治上の権力」を行使することを禁止している。

　　政治上の権力とは，立法権，課税権，裁判権，公務員の任免権など，国が独占すべき統治的権力をいう（通説）。

③ 国の宗教的活動の禁止

　　憲法20条３項は，「国及びその機関」に対し，「宗教教育その他いかなる宗教的活動」もしてはならないことを規定している。

　　㋐ 「宗教教育」の意味

　　　　宗教教育とは，宗教を宣伝して広めること，または宗教を排除することを目的として行なわれる教育をいう。

　　　　国公立学校で特定の宗教のための宗教教育をすることは禁じられているが，宗教の社会生活上の意義を明らかにし，宗教的寛容を養うことを

目的とする教育は憲法上禁止されていない（教育基本§15）。

㋑　「宗教的活動」の意味

「宗教的活動」とは，宗教教育のような宗教の布教，教化，宣伝などの積極的行為に限られず，宗教上の祝典，儀式，行事等であっても，当該行為の目的が宗教的意義をもち，その効果が宗教に対する援助，助長，促進または圧迫，干渉等になるような行為をいう（最判昭52.7.13；津地鎮祭訴訟） H22-2-ウ

なお，「宗教的活動」に含まれない宗教上の行為であっても，国家が参加を強制した場合は，憲法20条２項（信教の自由）違反の問題となる。

(3)　公金支出の禁止

公金支出の禁止（憲§89前段）の点については，「第３編第５章４公金支出の禁止」を参照のこと。

(4)　判　例

①　津地鎮祭訴訟（最判昭52.7.13）

> 市の体育館の起工式が，神職主宰のもとで神式の地鎮祭として挙行された際に，市が神官への謝礼や供物料などを公金から支出することが，公権力の宗教的行為と宗教への公金支出を禁じる憲法20条３項等に反するかが争われた事件。

【判旨】

憲法20条３項にいう宗教的活動とは，国およびその機関の活動で宗教とのかかわり合いをもつすべての行為を指すものではなく，そのかかわり合いが相当とされる限度を超えるものに限られるというべきであって，**当該行為の目的が宗教的意義をもち，その効果が宗教に対する援助，助長，促進または圧迫，干渉等になるような行為をいう**ものと解すべきである。そして，**ある行為が宗教的活動に該当するかどうかは**，当該行為の主宰者，順序作法などの行為の外形的側面のみにとらわれることなく，当該行為の行われる場所，当該行為に対する一般人の宗教的評価，当該行為者が当該行為を行うことについての意図，目的および宗教的意識の有無，程度，当該行為の一般人に与える効果，影響等，諸般の事情を考慮し，**社会通念に従って，客観的に判断しなければならない。**

本件起工式が宗教との係わり合いをもつことは否定し難いが，**その目**

的は建築着工に際し土地の平安堅固，工事の無事安全を願い，社会の一般的慣習に従った儀礼を行うというもっぱら世俗的なものと認められ，その効果は神道を援助，助長，促進または他の宗教に圧迫，干渉を加えるものとは認められないものであるから，憲法20条3項により禁止される宗教的活動にはあたらない。

(⋯)コメント

　🏷️　ケーススタディの場合，市の公金支出は政教分離の原則に反しない。

② 殉職自衛官合祀申請訴訟（最判昭63.6.1）

【判旨】

　　殉職自衛隊員の合祀申請にあたって，県隊友会（私人）に協力した自衛隊山口連絡部職員の具体的行為をみると，その宗教とのかかわり合いは間接的であり，その意図，目的も，合祀実現により自衛隊員の社会的地位の向上と士気の高揚を図ることにあったと推認されるものであるから，どちらかといえばその宗教的意識も希薄であったのみならず，その行為の態様からして，国またはその機関として特定の宗教への関心を呼び起こし，あるいはこれを援助，助長，促進し，または他の宗教に圧迫，干渉を加えるような効果をもつものと一般人から評価される行為とは認め難い。

③ 大阪地蔵像訴訟（最判平4.11.16）

　　大阪市が，町内会に対して，地蔵像の建立，移転について無償で市有地を提供したことが憲法20条3項，89条に反するにもかかわらず，その市有地の明渡しを請求しないため，住民がその違法である旨の確認を求めた事件。

【判旨】

　　㋐大阪市が各町会に対して，地蔵像建立あるいは移設のため，市有地の無償使用を承認したのは，市営住宅の立替事業を行うに当たり，地元の協力と理解を得て事業の円滑な進行を図るとともに，地域住民の融和を促進するという何ら宗教的意義を帯びないものであった。㋑また，寺院外に存する地蔵像に対する儀礼行事は，地域住民の生活の中で習俗化し，このような地蔵像の帯有する宗教性は希薄なものとなっている。㋒本件各町会は，その区域に居住する者等で構成された町内会組織であって，宗教的活動を目的とする団体ではなく，その本件各地蔵像の維持運

営に関する行為も，宗教的色彩の希薄な**伝統的習俗的行事**にとどまっている。

　したがって，本件の市の行為は，その宗教とのかかわり合いがわが国の社会的・文化的諸条件に照らし信教の自由の確保という制度の根本目的との関係で相当とされる限度を超えるものとは認められず，憲法20条３項あるいは89条の規定に違反するものではない。

④　箕面忠魂碑訴訟（最判平5.2.16）

> 　箕面市が，忠魂碑を移設・再建するために代替地を購入した行為および市の戦没者遺族会に対して当該代替地を無償で貸与した行為が，憲法20条３項に反する宗教的活動に当たるとして争われた事件。

【判旨】

　戦没者遺族会が所有する忠魂碑は，元来，戦没者記念碑的性格のものであり，神社等の特定の宗教とのかかわりは，少なくとも戦後においては希薄であること，**市が忠魂碑の移転，再建等を行った目的は，小学校の校舎の立替え等のため，公有地上に存する戦没者記念碑的な性格を有する施設を他の場所に移設し，その敷地を学校用地として利用することを主眼とするものであり，専ら世俗的なものと認められ**，その効果も，特定の宗教を援助，助長，促進または他の宗教に圧迫，干渉を加えるものとは認められない。

　したがって，箕面市の各行為は，信教の自由の保障の確保という制度の根本目的との関係で相当とされる限度を超えるものとは認められず，憲法20条３項により禁止される宗教的活動には当たらない。

⑤　箕面慰霊祭訴訟（最判平5.2.16）

> 　箕面市の教育長が，地元の戦没者遺族会が忠魂碑の前で神式または仏式で挙行した各慰霊祭に参列し，玉串奉奠・焼香をし，また市庁舎や備品を使わせたことが，憲法20条３項等に違反するとして争われた事件。

【判旨】

　箕面市の教育長の各慰霊祭への参列は，その目的が，地元の戦没者の慰霊，追悼のための宗教的行事に際し，戦没者遺族に対する社会的儀礼

を尽くすという，専ら世俗的なものであり，その効果も，特定の宗教に対する援助，助長，促進または圧迫，干渉等になるような行為とは認められない。

したがって，憲法上の政教分離原則およびそれに基づく政教分離規定に違反するものではない。

⑥　「エホバの証人」剣道拒否事件（最判平8.3.8）

【判旨】

H27-1-ウ

体育科目の目的は代替的な方法によって達成可能であり，高等専門学校が，代替措置として，他の体育実技の履修やレポートの提出等を求めた上で，その成果に応じた評価をすることは，その目的において宗教的意義を有し，特定の宗教を援助，助長，促進する効果を有するものということはできず，他の宗教者または無宗教者に圧迫，干渉を加える効果があるともいえないから，憲法20条３項に違反するとはいえない。また，学生が信仰を理由に剣道実技の履修を拒否する場合に，宗教上の信条と履修拒否との合理的関連性を確認する程度の調査をすることは，公教育の宗教的中立性に反するとはいえない。

R3-1-イ

⑦　愛媛県玉串料訴訟―違憲判決（最判平9.4.2）

愛媛県が，靖国神社および護国神社で行われる例大祭等に対して，玉串料等を公金から支出したことが，憲法20条３項等に違反するとして争われた事件。

【判旨】

愛媛県が，靖国神社や護国神社に対して，玉串料，献灯料，供物料として県の公金から支出して奉納したことは，一般人がこれを社会的儀礼にすぎないものと評価しているとは考え難く，その奉納者においても，それが宗教的意義を有するものであるという意識を持たざるを得ないのである。また，本件においては，県が特定の宗教団体との間にのみ意識的に特別のかかわり合いを持ったことを否定することができないのであり，このことは，一般人に対して，県が当該特定の宗教団体を特別に支援しており，それらの宗教団体が他の宗教団体とは異なる特別のものであるとの印象を与え，特定の宗教への関心を呼び起こすものといわざるを得ない。

したがって，愛媛県が本件玉串料を靖国神社等に奉納したことは，そ

の目的が宗教的意義を持つことを免れず，その効果が特定の宗教に対する援助，助長，促進になると認めるべきであり，これによってもたらされる県と靖国神社等とのかかわり合いがわが国の社会的・文化的諸条件に照らし相当とされる限度を超えるものであって，憲法20条３項の禁止する宗教的活動に当たる。

コメント

本判決は，最高裁判所が，初めて政教分離原則違反を理由に違憲判断を下した画期的なものである。

⑧　鹿児島大嘗（だいじょうさい）祭訴訟（最判平14.7.11）

鹿児島県知事が，皇位継承の際に通常行われてきた，神道の儀式にのっとった皇室の伝統儀式である大嘗祭に参列することは，公権力の宗教的活動を禁止する憲法20条３項に違反するとして争われた事件。

【判旨】

大嘗祭は，神道施設が設置された大嘗宮（だいじょうきゅう）において，神道の儀式にのっとり行われたというものであるから，鹿児島県知事がこれに参列し拝礼した行為は，宗教とのかかわり合いを持つものである。

しかし，㋐大嘗祭は，皇位継承の際に通常行われてきた皇室の重要な伝統儀式であること，㋑知事は，宮内庁からの案内を受け，三権の長，国務大臣等と共に大嘗祭の一部に参列して拝礼したにとどまること，㋒大嘗祭への知事の参列は，地方公共団体の長という公職にある者の社会的儀礼として，日本国および日本国民統合の象徴である天皇の即位に祝意を表する目的で行われたものである。

これらの諸点にかんがみると，知事の大嘗祭への参列の目的は，天皇の即位に伴う皇室の伝統儀式に際し，日本国および日本国民統合の象徴である天皇に対する社会的儀礼を尽くすものであり，その効果も，特定の宗教に対する援助，助長，促進または圧迫，干渉等になるようなものではないと認められるから，知事の大嘗祭への参列は，憲法上の政教分離原則およびそれに基づく政教分離規定に違反するものではない。

⑨　空知太（そらちぶと）神社訴訟―違憲判決（最判平22.1.20）

市が連合町内会に対し，市有地を無償で神社施設の敷地としての利用に供している行為が，憲法89条，20条１項後段に違反するとして争

> われた事件。

【判旨】

　空知太神社物件は，一体として神道の神社施設に当たるもので，そこで行われている諸行事も，このような施設の性格に沿って宗教的行事として行われている。

　本件神社物件を管理し，祭事を行っている氏子集団は，連合町内会とは別に社会的に実在しているものであり，宗教的行事等を行うことを主たる目的としている宗教団体であって，憲法89条にいう「宗教上の組織若しくは団体」にあたる。

　市の本件利用提供行為は，市と本件神社ないし神道とのかかわり合いが，我が国の社会的，文化的諸条件に照らし，信教の自由の保障の確保という制度の根本目的との関係で相当とされる限度を超えるものとして，憲法89条の禁止する公の財産の利用提供に当たり，憲法20条1項後段の禁止する宗教団体に対する特権の付与にも該当する。

⚫︎⚫︎⚫︎コメント

　本判例は，政教分離原則違反の判断基準として，目的効果基準を適用することなく，総合的に判断すべきであるとしている。

⑩　孔子廟訴訟―<u>違憲判決</u>（最判令3.2.24）

> 　那覇市の管理する都市公園内に儒教の祖である孔子等を祀った久米至聖廟を設置することを参加人に許可した上で，その敷地の使用料の全額を免除した当時の市長の行為は，憲法の定める政教分離原則に違反し，無効であるとして争った事件。

【判旨】

　孔子等を祀った久米至聖廟の施設で行われる釋奠祭禮（せきてんさいれい）は，その内容が供物を並べて孔子の霊を迎え，これを送り返すというものであることに鑑みると，思想家である孔子の霊の存在を前提として，これを崇め奉るという宗教的意義を有する儀式というほかない。そして，本件施設の建物等は，上記のような宗教的意義を有する儀式である当該祭禮を実施するという目的に従って配置されたものということができる。このような参加人の本件施設における活動の内容や位置付け等を考慮すると，那覇市の管理する都市公園の敷地使用料の全額免除は，参加人に上記利益を享受させることにより，参加人が本件施設を利用し

た宗教的活動を行うことを容易にするものであるということができ，その効果が間接的，付随的なものにとどまるとはいえない。以上のような事情を考慮し，社会通念に照らして総合的に判断すると，本件免除は，市と宗教との関わり合いが，我が国の社会的，文化的諸条件に照らし，信教の自由の保障の確保という制度の根本目的との関係で相当とされる限度を超えるものとして，憲法20条3項の禁止する宗教的活動に該当すると解するのが相当である。

第3節　表現の自由

Topics・表現の自由は，令和2年，平成28年に出題されているが，今後，最
も出題される可能性の高いところなので，判例を中心にしっかり学習
することが重要である。

1　総　説

> **第21条**　集会，結社及び言論，出版その他一切の表現の自由は，これを保障する。
> **2**　検閲は，これをしてはならない。通信の秘密は，これを侵してはならない。

1　意義等

(1)　表現の意味

　　本条が保障する表現の自由は，思想および良心の自由（憲§19），信教の
自由（憲§20），学問の自由（憲§23）などとともに，精神的自由権の一部
をなすが，表現の自由が思想および良心の自由などと異なるのは，内面的な
精神活動の自由ではなく，人の精神活動の所産を外部に表明する自由を保障
していることである。そして，これには芸術上の表現活動（最判昭
45.4.24），報道の自由（最決昭44.11.26）や営利的言論の自由なども含まれる。

(2)　表現の受け手の自由

　　表現の自由は，自由権の代表的存在であるが，今日ではこれにとどまらず，
請求権的性格も認められている。

　　すなわち，表現の自由は，単に表現の送り手の自由（発表の自由）だけで
なく，表現の受け手の自由（聞く自由，読む自由，視る自由）をも含むもの
と考えられてきた（「知る権利」）。

　　この「知る権利」は，国民が情報を収集することを国家によって妨げられ
ないという自由権としての性格（不作為請求権）のみならず，国家に対して
積極的に情報の公開を要求する請求権（作為請求権）としての性格を有して
いる（請求権的性格）。もっとも，情報公開請求権の積極的権利としての側
面は抽象的すぎるため，司法救済が可能となるためには，法律や条例による
具体的請求権化が必要である。

　　詳しくは，後述の「本章第3節**3**　3知る権利」を参照のこと。

2　表現の自由の優越的地位

　　表現の自由は，次の2つの価値を有するとされている。

①　個人が言論活動を通じて自己の人格を発展させるという，個人的な価値（自己実現の価値）

②　言論活動によって国民が政治的意思形成に参加するという，民主的な価値（自己統治の価値）

　　このような，表現の自由の持つ価値の重要性から，表現の自由が確保されている限りは，他の人権（例えば，財産権などの経済的自由権）を侵害する不当な立法が制定されても，投票箱（選挙）と民主政の過程（国会に対する様々な働きかけ。例えば，不当な法律を作った国会議員を批判したり，次の選挙で落選させる等）を通じて回復させることが可能となる。このような意義をもつ表現の自由は，基本的人権の中で「優越的地位」（優越性）を有するといわれている。

3　表現の自由の制約と違憲審査基準

(1)　表現の自由の制約

　　表現の自由であっても無制約ではなく，他人の権利・利益を侵害するときには一定の制約を受けざるを得ないが，その際に，表現の自由の優越的地位から，その取扱いには最大限の慎重さが必要とされる。

(2)　「二重の基準」論

　　表現の自由の優越的地位から，その自由を制約する法律の合憲性を審査するときには，厳格な審査基準が用いられなければならない。

　　その際，重要なのが，「二重の基準」論である。これは，精神的自由権とその他の自由，とりわけ経済的自由とを区別し，経済的自由権を制約する法律は「合憲の推定」を受け，原則として，緩やかな審査基準である「合理性の基準」によって合憲性が審査されるのに対して，表現の自由をはじめとする精神的自由を制約する法律は，厳格な審査基準によって合憲性が審査されなければならないとするものである。

　　判例も，職業の自由は，それ以外の憲法の保障する自由，殊にいわゆる精神的自由権に比較して，公権力による制限の要請が強く，憲法22条1項が「公共の福祉に反しない限り」という留保のもとに職業選択の自由を認めたのも，特にこの点を強調する趣旨に出たものであると考えられると判示して，二重の基準論を示唆している（最判昭50.4.30；薬局開設距離制限事件）。

(3)　審査基準

　表現の自由を制約する法律の合憲性を審査するときに用いられる厳格な審査基準としては，次のようなものがある。

① 　事前抑制の禁止の原則

　事前抑制の禁止の原則とは，表現行為がされるに先立ち，公権力が何らかの方法で抑制すること，および実質的にこれと同視できるような影響を表現行為に及ぼすことは許されないとする原則をいう。

　事前抑制は，情報が「市場」に出る前にそれを抑制するものであること，また，手続上の保障や実際上の抑止的効果において事後規制の場合に比べて問題が多いことから，事前抑制は原則として禁止される（最判昭61.6.11；北方ジャーナル事件参照）。

　なお，検閲との関係は，後述の「本章第3節❹検閲の禁止」を参照のこと。

② 　明確性の原則

　明確性の原則とは，表現の自由を規制する立法は明確でなければならないとする原則をいう。明確性の原則には，㋐漠然性のゆえに無効の理論と㋑過度の広範性のゆえに無効の理論の2つの異なった内容がある。

　㋐　漠然性ゆえに無効の理論

　漠然性のゆえに無効の理論とは，法文の文言が漠然としており不明確な法令は，恣意的な法適用を招く危険および萎縮的効果の存在が払拭されない限り無効とする理論をいう。不明確な法律は，内容がどのようなものであるかにかかわらず，ただそれだけで無効となる（「文面上無効の法理」）。

　㋑　過度の広範性のゆえに無効の理論

　過度の広範性のゆえに無効の理論とは，法令の文言が明確であっても，憲法上規制すべきでない行為をも広範に規制している場合には，その法令を無効とする理論をいう（「文面上無効の法理」）。

③ 　明白かつ現在の危険の法理

　明白かつ現在の危険の法理とは，㋐近い将来，実質的害悪を引き起こす蓋然性が明白であること，㋑実質的害悪が重大であること，㋒当該規制手段が害悪を避けるために必要不可欠であること，の3要件が認められる場合には，表現行為を規制することができるとする法理をいう。

④　ＬＲＡの基準＝「より制限的でない他の選びうる手段」の法理

　　ＬＲＡの基準とは，人権を制約する法令は，その目的が正当であっても，目的を達成するために「より制限的でない他の選びうる手段」（Less Restrictive Alternatives）が存在すると判断された場合には，当該規制立法を違憲とする基準をいう。

② 集会・結社の自由

ケーススタディ

　　Ｘらは，東京都公安委員会の許可を受けずに集会・集団行進を主催，指導し，または同委員会の許可条件に違反する蛇行進を指導したとして東京都公安条例違反で起訴された。集会等について許可制を定め，条件を付けることが認められているが，許可が義務付けられており，不許可の場合が厳格に制限されている東京都公安条例は，集会・結社の自由を侵害しないか。

1　総　説

　　憲法21条１項は，表現の自由のほかに，集会および結社の自由を保障する。有力な世論形成の手段をもたない普通の市民にとっては，集会・結社において自己の意思を集団意思にまで高め，これを社会に広く伝えることは重要な意義をもつから，集会・結社の自由は表現の自由と密接な関連があり，広い意味での表現の自由の一部と解されている。

2　集会の自由

(1)　意義等

　　集会とは，特定または不特定の多数人が共通の目的をもって一定の場所に一時的に集まることをいう。

　　集会の自由は，国民が様々な意見や情報に接することにより自己の思想や人格を形成，発展させ，また，相互に意見や情報等を伝達，交流する場として必要であり，さらに，対外的に意見を表明するための有効な手段であるから，憲法21条１項の保障する集会の自由は，民主主義社会における重要な基本的人権の１つとして特に尊重されなければならない（最判平4.7.1；成田新法事件）。

　　他方で，集会の自由は，他者の権利ないし利益や公共の利益と衝突することがあるため，それを調整するための必要不可欠な規制を受けることはやむを得ないものとなる。

(2) **判　例**

① 成田新法事件（最判平4.7.1）

> 運輸大臣（現国土交通大臣）は，いわゆる成田新法（1984年の改正前のもの）3条1号2号に基づき，空港の規制区域内に所在する集会に使用するためのX所有の通称「横堀要塞」の使用禁止処分を行った。これに対して，Xは，成田新法3条1号2号等が，憲法21条1項等に違反するとして争った事件。

【判旨】

　　現代民主主義社会においては，集会は，国民が様々な意見や情報等に接することにより自己の思想や人格を形成，発展させ，また，相互に意見や情報等を伝達，交流する場として必要であり，さらに，対外的に意見を表明するための有効な手段であるから，憲法21条1項の保障する集会の自由は，民主主義社会における重要な基本的人権の一つして特に尊重されなければならない。しかしながら，集会の自由といえどもあらゆる場合に無制限に保障されなければならないものではなく，公共の福祉による必要かつ合理的な制限を受けることがあるにはいうまでもない。

　　（旧）成田新法3条1項1号に基づく工作物使用禁止命令により保護される利益は，新空港等の設置，管理の安全の確保等および航空機の航行の安全の確保であり，それに伴い新空港を利用する乗客等の生命，身体の安全の確保である。他方，工作物使用禁止命令により制限される利益は，多数の暴力主義的破壊活動者が当該工作物を集合の用に供する利益にすぎない。しかも，暴力主義的破壊活動等を防止し，新空港の設置，管理等の安全を確保することは高度かつ緊急の必要性があるというべきであるから，以上を総合して較量すれば，規制区域内において暴力主義的破壊活動者による工作物の使用を禁止する措置を採りうるとすることは，公共の福祉による必要かつ合理的なものである。

💬コメント

　　なお，憲法31条との関係については，「本編第5章**3** 3憲法31条と行政手続」を参照のこと。

② 泉佐野市民会館事件（最判平7.3.7）

> Xらは，「関西新空港反対全国総決起集会」を開催する目的で，泉

佐野市民会館の使用許可を申請したところ，市長が市条例所定の「公の秩序を乱すおそれがある場合」に当たるとして不許可処分としたため，当該条例や本件不許可処分が，憲法21条等に違反するとして争った事件。

【判旨】

集会の用に供される公共施設の管理権者が，会館の利用を拒否しうるのは，利用の希望が競合する場合のほかは，施設をその集会のために利用させることによって，他の基本的人権が侵害され，公共の福祉が損なわれる危険がある場合に限られるというべきである。そして，その制限が必要かつ合理的なものとして肯認されるかどうかは，基本的には，基本的人権としての集会の自由の重要性と，当該集会が開かれることによって侵害されることのある他の基本的人権の内容や侵害の発生の危険性の程度等を較量して決せられるべきものである。

市立泉佐野市民会館条例7条1号は，「公の秩序を乱すおそれがある場合」を本件会館の使用を許可してはならない事由として規定しているが，同号は，本件会館における集会の自由を保障することの重要性よりも，本件会館で集会が開かれることによって，人の生命，身体または財産が侵害され，公共の安全が損なわれる危険を回避し，防止することの必要性が優越する場合をいうものと限定して解すべきであり，その危険性の程度としては，単に危険な事態を生ずる蓋然性があるというだけでは足りず，明らかな差し迫った危険の発生が具体的に予見されることが必要であると解すべきである。

そう解する限り，このような規制は，憲法21条，地方自治法244条に違反するものではない。

(⋯)コメント

本事例では，空港賛成派と反対派の暴力的対立が繰り返されてきており，市民会館付近の住民等を巻き込む不測の事態の可能性が具体的に予見されるとして，本件不許可処分の合憲性が認められた。

③　上尾市福祉会館事件（最判平8.3.15）

Xらは，何者かに殺害された労働組合幹部の合同葬に使用するために，上尾市福祉会館の使用許可を申請したところ不許可処分とされたため，国家賠償を請求して争った事件。

【判旨】

　　上尾市福祉会館設置および管理条例6条1項1号は，「会館の管理上
支障があると認められるとき」を本件会館の使用を許可しない事由と規
定しているが，当該規定は，会館の管理上支障が生ずるとの事態が，許
可権者の主観により予測されるだけでなく，客観的な事実に照らして具
体的に明らかに予測される場合に初めて，本件会館の使用を許可しない
ことができるものと定めたものと解すべきである。

　　本件不許可処分は，前記の条件に照らして管理上の支障を生ずること
を予測させるような特別の事情があったということはできないから，条
例の解釈適用を誤った違法なものというべきである。

3　集団行動の自由

(1)　意義等

　　集団行進，集団示威運動（デモ行進）などの集団行動の自由については，
憲法上明文で規定されていないが，動く集会として「集会の自由」（最判昭
29.11.24：新潟県公安条例事件）に，あるいは，「一切の表現の自由」（最判
昭35.7.20：東京都公安条例事件）に含まれ，憲法21条1項によって保障され
ると解されている。

　　集団行動は，言論・出版等とは異なって一定の行動を伴うものであり，特
別の制約に服する。すなわち，集団行動を行うには，公安条例の下で公安委
員会の許可あるいは公安委員会への届出が要求されている。

　　しかし，①公安条例で届出制・許可制を規定することが許されるのか，②
公安条例が「交通の秩序の維持」などのあいまいな文言で規定されているこ
とから，明確性の原則に反するのではないかが問題となる。

　　なお，②の点については，「本編第5章 **3** 2(3)①」を参照のこと。

(2)　判　例

①　新潟県公安条例事件（最判昭29.11.24）

```
　　Xは，公安委員会の許可を受けずに集団示威運動を行ったとして，
新潟県公安条例違反で起訴されたため，「行列行進又は集団示威運動」
を許可制としている当該条例が，憲法21条に違反するとして争った事
件。
```

【判旨】

　　行列行進または公衆の集団示威運動は，公共の福祉に反するような不

当な目的または方法によらないかぎり，本来国民の自由とするところであるから，条例においてこれらの運動につき単なる届出制を定めることは格別，そうではなく一般的な許可制を定めてこれを事前に抑制することは，憲法の趣旨に反し許されない。

しかしこれらの行動といえども公共の秩序を保持し，または公共の福祉が著しく侵されることを防止するため，特定の場所または方法につき，合理的かつ明確な基準の下に，予め許可を受けしめ，または届出をなさしめて，このような場合にはこれを禁止することができる旨の規定を条例で設けることも，これをもって直ちに憲法の保障する国民の自由を不当に制限するものと解することはできない。

さらにまた，これらの行動について公共の安全に対し明らかな差し迫った危険を及ぼすことが予見されるときは，これを許可せずまたは禁止することができる旨の規定を設けることも，これをもって直ちに憲法の保障する国民の自由を不当に制限することにならないと解すべきである。

●コメント

本判決は，届出制は合憲であること，一般的な許可制は原則として違憲であるとした上で，しかし，特定の場所または方法につき合理的かつ明確な基準による場合は許可制も許されること，また，公共の安全に対し明らかな差し迫った危険が予見される場合は，不許可とすることが許されることを明らかにする。

② 東京都公安条例事件（最判昭35.7.20）

Xらは，東京都公安委員会の許可を受けずに集会・集団行進を主催，指導し，または同委員会の許可条件に違反する蛇行進を指導したとして起訴されたため，集会等について許可制を定め，条件を付けることを認めた東京都公安条例が，憲法21条に違反するとして争った事件。

【判旨】

集団行動による思想等の表現は，単なる言論，出版等によるものとは異なって，現在する多数人の集合体自体の力，つまり潜在する一種の物理力によって支持されていることを特徴とするから，平穏静粛な集団であっても，甚だしい場合には一瞬にして暴徒と化し，警察力をもってしてもいかんともし得ないような事態に発展する危険が存在する。したがって，地方公共団体が，「公安条例」をもって，不測の事態に備え，法と秩序を維持するに必要かつ最小限度の措置を事前に講ずることは，や

むを得ない。

　東京都公安条例は，許可が義務付けられており，不許可の場合が厳格に制限されていることから，規定の文面上では許可制を採用しているが，この許可制はその実質において届出制と異なるところがない。

（⋯）コメント

　　✎　ケーススタディの場合，東京都公安条例は，集会・結社の自由を侵害しない。

　　本判決は，新潟県公安条例事件判決（最判昭29.11.24）の枠組みを前提としているが，集団行動が「暴徒化」する危険を理由に，許可制や届出制の明確な区別や，許可基準の明確性を必ずしも重視することなく合憲判断をしていることから，実質的に判例変更を行ったものと評されている。

4　結社の自由

(1)　意義・内容

①　意　義

　「結社」とは，特定の多数人が共通の目的をもって継続的に結合することをいう。継続的な結合である点で，一時的な結合である「集会」とは異なる。

　結社の自由の保障には，第1に，人は，団体の結成・不結成，団体への加入・不加入，団体の成員の継続・脱退につき，公権力による干渉を受けないこと，第2に，団体が団体としての意思を形成し，その意思実現のための諸活動につき，公権力による干渉を受けないこと（団体自体の自由）の保障が含まれる。

②　内　容

　結社には，政治的，経済的，宗教的，学問的，芸術的など，すべての結社が含まれる（通説）。

　ただし，宗教的結社については憲法20条が，労働組合については憲法28条が，特別に規定している。

(2)　限　界

　憲法上，結社の自由の保障は無条件に認められているが（憲§21Ⅰ），この自由も，公共の安全や個人の権利・自由の保護の観点からの制約を免れない。

③　言論・出版の自由

📖ケーススタディ

　米原子力空母阻止闘争に参加のため博多駅で下車した三派全学連系の学生に対する機動隊の検問，所持品検査につき，特別公務員職権濫用罪の付審判請求（公務員の職権濫用罪等に関して検察が不起訴にした場合にその当否を審査する審判）がされ，現場を撮影した放映済みのテレビフィルムを証拠とする必要から，裁判所がそのテレビフィルムの提出命令を発することは，放送局の報道の自由を侵害しないか。

1　総　説

　「言論」とは，口頭による表現行為をいい，また，「出版」とは，印刷物による表現行為をいう。本条の「言論及び出版」の保障は，口頭・印刷物によるものだけでなく，絵画，音楽，映画，演劇，テレビ，新聞，ラジオ等，あらゆる方法・手段による精神作用の表明に及ぶ。

　また，思想・意見を象徴するような行動に訴えることによって，その思想・意見を表明すること（いわゆる「象徴的表現」）も，本条の保障に含まれる。

2　報道の自由

(1)　報道の自由

　報道の自由とは，新聞やテレビなどのマス・メディアを通して，事実を広く一般に伝え知らせる自由をいう。

　報道は，事実を知らせるものであり，特定の思想を表明するものではない　H28-1-ア　が，報道機関の報道は，民主主義社会において，国民が国政に関与するにつき，重要な判断資料を提供し，国民の「知る権利」に奉仕するものであり，思想の表明の自由とならんで，事実の報道の自由は，表現の自由を規定した憲法21条の保障のもとにある（最決昭44.11.26；博多駅取材フィルム提出命令事件）。

(2)　取材の自由

①　報道活動は，情報の収集，編集，発表という過程で行われるため，報道のためには取材が不可欠であることから，取材の自由も憲法21条1項の保障を受けるかが問題となる。

　判例は，報道機関の報道が正しい内容をもつためには，報道の自由ととも　H28-1-ア　もに，報道のための取材の自由も，憲法21条の精神に照らし，十分尊重に

値するものといわなければならないとして（最決昭44.11.26；博多駅取材
フィルム提出命令事件），消極的肯定の立場をとっている。

② 取材源秘匿権
㋐ 意　義
　　取材源秘匿権とは，公衆に対する情報伝播の目的で，内々の信頼関係
を通じて取材した場合の取材源（狭義の取材源秘匿権）およびこのよう
な関係を通じて得られた情報（取材メモ，フィルムなど）の開示を強要
されない権利（広義の取材源秘匿権）をいう。
　　以下の判例ⓐ・ⓑは狭義の取材源秘匿権に関するもの，判例ⓒ・ⓓ・
ⓔは広義の取材源秘匿権に関するものである。

㋑ 判　例
ⓐ 石井記者事件（最判昭27.8.6）

> 　　収賄事件の逮捕状執行が事前に漏れた疑いで新聞記者である石
> 井記者が証人として召喚されたが，証言を拒否したため証言拒絶
> 罪として起訴され有罪とされた。そこで，石井記者は，憲法21条
> で保障される報道・取材の自由を侵害するものであるとして争っ
> た事件。

【判旨】
　　憲法21条は，一般人に対し平等に表現の自由を保障したものであ
って，新聞記者に特種の保障を与えたものではない。憲法21条の規
定の保障は，公の福祉に反しない限り，いいたいことはいわせなけ
ればならないということである。未だいいたいことの内容も定まら
ず，これからその内容を作り出すための取材源について，公の福祉
のため最も重大な司法権の公正な発動につき必要欠くべからざる証
言の義務をも犠牲にして，証言拒絶の権利までも保障したものとは
到底解することができない。

🔹コメント
　　本判決では，刑事事件における報道関係者の取材源についての証言
拒絶権を否定したが，その後の判例は，民事事件に関してではあるが
報道関係者の取材源についての証言拒絶権を肯定した（次の判例を参
照）。

ⓑ　ＮＨＫ記者証言拒否事件（最決平18.10.3）

> 　民事事件において証人となった報道関係者（ＮＨＫ記者）が，取材源は民事訴訟法197条１項３号の「職業の秘密」にあたり，その証言を拒絶することができるとして争った事件。

【判旨】

　報道関係者の取材源の秘密は，民事訴訟法第197条第１項第３号の「職業の秘密」にあたるというべきであるが，当該取材源の秘密が保護に値する秘密であるかどうかは，当該報道の内容，性質，その持つ社会的な意義・価値，当該取材の態様，将来における同種の取材活動が妨げられることによって生ずる不利益の内容，程度等と，当該民事事件の内容，性質，その持つ社会的な意義・価値，当該民事事件において当該証言を必要とする程度，代替証拠の有無等の諸事情を比較衡量して決すべきことになる。 `H28-1-オ`

　取材源の秘密は，取材の自由を確保するために必要なものとして，重要な社会的価値を有するというべきである。そうすると，当該報道が公共の利益に関するものであって，その取材の手段，方法が一般の刑罰法令に触れるとか，取材源となった者が取材源の秘密の開示を承諾しているなどの事情がなく，しかも，当該民事事件が社会的意義や影響のある重大な民事事件であるため，当該取材源の秘密の社会的価値を考慮してもなお公正な裁判を実現すべき必要性が高く，そのために当該証言を得ることが必要不可欠であるといった事情が認められない場合には，当該取材源の秘密は保護に値すると解すべきであり，証人（報道関係者）は，原則として，当該取材源に係る証言を拒絶することができる。

(⋯)コメント

　　本判決は，民事事件に関するものであるが，取材源を「職業の秘密」と認め，証言を拒否することを許した点で注目に値する。

ⓒ　博多駅取材フィルム提出命令事件（最決昭44.11.26）

【判旨】

　報道機関の報道は，民主主義社会において，国民が国政に関与するにつき重要な判断の資料を提供し，国民の「知る権利」に奉仕するものであるから，報道機関の事実の報道の自由は，表現の自由を規定した憲法21条の保障のもとにあり，また，報道機関の報道が正 `H27-1-エ`

しい内容をもつためには，報道のための取材の自由も憲法21条１項の精神に照らし，十分尊重に値する。しかし，取材の自由といっても，もとより何らの制約を受けないものではなく，公正な刑事裁判の実現を保障するために，報道機関の取材活動によって得られたものが，証拠として必要と認められるような場合には，取材の自由もある程度の制約をこうむることとなってもやむを得ない。しかしながら，このような場合であっても一面において，審判の対象とされている犯罪の性質，態様，軽重および取材したものの証拠としての価値，公正な刑事裁判を実現するにあたっての必要性の有無を考慮するとともに，これによって報道機関の取材の自由が妨げられる程度およびこれが報道の自由に及ぼす影響の度合その他諸般の事情を比較衡量して決せられるべきであり，これを刑事裁判の証拠として使用することがやむを得ないと認められる場合においても，それによって受ける報道機関の不利益が必要な限度を超えないように配慮されなければならない。

(⋯)コメント

　🖉　ケーススタディの場合，報道の自由の侵害にあたらない。

　　本決定は，裁判所が行ったテレビフィルムの提出命令に関するものである。また，本決定は，本件フィルムは，すでに放映されたものを含む放映のために準備されたものであり，それが証拠として使用されることによって報道機関がこうむる不利益は，将来の取材の自由が妨げられるおそれがあるにとどまり，この程度の不利益は，報道機関の立場を十分に尊重すべきものとの見解に立っても，なお受忍されなければならない程度のものであるとして，フィルムの提出命令は憲法21条に反しないとする。

H27-1-エ

　　なお，事案等については，「本編第１章第２節４法人」を参照のこと。

ⓓ　日本テレビビデオテープ押収事件（最決平元.1.30）

> 　リクルートの収賄被疑事件に関して，検察官が捜査に必要と判断して日本テレビが撮影したオリジナルの取材ビデオテープ４巻を差し押さえたため，日本テレビがその処分の取消しを求めて争った事件。

【判旨】

博多駅事件決定は裁判所の提出命令に関する事案であるのに対 H28-1-エ し，本件は，裁判官の差押許可状に基づき検察事務官が行った差押 処分に関する事案であるが，国家の基本的要請である公正な刑事裁 判を実現するためには，適正迅速な捜査が不可欠の前提であり，報 道の自由ないし取材の自由に対する制約の許否に関しては両者の間 に本質的な差異はなく，取材の自由が適正迅速な捜査のためにある 程度の制約を受けることのあることも，またやむを得ないものとい うべきである。

（…）コメント

本決定は，検察官の請求によって発布された裁判官の差押許可状に 基づき検察事務官が行ったビデオテープの差押処分に関するものであ る。

ⓔ　ＴＢＳビデオテープ押収事件（最決平2.7.9）

> 司法警察員が，差押許可状を得て，ＴＢＳ（東京放送）本社内 で，被疑事実の裏付けとなる被疑者の暴行・脅迫場面を収録した 取材ビデオテープ（いわゆるマザーテープ）合計29巻を押収した ため，ＴＢＳがその押収処分は憲法21条の保障する取材の自由を 侵害するとして争った事件。

【判旨】

公正な刑事裁判を実現するために不可欠である適正迅速な捜査の 遂行という要請がある場合にも，取材の自由がある程度の制約を受 ける場合があること，また，このような要請から，報道機関の取材 結果に対して差押えをする場合において，差押えの可否を決するに 当たっては，捜査の対象である犯罪の性質，内容，軽重等および差 し押さえるべき取材結果の証拠としての価値，ひいては適正迅速な 捜査を遂げるための必要性と，取材結果を証拠として押収されるこ とによって報道機関の報道の自由が妨げられる程度および将来の取 材の自由が受ける影響その他諸般の事情を比較衡量すべきであるこ とは，明らかである。

（…）コメント

本決定は，博多駅フィルム提出命令事件決定の基準を，裁判官の差 押許可状に基づき，司法警察員がビデオテープの差押処分を行った場

合にまで拡げて適用し，合憲と判断したものである。

③　法廷における取材制限
　㋐　「北海タイムス」事件（最決昭33.2.17）

> 「北海タイムス」のカメラマンが，公判廷で裁判長の制止を無視して写真撮影をしたところ，法廷等の秩序維持に関する法律違反として過料に処せられたため，当該法律は，憲法21条の保障する報道の自由・取材の自由を制限しているとして処分取消しを求めて争った事件。

【判旨】

新聞が真実を報道することは，憲法21条の認める表現の自由に属し，またそのための取材活動も認められなければならないことはいうまでもない。しかし，憲法が国民に保障する自由であっても，国民はこれを濫用してはならず，常に公共の福祉のためにこれを利用する責任を負うのであるから（憲法12条），その自由も無制限であるということはできない。

H28-1-ウ

そして，憲法が裁判の対審および判決を公開法廷で行うことを規定しているのは，手続を一般に公開してその審判が公正に行われることを保障する趣旨にほかならないのであるから，たとえ公判廷の状況を一般に報道するための取材活動であっても，その活動が公判廷における審判の秩序を乱し，被告人その他訴訟関係人の正当な利益を不当に害するがごときものは，もとより許されないところであるといわなければならず，写真撮影の許可等を裁判所の裁量に委ねている刑事訴訟規則215条は憲法に違反するものではない。

　⋯コメント

本件は，報道の自由が表現の自由の必然的な結果（コロラリー）として保障されることを前提に，そのための取材活動が「公共の福祉」によって制約されることを認めるものである。

　㋑　レペタ事件（最判平元.3.8）

> アメリカの弁護士レペタは，傍聴席でメモを取ることの許可を求めたが，裁判長が不許可の決定をした。そこで，レペタは，当該裁判長の不許可の決定は憲法21条1項，82条1項等に違反するとして

国家賠償を求めて争った事件。

【判旨】

各人が自由にさまざまな意見，知識，情報に接し，これを摂取する自由は，憲法21条１項の派生原理として当然に導かれる。そして，これらの情報等を摂取することを補助するものとしてなされる限り，筆記行為の自由は，憲法21条１項の精神に照らして尊重されるべきである。

したがって，傍聴人が法廷においてメモを取ることは，その見聞する裁判を認識，記憶するためになされるものである限り，尊重に値し，故なく妨げられてはならない。

もっとも，筆記行為の自由は，憲法21条１項の規定によって直接保障されている表現の自由そのものとは異なるものであるから，その制限または禁止には，表現の自由の制約の場合に一般に必要とされる厳格な基準は要求されるものではない。 R2-1-ウ

そして，公正かつ円滑な訴訟の運営は，傍聴人がメモを取ることに比べれば，はるかに優越する法益であるから，メモを取る行為がいささかでも法廷における公正かつ円滑な訴訟の運営の妨げになる場合は，それが制限または禁止されるべきことは当然であるが，傍聴人のメモを取る行為が公正かつ円滑な訴訟の運営を妨げるに至ることは，通常あり得ないのであって，特段の事情のない限り，これを傍聴人の自由に任せるべきであり，それが憲法21条１項の規定の精神に合致するものということができる。

コメント

憲法82条１項に関する部分については，「第３編第４章第４節４裁判の公開」を参照のこと。

④　取材の自由と国家秘密

㋐　公務員が国家秘密を漏洩したり，他の者が国家秘密の漏洩をそそのかすなどした場合には，処罰の対象となる（国公§100Ⅰ，§111）。他方，報道機関による公務員に対する取材活動は，当然にそそのかし等を内容とするものとなる。そこで，取材の自由との関係で，国家公務員法111条の合憲性が問題となる。

㋑ 判　例

西山記者事件（最決昭53.5.31）

沖縄返還交渉で日米間に密約があることを突き止めた毎日新聞の西山記者が，外務省の女性事務官に働きかけて電信文のコピーを入手したことが国家公務員法（国公法）111条の「そそのかし」にあたるとして罪に問われた。これに対して，記者側は，報道目的での正当な取材行為であるとして争った事件。

【判旨】

報道機関の国政に関する取材行為は，国家秘密の探知という点で公務員の守秘義務と対立拮抗するものであり，時としては誘導・唆誘的性質を伴うものであるから，報道機関が取材の目的で公務員に対し秘密を漏示するようにそそのかしたからといって，そのことだけで，直ちに当該行為の違法性が推定されるものと解するのは相当ではなく，報道機関が公務員に対し根気強く執拗に説得ないし要請を続けることは，それが真に報道の目的から出たものであり，その手段・方法が法秩序全体の精神に照らし相当なものとして社会観念上是認されるものである限りは，実質的に違法性を欠き正当な業務行為というべきである。

H28-1-イ

しかしながら，**報道機関といえども，取材の手段・方法が一般の刑罰法令に触れる行為を伴う場合はもちろん，その手段・方法が一般の刑罰法令に触れないものであっても，取材対象者の個人としての人格の尊厳を著しく蹂躙する等法秩序全体の精神に照らし社会観念上是認することのできない態様のものである場合にも，正当な取材活動の範囲を逸脱し違法性を帯びるものといわなければならない。**

コメント

なお，本判決は，国家秘密の概念について，秘密内容が実質的に秘密として保護に値するものを「秘密」とする，いわゆる実質秘説を採用している。

3　知る権利

(1)　意　義

知る権利とは，国民が自己の必要とする情報の取得を公権力により妨げられないこと，また，国に対してその有する情報の開示を請求することのできる権利をいう。

　従来の表現の自由（憲§21）は，表現活動の自由を保障し，国家がそれに対する介入を差し控えるだけでよかった。ところが，以下①～③で述べるような状況が生ずる中で，従来のように単に国家が不介入の態度をとっていればよいという時代から，国民の表現の自由のより十分な確保が強く要請され，表現の自由を受け手である国民の側から再構成し，表現の受け手の自由を「知る権利」と捉えることが必要になった。

① 受け手と送り手の分離

　20世紀になって，社会的に大きな影響力を持つマス・メディアが発達し，情報の独占化が進み，国の情報も多くのマス・メディアを中心に送り出されることになり，情報の「送り手」であるマス・メディアと情報の「受け手」である一般国民とが分離し，国民はみずから情報を発信することが極めて困難になり，一方通行的な言論の不均衡が生じている。

② 情報の多様化・国家集中

　国家機構の複雑化・行政活動の多様化の中での，行政関係情報の飛躍的増大と高度の技術化・専門化が進展している。

③ 国民主権からの要請

　国民主権の実現のために，公務員・政治等に関連する情報の必要性が増大している。

(2) **内　容**

① 情報受領権

　情報受領権は，自発的な情報提供者の存在を前提として，情報提供権を補強するもので，対公権力やマス・メディアに対して主張される。

② 情報収集権

　情報収集権は，自ら情報を獲得しようとする積極的行動にかかわる点で，情報受領権とは性格を異にする。

　情報収集権は，㋐情報収集活動を行うことを公権力によって妨げられないという自由権的側面と，㋑公権力に対してその保有する情報の開示ないし提供を要求することができるという請求権的側面を有する。ただし，知る権利の請求権的側面の場合は，それが具体的権利となるためには，これを具体化する情報公開法等の法律の制定が必要である。

×(3)　判　例

① 博多駅取材フィルム提出命令事件（最決昭44.11.26）

【判旨】

H28-1-ア
H18-3-イ

　　報道機関の報道は，民主主義社会において，国民が国政に関与するにつき，重要な判断の資料を提供し，国民の「知る権利」に奉仕するものであり，事実の報道の自由は，表現の自由を規定した憲法21条の保障のもとにある。

(⋯)コメント

　　事案等については，「本編第1章第2節４法人」を参照のこと。

② 「よど号」ハイジャック記事抹消事件（最判昭58.6.22）

　　新聞紙，図書等の閲読の自由が憲法上保障されるべきことは，思想および良心の自由の不可侵を定めた憲法19条の規定や，表現の自由を保障した憲法21条の規定の趣旨，目的から，いわばその派生原理として当然に導かれるところであり，また，すべて国民は個人として尊重される旨を定めた憲法13条の規定の趣旨に沿うゆえんでもあると考えられる。

　　しかしながら，このような閲読の自由は，生活のさまざまな場面にわたり，極めて広い範囲に及ぶものであって，それぞれの場面において，これに優越する公共の利益のための必要から，一定の合理的制限を受けることがあることもやむをえない。

(⋯)コメント

　　事案および刑事施設収容者（在監者）の人権の限界に関しては，「本編第1章第3節２特別な法律関係における人権の限界」を参照のこと。

③ 裁判記録閲覧請求事件（最決平2.2.16）

【判旨】

H20-2-オ

　　憲法21条，82条の規定が，刑事確定訴訟記録の閲覧を権利として要求できることまでを認めたものと解すべき根拠はない。

④ レセプト情報公開請求事件（最判平13.12.18）

　　Xは，情報公開条例に基づいて，自ら診療を受けた「診療明細書」（レセプト）の公開を兵庫県知事に求めたが，その情報公開条例には，自己情報開示請求権を明示した規定がないことを理由に非公開の決定処分を受けたので，その処分取消しを求めて争った事件。

【判旨】

　　情報公開制度が先に採用され，いまだ個人情報保護制度が採用されていない段階においては，Xらが同県の実施機関に対し公文書の開示を求める方法は，情報公開制度において認められている請求を行う方法に限られている。また，情報公開制度と個人情報保護制度は，異なる目的を有する別個の制度ではあるが，相互に補完しあって公の情報の開示を実現するための制度ということができる。これらのことにかんがみれば，**情報公開制度に基づいてされた自己の個人情報の開示請求については，そのような請求を許さない趣旨の規定が置かれている場合は格別，個人に関する情報であることを理由に請求を拒否することはできない。**

⋯コメント

　　Xの居住する県では，事件当時，個人情報保護条例が制定されていなかった。なお，2003年（平成15年）に個人情報の保護に関する法律（個人情報保護法）が制定された。

4　アクセス権
⑴　意　義

　　アクセス権とは，情報の受け手である一般国民が，情報の送り手であるマス・メディアに対して，自己の意見の発表の場を提供することを要求する権利をいう。

　　アクセス権は，「知る権利」を実現するための権利であり，その内容をなすものである。

　　今日では，マス・メディアに対するアクセス権として自己の意見の発表の場を提供することを要求する権利，すなわち，意見広告や反論記事の掲載，紙面・番組への参加等を内容とするものと解されている。

　　このアクセス権は，言論の受け手の地位に置かれた国民に言論の送り手としての地位を回復させることを狙いとして主張されたものであるが，マス・メディアに対して紙面の提供等を権利として認めることは，マス・メディアの表現の自由と衝突する。そのため，アクセス権を法的権利として認めることは，マス・メディアに対する公権力の統制を招く危険があることから，これを否定する見解が多数である。また，判例も否定的である。

(2)　**判　例**

①　サンケイ新聞意見広告事件（最判昭62.4.24）

> 自民党がサンケイ新聞（現産経新聞）に掲載した意見広告により共産党の名誉が毀損されたとして，共産党が同じスペースの反論文を無料かつ無修正で同新聞に掲載することを要求して争った事件。

【判旨】

　憲法21条等の自由権的基本権の保障規定は，私人相互の関係について，適用ないし類推適用されるものではないから，憲法21条の規定から直接に，反論文掲載の請求権が他方の当事者に生ずるものでない。

　いわゆる反論権の制度は，記事により自己の名誉が傷つけられるなどした者にとっては，名誉あるいはプライバシーの保護に資するものがあることも否定し難いところである。しかしながら，この制度が認められるときは，新聞を発行・販売する者にとっては，反論文の掲載を強制されることになり，また，紙面を割かなければならなくなるなどの負担を強いるのであって，これらの負担が，批判的記事，ことに公的事項に関する批判的記事の掲載をちゅうちょさせ，憲法の保障する表現の自由を間接的に侵す危険につながるおそれも多分に存するのである。このように，反論権の制度は，民主主義社会において極めて重要な意味をもつ新聞等の表現の自由に対し重大な影響を及ぼすものであって，反論権の制度については具体的な成文法がないのに，反論権を認めるに等しい反論文掲載請求権をたやすく認めることはできない。

（⋯）コメント

R4-1-オ

　なお，本判例は言論および出版等の表現行為により名誉が侵害された場合には，人格権としての個人の名誉の保護（憲法13条）と表現の自由の保障（同21条）とが衝突し，その調整を要することとなるのであり，この点については被害者が個人である場合と法人ないし権利能力のない社団，財団である場合とによって特に差異を設けるべきものではないとして，法人である政党にも人格権を認めている。

②　訂正放送等請求事件（最判平16.11.25）

> 放送事業者が行った真実でない内容の放送により権利の侵害を受けた本人等が，(旧)放送法4条1項（現9条）の規定に基づく訂正または取消しの放送を求めて争った事件。

【判旨】

　(旧)放送法4条1項は，放送した事項が真実でないことが放送事業者に判明したときに，放送事業者に対し，自律的に訂正放送等を行うことを国民全体に対する公法上の義務として定めたものであって，被害者に対して訂正放送等を求める私法上の請求権を付与する趣旨の規定ではない。したがって，被害者は，放送事業者に対して，同法4条1項の規定に基づく訂正放送等を求める私法上の請求権を有しない。

5　性的表現

(1)　意義等

　従来，性的表現は表現の自由の保障の対象外とされていたが，性の問題は人間の本性や生き方に関係し，性を扱った文学・写真集は，思想的・芸術的価値のあるものも少なくないため，現在では性的表現も表現の自由の一形態と解されている。

　そこで，わいせつ物の頒布，販売，陳列を処罰している刑法175条の規定が憲法21条に違反しないかが問題となる。

(2)　判　例

① チャタレイ事件（最判昭32.3.13）

> 出版社X₁は「チャタレイ夫人の恋人」の翻訳をX₂に依頼し，その内容に露骨な性的描写があることを知りながら出版し，相当部数を販売したとして，刑法175条のわいせつ物頒布等罪で両名が起訴された。そこで，X₁・X₂は，表現の自由を不当に侵害するものであるとして争った事件。

【判旨】

　出版その他表現の自由は極めて重要なものではあるが，しかし，やはり公共の福祉によって制限されるものと認めなければならない。そして，性的秩序を守り，最少限度の性道徳を維持することが公共の福祉の内容をなすことには疑問の余地がないのであるから，本件訳書を猥褻文書と認めその出版を禁止することは公共の福祉に違反するものではない。

　⋯コメント

　本判決は，「公共の福祉」を理由にわいせつ文書の規制も合憲であるとするものであり，その後の「悪徳の栄え」事件（最判昭44.10.15），日活ポルノビデオ事件（最判昭54.11.9），「四畳半襖の下張」事件（最判昭55.11.28）

も同様である。

② 「悪徳の栄え」事件（最判昭44.10.15）

> 出版社Xと翻訳者Yは，マルキ・ド・サドの「悪徳の栄え」を翻訳・出版したところ，それが刑法175条の定めるわいせつな文書の頒布に該当するとして起訴された。そこで，X・Yは，表現の自由の侵害等を理由に争った事件。

【判旨】

　文書がもつ芸術性・思想性により，刑法が処罰の対象とする程度以下に猥褻性が解消されない限り，芸術的・思想的価値のある文書であっても，猥褻の文書としての取扱いを免れることはできない。

　文書の個々の章句の部分の猥褻性の有無は，文書全体との関連において判断されなければならず，特定の章句の部分を取り出し，全体から切り離して，その部分だけについて猥褻性の有無を判断するのは相当でない。

　芸術的・思想的価値のある文書についても，それが猥褻性をもつものである場合には，性生活に関する秩序および健全な風俗を維持するため，これを処罰の対象とすることが国民全体の利益に合致すると認められるから，憲法21条，23条に違反するものということはできない。

③ 「四畳半襖の下張」事件（最判昭55.11.28）

> 作家の野坂昭如らは，「四畳半襖の下張」と題する文書を雑誌に掲載したが，この作品が刑法175条のわいせつ文書に当たるとして起訴された。そこで，野坂昭如らは，刑法175条は不明確であり，憲法21条・31条に違反するとして争った事件。

【判旨】

　文書のわいせつ性の判断にあたっては，当該文書の性に関する露骨で詳細な描写叙述の程度とその手法，その描写叙述の文書全体に占める比重，文書に表現された思想等とその描写叙述との関連性，文書の構成や展開，さらには芸術性・思想性等による性的刺激の緩和の程度，これらの観点から該文書を全体としてみたときに，主として，読者の好色的興味にうったえるものと認められるか否かなどの諸点を検討することが必

要であり，これらの事情を総合し，その時代の健全な社会通念に照らして，それが「徒らに性欲を興奮または刺激せしめ，かつ，普通人の正常な性的羞恥心を害し，善良な性的道義観念に反するもの」といえるか否かを決すべきである。

　本件「四畳半襖の下張」は，主として読者の好色的興味にうったえるものと認められるから，刑法175条にいう「わいせつ文書」にあたる。

6　名誉毀損的表現
(1)　意義等

　名誉毀損的表現についても，性表現と同様に，かつては表現の自由に含まれないと解する見解もあったが，現在では表現の自由の一形態として認められている。

　しかし，他方で，名誉は人格権の一つとして憲法13条によって保護されているので，名誉保護と言論の自由との調整が必要となる。

(2)　判　例
　①　「月刊ペン」事件（最判昭56.4.16）

　　　「月刊ペン」社の編集局長が，創価学会の教義やそのあり方を批判する記事を執筆掲載するに当たり，池田大作会長（当時）の女性関係を暴露する内容を含んでいたため，名誉毀損罪（刑法§230）で起訴された。そこで，出版社側は，「公共の利害に関する事実」（刑§230の2Ⅰ）にあたり，免責されるとして争った事件。

【判旨】

　私人の私生活上の行状であっても，そのたずさわる社会的活動の性質およびこれを通じて社会に及ぼす影響力の程度などのいかんによっては，その社会的活動に対する批判ないし評価の一資料として，刑法230条の2第1項にいう「公共の利害に関する事実」にあたる場合がある。

　池田会長らの行状は刑法230条の2第1項にいう「公共の利害に関する事実」にあたり，これを一宗教団体内部における単なる私的な出来事であるということはできない。

　②　ビラ配布と名誉毀損事件（最判平元.12.21）

　　　公立小学校において通知表の様式，記載方法などをめぐって混乱が生じた際に，「教師としての能力自体が疑われる」などの批判，論

評を主題とするビラをYが配布したため，教師Xらは，名誉が毀損
されたとして慰謝料の支払いと謝罪広告の掲載を求めて争った事件。

【判旨】

公共の利害に関する事項について自由に批判，論評を行うことは，も
とより表現の自由の行使として尊重されるべきものであり，その対象が
公務員の地位における行動である場合には，その批判等により当該公務
員の社会的評価が低下することがあっても，その目的が専ら公益を図る
ものであり，かつ，その前提としている事実が主要な点において真実で
あることの証明があったときは，人身攻撃に及ぶなど論評としての域を
逸脱したものでない限り，名誉毀損の不法行為の違法性を欠くものとい
うべきである。

⚫⚫⚫コメント

本判決は，「論評の自由」を広く認めて，名誉毀損の成立を否定した点で，
重要な意味をもつ。

7　営利的言論

(1)　意義等

表現の自由は，人の精神作用の表明の自由であるから，商品広告などの営
利的な目的で行われた言論（営利的言論）が，本条の保障に含まれるかが問
題となる。

この点，営利的言論は経済活動の一環ともいえるので，表現の自由（憲§
21 I）ではなく，営業の自由（憲§22）として保障されるとする見解もある。
しかし，商品広告のような営利的表現活動であっても，国民一般が，消費者
として商品広告などを通じてさまざまな情報を受け取ることの重要性に鑑
み，表現の自由に含まれると解されている（通説）。

ただし，商品広告などの営利的言論は，国民の健康や日常生活に直接影響
するところが大きく，その真実性は，非営利的言論に比べて客観的判定にな
じみやすいことから，非営利的言論の場合よりも緩和された審査基準が妥当
する。

(2)　判　例

あん摩師等法違反事件（最判昭36.2.15）

きゅう師Xは，きゅうの適応症として，神経痛，リュウマチ等の病
名を記載し，かつ，きゅうの効能を説いたビラを配布したため，あん

摩師等法に違反するとして起訴された。そこで，Ｘは，あん摩師等法による広告制限が憲法21条によって保障される表現の自由を不当に侵害するものであるとして争った事件。

【判旨】

　あん摩師，はり師，きゅう師および柔道整復師法が，広告制限を設け，いわゆる適応症の広告をも許さないゆえんのものは，もしこれを無制限に許容するときは，患者を吸引しようとするため，ややもすれば虚偽誇大に流れ，一般大衆を惑わすおそれがあり，その結果適時適切な医療を受ける機会を失わせるような結果を招来することをおそれたためであって，このような弊害を未然に防止するために一定の事項以外の広告を禁止することは，国民の保健衛生上の見地から，公共の福祉を維持するためやむを得ない措置として是認される。これを禁止することは憲法21条に違反するものではない。

⋯コメント

　本判決は，営利広告が「表現の自由」に含まれるか否かを必ずしも明確にしないままに，国民の保健衛生上の見地からの合理性にその根拠を求めて，憲法21条に違反しないとした。

8　せん動的言論

(1)　意義等

　違法行為をせん動する表現を処罰する規定（せん動罪）は，違法行為とは無関係に特定の表現を禁止し，せん動された者が違法行為を実行する危険があるとの理由だけで処罰の対象とするものであるから，表現の自由を侵害する危険性が大きく，その合憲性が問題となる。

(2)　判　例

渋谷暴動事件（最判平2.9.28）

　Ｘは，集会において，機動隊のせん滅や現住建造物への放火等をせん動する内容の演説を行い，破壊活動防止法39条，40条によって起訴され有罪判決を受けた。そこで，Ｘは，当該規定が憲法21条1項等に違反するとして争った事件。

【判旨】

　破壊活動防止法39条および40条のせん動は，政治目的をもって，各条所

定の犯罪を実行させる目的をもって，文書もしくは図画または言動により，人に対し，その犯罪行為を実行する決意を生ぜしめまたは既に生じている決意を助長させるような勢いのある刺激を与える行為をすることであるから，表現活動としての性質を有している。

　しかしながら，表現活動といえども，絶対無制限に許容されるものではなく，公共の福祉に反し，表現の自由の限界を逸脱するときには，制限を受けるのはやむを得ないものであるところ，このようなせん動は，**公共の安全を脅かす現住建造物等放火罪，騒擾罪（現騒乱罪）等の重大犯罪をひき起こす可能性のある社会的に危険な行為であるから，公共の福祉に反し，表現の自由の保護を受けるに値しないものとして，制限を受けるのはやむを得ないものというべきであり**，このようなせん動を処罰することは，憲法21条1項に違反するものではない。

9　選挙運動の自由

(1)　意義等

　選挙運動の自由は，参政権的機能を有する特に重要な表現行為として，憲法21条の保障の下にある。

　ところが，公職選挙法は，①戸別訪問の全面禁止，②選挙運動期間中の文書・図書の頒布・掲示に対する制約，③事前の選挙運動の禁止といった形で，選挙運動の自由を大きく制約しているので，これらの規定の合憲性が問題となる。

(2)　判　例

① 戸別訪問禁止違反事件（最判昭56.6.15）

> 　Ｘらは，立候補者Ｙに投票を得させる目的で選挙人宅を訪問し投票を依頼したため，公職選挙法（公選法）138条1項違反で起訴された。そこで，Ｘらは，公選法138条1項が憲法21条に違反し無効であるとして争った事件。

【判旨】

H21-2-エ

　戸別訪問の禁止は，意見表明そのものの制約を目的とするものではなく，意見表明の手段方法のもたらす弊害，すなわち，戸別訪問が買収，利益誘導等の温床になりやすく，選挙人の生活の平穏を害するほか，これが放任されれば，候補者側も訪問回数等を競う煩に耐えられなくなるうえに多額の出費を余儀なくされ，投票も情実に支配されやすくなるな

どの弊害を防止し，もって**選挙の自由と公正を確保すること**を目的としているところ，その目的は正当であり，それらの弊害を総体としてみるときには，戸別訪問を一律に禁止することと禁止目的との間に合理的な関連性があるということができる。そして，戸別訪問の禁止によって失われる利益は，単に手段方法の禁止に伴う限度での間接的，付随的な制約にすぎない半面，禁止により得られる利益は，選挙の自由と公正の確保であるから，得られる利益は失われる利益に比してはるかに大きいということができる。

以上によれば，戸別訪問を一律に禁止している公職選挙法138条1項の規定は，合理的で必要やむをえない限度を超えるものとは認められず，憲法21条に違反するものではない。

コメント

本判決は，㋐不正の温床論，㋑選挙人の迷惑論，㋒候補者の煩瑣論，㋓情実論，㋔手段の禁止にすぎないこと，を根拠として，一律全面禁止も合憲であるとするものである。

学説は，㋐〜㋓までの弊害論は疑問であること，弊害があるとしても，より制限的でない規制手段があるとして，違憲論が強い。

② 事前運動の禁止違反事件（最判昭44.4.23）

新宿区議会議員選挙に立候補予定のXは，選挙期間前に自己の経歴および写真を掲載したパンフレットを配布などしたとして，事前運動の禁止を定めた公職選挙法（公選法）129条等に違反するとして起訴された。そこで，Xは，当該公選法129条などが憲法21条に違反し無効であるとして争った事件。

【判旨】

公職の選挙につき，常時選挙運動を行うことを許容するときは，その間，不当，無用な競争を招き，これが規制困難による不正行為の発生等により選挙の公正を害するにいたるおそれがあるのみならず，いたずらに経費や労力がかさみ，経済力の差による不公平が生ずる結果となり，ひいては選挙の腐敗をも招来するおそれがある。このような弊害を防止して，選挙の公正を確保するためには，選挙運動の期間を長期にわたらない相当の期間に限定し，かつ，その始期を一定して，各候補者が能う限り同一の条件の下に選挙運動に従事し得ることとする必要がある。

したがって，選挙が公正に行われることを保障することは，公共の福

祉を維持するゆえんであるから，選挙運動をすることができる期間を規制し事前運動を禁止することは，憲法の保障する表現の自由に対し許された必要かつ合理的な制限であり，公職選挙法129条は憲法21条に違反しない。

コメント

本判決についても，違憲論が強い。㋐政治活動（期間制限はない）と事前運動の区別は困難であること，㋑短い期間で選挙運動を行うから，現職議員や与党候補者に有利となること，㋒現行制度下でも莫大な費用がかかり，選挙運動の期間制限が費用の低額化をもたらすとはいえないことから，事前運動の禁止と選挙の公正確保，経済上の不平等の解消などとの間に合理的関連性はなく，公選法の当該規定は違憲と解するほかはないとする見解がある。

③　文書図画の頒布・掲示禁止違反事件（最判昭30.3.30）

Xは，組合機関紙約50枚を組合員15名に配布したが，その行為が選挙期間中の文書・図画の頒布・掲示を制限した公職選挙法（公選法）146条に違反するとして起訴された。そこで，Xは，公選法146条は憲法21条に違反し無効であるとして争った事件。

【判旨】

憲法21条は言論出版等の自由を絶対無制限に保障しているものではなく，公共の福祉のため必要ある場合には，その時，所，方法等につき合理的制限のおのずから存するものである。そして，公職選挙法146条は，公職の選挙につき文書図画の無制限の頒布，掲示を認めるときは，選挙運動に不当の競争を招き，これがためかえって選挙の自由公正を害し，その公明を保持し難い結果を来たすおそれがあると認めて，かかる弊害を防止するため，選挙運動期間中を限り，文書図画の頒布，掲示につき一定の規制をしたのであって，この程度の規制は，公共の福祉のため，憲法上許された必要かつ合理的な制限と解することができる。

コメント

選挙期間中の文書・図画の規制は，憲法21条が保障する表現の自由に直接影響を及ぼす問題であるが，本判決は，選挙の自由公正という公共の福祉を理由に大雑多に一括合憲と判示する。

10　公務員の政治活動

(1)　意義等

　　公務員にも政治活動の自由は保障される。しかし，公務員の人権，特に政治活動の自由については，国家公務員法および人事院規則等で広汎かつ一律に禁止され，違反には刑罰が用意されている。そこで，このような国家公務員法などは合憲か，公務員の政治活動の自由の制限の根拠，制限が許されるとして，それが許される程度を検討する必要がある。

(2)　判　例

①　猿払事件（最判昭49.11.6）

　　衆議院議員選挙に際し，猿払村の非管理職である郵便局員Ｘが，勤務時間外に国の施設を利用することなく，特定の候補者の選挙ポスターを公営掲示板その他に掲示したにもかかわらず，旧国家公務員法（国公法）102条１項の政治的行為の禁止に違反するとして刑罰を科された。そこで，Ｘは，当該旧国家公務員法が憲法21条等に違反するとして争った事件。

【判旨】

　　「すべて公務員は，全体の奉仕者であつて，一部の奉仕者ではない。」とする憲法15条２項の規定などから，行政の中立的運営が確保され，これに対する国民の信頼が維持されることは，憲法の要請にかなうものであり，公務員の政治的中立性が維持されることは，国民全体の重要な利益にほかならない。したがって，公務員の政治的中立性を損なうおそれ **H25-1-ウ** のある公務員の政治的行為を禁止することは，それが合理的で必要やむをえない限度にとどまるものである限り，憲法の許容するところである。

　　まず，行政の中立的運営とこれに対する国民の信頼を確保するという立法目的は正当であり，公務員の政治的中立を損なうおそれのある政治的行為を禁止することは，禁止目的との間に合理的関連性があり，かつ，公務員の政治活動を禁止することによって失われる利益は，単に行動の禁止に伴う限度での間接的，付随的な意見表明の自由の制約にすぎないのに対し，禁止により得られる利益は，国民全体の共同利益であるから，得られる利益は，失われる利益に比してさらに重要なものというべきであり，この禁止は利益の均衡を失するものではない。

　　したがって，旧国公法102条１項等は，合理的で必要やむを得ない限度を超えるものとは認められず，憲法21条に違反しない。

　⊕コメント

　　本判決の基準は，「合理的関連性」の基準と呼ばれる。本判決のように，立法目的の正当性さえ認められれば，規制手段は立法府の広汎な裁量に委ねられかねないおそれがある。なお，⑤堀越事件を参照のこと。

② 　全逓プラカード事件（最判昭55.12.23）

> 　郵便配達を職務とする国家公務員Xは，メーデーに参加して，内閣打倒等と記載された横断幕を掲げて行進したため，政治活動の禁止に関する旧国家公務員法102条1項等に基づき戒告処分を受けた。そこで，Xは，当該旧国家公務員法が憲法21条などに違反し無効であるとして争った事件。

【判旨】

　　旧国家公務員法102条1項，人事院規則5項4号，6項13号の規定の違背を理由として同法82条の規定により懲戒処分を行うことが憲法21条に違反するものでないことは，当裁判所の判例（最判昭49.11.6）の趣旨に照らして明らかである。

　⊕コメント

　　本判決は，懲戒処分の違憲性の判断につき，猿払事件判例を引用して，憲法21条に違反しないとする。

③ 　反戦自衛官懲戒免職事件（最判平7.7.6）

> 　現職自衛官Xは，制服を着用などして，自衛隊をひぼう中傷する内容の声明文を読み上げるなどの行為を繰り返し行ったことを理由に，自衛隊法により懲戒処分を受けた。そこで，Xは，自衛隊法による懲戒処分が表現の自由を侵害し，憲法21条に違反するとして争った事件。

【判旨】

　　自衛隊の任務および組織の特性にかんがみると，隊員相互の信頼関係を保持し，厳正な規律の維持を図ることは，自衛隊の任務を適正に遂行するために必要不可欠であり，それによって，国民全体に共同の利益が確保される。

　　したがって，このような国民全体の利益を守るために，隊員の表現の自由に対して必要かつ合理的な制限を加えることは，憲法21条の許容す

るところである。

④　寺西判事補懲戒事件（最決平10.12.1）

> 　現職裁判官である寺西判事補がいわゆる組織的犯罪対策法案を廃案に追い込むための運動の一環として開催された集会に参加して行った言動が，裁判所法52条１号が禁止する「積極的に政治運動をすること」に該当するとして懲戒処分が行われた。これに対して，寺西判事補は，裁判所法52条１号が憲法21条１項に違反するとして争った事件。

【判旨】

　憲法21条１項の表現の自由は基本的人権のうちでもとりわけ重要なものであり，その保障は裁判官にも及ぶ。しかし，その自由も，もとより絶対的なものではなく，**憲法上の特別の地位である裁判官の職にある者の言動については，おのずから一定の制約を免れない。裁判官に対し「積極的に政治運動をすること」を禁止することは，**必然的に裁判官の表現の自由を一定範囲で制約することにはなるが，その制約が合理的で必要やむを得ない限度にとどまるものである限り，憲法の許容するところであるといわなければならず，**その禁止目的が正当であって，その目的と禁止との間に合理的関連性があり，禁止によって得られる利益と失われる利益との均衡を失するものでないなら，憲法21条１項に違反しない。**

　裁判所法52条１号が裁判官に対し，「積極的に政治運動をすること」を禁止しているのは，裁判官の独立および中立・公正を確保し，裁判に対する国民の信頼を維持するとともに，三権分立主義の下における司法と立法，行政とのあるべき関係を規律することにその目的がある。この目的の重要性および裁判官は単独でまたは合議体の一員として司法権を行使する主体であることにかんがみれば，**裁判官に対する政治運動禁止の要請は，一般職の国家公務員に対する政治的行為禁止の要請より強いものというべきである。**

⑤　堀越事件（最判平24.12.7）

> 　社会保険事務所に年金審査官として勤務する厚生労働事務官Ｘが，公務員であることを明らかにせずに，衆議院議員選挙に際し，日本共産党を支持する目的で，同党の機関紙等を住居や事務所に配布した行為が旧国家公務員法110条１項19号・102条１項，人事院規則14

－7第6項7号・13号に反するとして，起訴されたため，Xは自己の行為に本件罰則規定を適用することは憲法21条1項，31条に反するとして争った事件。

【判旨】

旧国家公務員法（平成19年法律第108号による改正前のもの）110条1項19号，旧国家公務員法102条1項，人事院規則14－7第6項7号，13号による政党の機関紙の配布および政治的目的を有する文書の配布の禁止は，憲法21条1項，31条に違反しない。

旧国家公務員法102条1項の「政治的行為」とは，公務員の職務の遂行の政治的中立性を損なうおそれが，観念的なものにとどまらず，現実的に起こり得るものとして実質的に認められる政治的行為をいう。そして，公務員の職務の遂行の政治的中立性を損なうおそれが実質的に認められるかどうかは，当該公務員の地位，その職務の内容や権限等，当該公務員がした行為の性質，態様，目的，内容等の諸般の事情を総合して判断するのが相当である。

被告人Xは，管理職的地位になく，その職務の内容や権限に裁量の余地のない一般職国家公務員であり，職務と全く無関係に，公務員により組織される団体の活動としての性格を有さず，公務員による行為と認識し得る態様によることなく行った本件の政党の機関紙および政治的目的を有する文書の配布は，公務員の職務の遂行の政治的中立性を損なうおそれが実質的に認められるものとはいえず，旧国家公務員法102条1項，人事院規則14－7第6項7号，13号により禁止された行為に当たらない。

◯コメント

本判例は，猿払事件判例（最判昭49.11.6）を変更しないまま，「政治的行為」を限定的に解釈したうえで，もっぱら被告人Xが「管理職員等」でなかったことを理由に，政党機関紙の配布行為は公務員の職務の遂行の政治的中立性を損なうおそれが実質的に認められるものとはいえず，旧国家公務員法102条1項，人事院規則14－7第6項7号により禁止された行為に当たらないとする。

なお，管理職の地位にある公務員が行った政党機関紙を配布した事件について判例は，管理職的地位にあり，その職務の内容や権限に裁量権のある一般職国家公務員が行った本件の政党の機関紙の配布は，それが，勤務時間外に，国ないし職場の施設を利用せず，公務員としての地位を利用することなく，公務員により組織される団体の活動としての性格を有さず，公務員による行為と認識し得る態様によることなく行われたもの

であるとしても，当該公務員およびその属する行政組織の職務の遂行
の政治的中立性が損なわれるおそれが実質的に認められ，旧国家公務
員法102条1項，人事院規則14-7第6項7号により禁止された行為に当た
るとする（最判平24.12.7；宇治橋事件）。

11　ビラ貼り・配布活動

(1)　大阪市屋外広告物条例違反事件（最判昭43.12.18）

　　Xらは，大阪市屋外広告物条例で禁止されている橋りょうや電柱等に
ビラ26枚を貼り付けたため，同条例違反で起訴された。そこで，Xらは，
当該条例が営利と関係のない社会運動としてのビラ貼りまで禁止するの
は憲法21条に違反するとして争った事件。

【判旨】
　　大阪市屋外広告物条例は，大阪市における美観風致を維持し，および公
衆に対する危害を防止するために必要な規制をしているのであり，Xらの
印刷物の貼付が営利と無関係なものであるとしても，条例等の規制対象と
解すべきである。そして，国民の文化的生活の向上を目途とする憲法の下
においては，都市の美観風致を維持することは，公共の福祉を保持する所
以であるから，この程度の規制は，公共の福祉のため，表現の自由に対し
許された必要かつ合理的な制限と解することができ，憲法に違反するもの
ということはできない。

⋯⋯コメント
　　なお，その後の大分県屋外広告物条例違反事件（最判昭62.3.3）においても，
本判決と同様に，美観風致の維持のために「必要かつ合理的な制限」という理
由で，問題とされた条例を合憲としている。

(2)　愛知原水協事件（最判昭45.6.17）

　　Xらは，承諾を得ずに電柱37本に政治的アピールを印刷したビラ84枚
を貼り付けたとして，軽犯罪法1条33号前段に違反するとして有罪判決
の言い渡しを受けた。そこで，Xらは，当該法条が憲法21条1項等に違
反するとして争った事件。

【判旨】
　　軽犯罪法1条33号前段は，主として他人の家屋その他の工作物に関する
財産権，管理権を保障するために，みだりにこれらの物にはり札をする行

為を規制の対象としているものと解すべきところ，たとえ思想を外部に発表するための手段であっても，その手段が他人の財産権，管理権を不当に害するがごときものは，もとより許されない。

したがって，この程度の規制は，公共の福祉のため，表現の自由に対し許された必要かつ合理的制限であって，当該法条は憲法21条１項に違反するものということはできない。

⑶　吉祥寺駅構内ビラ配布事件（最判昭59.12.18）

> Ｘらは，吉祥寺駅構内において，駅係員の許可を受けずに乗降客らに対しビラを配布したため，鉄道営業法35条および刑法130条後段（不退去罪）の規定に違反するとして有罪判決を受けた。そこで，Ｘらは，当該法条が憲法21条１項等に違反するとして争った事件。

【判旨】

憲法21条１項は，表現の自由を絶対無制限に保障したものではなく，公共の福祉のため必要かつ合理的な制限を是認するものであって，たとえ思想を外部に発表するための手段であっても，その手段が他人の財産権，管理権を不当に害するごときものは許されない。

したがって，駅構内において，駅係員の許可を受けずに乗降客らに対しビラを配布する行為を鉄道営業法35条および刑法130条後段の規定を適用してこれを処罰しても憲法21条１項に違反するものでない。

⑷　立川反戦ビラ配布事件（最判平20.4.11）

> Ｘらは，政治的意見を記載したビラを投かんする目的で公務員宿舎である集合住宅の敷地等に管理権者の意思に反して立ち入ったため，住居侵入罪（刑法130条前段）に問われた。そこで，Ｘらは，当該行為を処罰することは，憲法21条１項に違反するとして争った事件。

【判旨】

`R2-1-ア`

防衛庁の職員およびその家族が私的生活を営む場所である集合住宅の共用部分およびその敷地に管理権者の意思に反して立ち入ることは，それが政治的意見を記載したビラの配布という表現の自由の行使のためであっても許されず，そこで私的生活を営む者の私生活の平穏を侵害するものといわざるを得ず，被告人の当該立ち入り行為をもって刑法130条前段の罪（住居侵入罪）に問うことは，憲法21条１項に違反するものではない。

４ 検閲の禁止

📖 ケーススタディ

　雑誌「北方ジャーナル」を発行するXは，知事選立候補予定者Yに対し，下品な表現で攻撃する記事を掲載しようとしたので，Yが発行禁止の仮処分を求めたところ，裁判所がその申請を認め，出版を差し止めた。この裁判所の事前差止は検閲に当たらないか。

第21条

２　検閲は，これをしてはならない。……。

1　意義等

　検閲の禁止が憲法21条１項の表現の自由とは別に同条２項前段で規定されているのは，歴史的に検閲が表現の自由に対する最も一般的な制限であったことのほかに，検閲という規制方法が，表現が受け手に届くこと自体を抑制するという点で，言論活動に対する禁圧的で強力な規制であるために，それを特に禁止したものである。

2　検閲と事前抑制の禁止

(1)　「検閲」の概念

　憲法21条２項前段は「検閲」の禁止を規定しているが，検閲と事前抑制の禁止とは同じものなのか，「検閲」の概念をめぐって争いがある。

① 　狭義説（検閲は，事前抑制の禁止よりも狭いとする見解）

　検閲とは，**行政権が表現行為に先立ちその内容を事前に審査**し，不適当と認める場合にその表現行為を禁止することをいうとする見解。

　主体が，行政権であること，その禁止が絶対的であることに特徴がある。

② 　広義説

㋐ 　広義説(1)

　検閲とは，**公権力が外に発表されるべき思想の内容を事前に審査**し，不適当と認めるときはその発表を禁止することをいうとする見解（検閲は，事前抑制の禁止と同じとする見解）。

㋑ 　広義説(2)

　検閲とは，**公権力による表現内容に対する事前審査**，および**事後審査**

であっても実質的に事前審査と同視しうる重大な影響を表現の自由に与えることをいうとする見解。

③　判　例

H26-1-ア

　　検閲とは，行政権が主体となって，思想内容等の表現物を対象とし，その全部または一部の発表の禁止を目的として，対象とされる一定の表現物につき網羅的一般的に，発表前にその内容を審査した上，不適当と認めるものの発表を禁止することを，その特質として備えるものをいう（最判昭59.12.12；札幌税関検査事件）。

　　判例は，狭義説に立つとされているが，「表現物」「網羅的一般的」などの限定は検閲の概念を不当に狭くし，実際問題として検閲にあたる場合がほとんど存在しなくなってしまうとの批判がされている。

(2)　事前抑制の禁止

①　意　義

　　事前抑制とは，表現行為に先立ち公権力がなんらかの方法でこれを抑制すること，および実質的にこれと同視できるような影響を表現行為に及ぼす規制方法をいう。

②　根　拠

　　検閲（憲§21Ⅱ前段）の概念を狭義に解すると（狭義説），事前抑制の禁止の根拠が問題となるが，判例・通説は，憲法21条1項の保障する「表現の自由」から導かれるとする。

③　主　体

　　事前抑制の禁止と検閲を別の概念とする判例・通説からは，その主体は，行政権を除いた公権力，特に裁判所である。

④　例　外

　　事前抑制の禁止は，検閲の場合と異なり，表現行為に対する事前規制が例外的に許容されるが，その要件としては，㋐規制の基準が明確であること，㋑裁判所による適正かつ迅速な権利救済が存在していることが必要であるとされている。

　　判例は，表現行為に対する事前抑制は，表現の自由を保障し検閲を禁止する憲法21条の趣旨に照らし，厳格かつ明確な要件のもとにおいてのみ許容されるとする（最判昭61.6.11；北方ジャーナル事件）。

3　「検閲」が問題となった判例

(1)　税関検査

　関税定率法は,「公安又は風俗を害すべき書籍, 図画, 彫刻物その他の物品」を輸入禁制品として, 外国図書, 映画等の輸入にあたり, 税関当局はその内容を検査し, 輸入規制や部分削除を行っているが, このような行政権による税関検査が,「検閲」に当たらないかが問題となる。

① 　札幌税関検査事件（最判昭59.12.12）

> 　Ｘは, 外国から８ミリ映画, 書籍等を郵便で輸入しようとしたところ, 旧関税定率法21条１項３号の「公安又は風俗を害すべき書籍, 図画, 彫刻物その他の物品」にあたり輸入できない旨の通知を受けた。そこで, Ｘは, 当該税関検査が憲法21条２項の「検閲」にあたるとして争った事件。

【判旨】

　憲法21条２項にいう「検閲」とは, 行政権が主体となって, 思想内容等の表現物を対象として, その全部または一部の発表の禁止を目的として, 対象物とされる一定の表現物につき網羅的一般的に, 発表前にその内容を審査した上, 不適当と認めるものの発表を禁止することを, その特質として備えるものを指すと解すべきである。 `H26-1-ア`

　そして, 同項にいう検閲の禁止は, 公共の福祉を理由とする例外を許容しない, 絶対的禁止と解すべきである。 `H26-1-イ`

　税関検査により輸入が禁止される表現物は, 一般に, 国外においては既に発表済みのものであって, その輸入を禁止したからといって, それは, 当該表現物につき, 事前に発表そのものを一切禁止するというものではない。また, 当該表現物は輸入が禁止されるだけであって, 税関により没収, 廃棄されるわけではないから, 発表の機会が全面的に奪われてしまうというわけのものではない。その意味において, 税関検査は, 事前規制そのものということはできない。 `H26-1-オ`

　税関検査は, 関税徴収手続の一環として, これに付随して行われるものであり, 思想内容等それ自体を網羅的に審査し規制することを目的とするものではない。

　税関検査は行政機関によって行われるとはいえ, その主体となる税関は, 関税の確定および徴収を本来の職務内容とする機関であって, 特に思想内容等を対象としてこれを規制することを独自の使命とするもので

はない。

　また，思想内容等の表現物につき税関長の通知がされたときは，司法審査の機会が与えられているのであって，行政権の判断が最終的なものとされるわけではない。

　したがって，税関検査は，憲法21条2項にいう「検閲」にあたらない。

② メイプルソープ写真集事件（最判平20.2.19）

> 　Xは，渡航先から帰国の際，日本において刊行されていた，メイプルソープ写真集（わいせつ写真集）を携行していたところ，税関支署長から旧関税定率法（平成17年法律第22号による改正前のもの）21条1項4号が輸入を禁止している「風俗を害すべき書籍，図画」に該当する旨の通知を受けた。そこで，Xは，関税定率法21条1項4号は違憲であり，また，当該写真集は「風俗を害すべき」物品には当たらないから，通知処分は違法であるとして争った事件。

【判旨】

　（旧）関税定率法21条1項4号に掲げる貨物に関する税関検査が憲法21条2項前段にいう「検閲」に当たらないことは，当裁判所の判例（最判昭59.12.12）とするところであり，また，我が国において既に頒布され，販売されているわいせつ表現物を税関検査による輸入規制の対象とすることが憲法21条1項の規定に違反するものでないことも上記法廷判決の趣旨に照らし明らかである。

　本件メイプルソープの写真集は，本件通知処分当時における一般社会の健全な社会通念に照らして，（旧）関税定率法21条1項4号にいう「風俗を害すべき書籍，図画」等に該当するものとは認められないというべきである。

(⋯⋯)コメント

　本判決は，日本国内で既に頒布，販売されている出版物を国外に持ち出し，再び持ち込む際にも税関検査の対象となるとの新しい判断をしている。また，メイプルソープの写真集は，本件通知処分当時における一般社会の健全な社会通念に照らして，旧関税定率法21条1項4号にいう「風俗を害すべき書籍，図画」等に該当するものとは認められないとして，本件と同様な事件である最判平11.2.23判決とは異なった判断を示した。

(2)　教科書検定

①　小・中・高等学校で使用する教科書については，文部科学大臣の「検定」を経たものでなければならない（学校教育法§34，§49，§62）とされているため，教科書「検定」が検閲に該当するかが問題となる。

②　判　例
　第1次家永教科書訴訟（最判平5.3.16）

> 　教科書の出版には文部科学省の実施する検定に合格することが必要であるが，このような教科書検定は，国が教育内容に介入するものであり，憲法26条（教育を受ける権利）に違反するとして争われた事件。

【判旨】

　〔検閲の定義については，最判昭59.12.12（札幌税関検査事件）を前提としたうえで〕，本件検定の結果，教科書として不合格とされた図書 `H26-1-エ` であっても，一般図書としての発行を何ら妨げられるものではなく，発表禁止目的や発表前の審査などの特質がないから，検閲に当たらない。

　(⋯)コメント

　　　第2次家永教科書訴訟第1審（東京地判昭45.7.17）では，教科書検定制度は公共の福祉からする必要かつ合理的な制限としながらも，本件不許可処分は教科書執筆者としての思想内容を事前に審査するものとして，憲法21条2項の「検閲」に該当するとした（しかし，差戻し審（東京高判平元.6.27）では，学習指導要領の改訂により訴えの利益が失われたとして訴えが却下された）。

　　　これに対して，第3次家永教科書訴訟（最判平9.8.29）では，教科書検定は「検閲」に当たらず，表現の自由に対する制限は合理的で必要やむをえない程度のものであるとする。その上で，教科書検定は「教科書の形態における研究結果の発表を制限」するにすぎず，半面，国は教育内容について必要かつ相当と認められる範囲で決定する権能を持ち，教科書検定は教育の機会均等，教育内容の正確，中立，公正などの要請を実現するためのものであり，検定は必要かつ合理的な範囲を超えていないとする。

(3)　裁判所による事前差止め

①　「北方ジャーナル」事件（最判昭61.6.11）

> 　雑誌「北方ジャーナル」を発行するXは，知事選立候補予定者Yに対し，下品な表現で攻撃する記事を掲載しようとしたので，Yが

発行禁止の仮処分を求めて裁判所に申請し，それが認められた。そこで，Xは，本件仮処分およびその申請が憲法21条に違反するとして争った事件。

【判旨】

R2-1-オ
H26-1-ウ

仮処分による事前差止めは，個別的な私人間の紛争について，司法裁判所により，当事者の申請に基づき差止請求権等の私法上の被保全権利の存否，保全の必要性の有無を審理判断して発せられるものであって，「検閲」にはあたらない。

表現行為に対する事前抑制は，憲法21条の趣旨に照らし，厳格かつ明確な要件のもとにおいてのみ許容される。とりわけ，その対象が公務員または公職選挙の候補者に対する評価，批判等の表現行為に関するものであるときは，一般にそれが公共の利害に関するものとして，原則として事前差止めは許されない。ただし，その表現内容が真実でなく，またはそれがもっぱら公益を図る目的のものでないことが明白であって，かつ，被害者が重大にして著しく回復困難な損害を被るおそれがあるときは，例外的に事前差止めが許される。

H15-1-3

コメント

✎　ケーススタディの場合，裁判所による出版の差止めは，「検閲」にはあたらない。なお，事前抑制の問題となる。

② 「石に泳ぐ魚」事件（最判平14.9.24）

【判旨】

どのような場合に侵害行為の差止めが認められるかは，侵害行為の対象となった人物の社会的地位や侵害行為の性質に留意しつつ，予想される侵害行為によって受ける被害者側の不利益と侵害行為を差し止めることによって受ける侵害者側の不利益とを比較衡量して決すべきである。そして，侵害行為が明らかに予想され，その侵害行為によって被害者が重大な損失を受けるおそれがあり，かつ，その回復を事後に図るのが不可能ないし著しく困難になると認められるときは，侵害行為の差止めが認められる。

公共の利益に係わらない小説のモデルとされたXのプライバシーにわたる事項を表現内容に含む本件小説の公表により公的立場にないXの名誉，プライバシー，名誉感情は侵害されたものであって，本件小説の出版等により，Xに重大で回復困難な損害を被らせるおそれがあるから，本件小説の出版の差止めは認められる。

(⋯⋯)コメント
　　なお，事案およびXのプライバシー権等の問題については，「本編第2章第1節4(1)⑨『石に泳ぐ魚』事件」を参照のこと。

(4)　条例による規制

①　岐阜県青少年保護育成条例事件（最判平元.9.19）

> 　自動販売機による図書販売を業とするXらは，岐阜県知事が包括指定した「有害図書」を自動販売機に収納したとして罰金の有罪判決を受けた。そこで，Xらは，県知事による「有害図書」の指定が憲法21条に違反するとして争った事件。

【判旨】

　岐阜県青少年保護育成条例による有害図書の指定が憲法21条2項前段の検閲に当たらないことは，当裁判所の各法廷判例（最判昭59.12.12，最判昭61.6.11）の趣旨に照らし明らかである。

　本条の定めるような有害図書が一般に思慮分別の未熟な青少年の性に関する価値観に悪い影響を及ぼし，性的な逸脱行為や残虐な行為を容認する風潮の助成につながるものであって，青少年の健全な育成に有害であることは，社会共通の認識になっている。さらに，自動販売機による有害図書の販売は，売手と対面しないため心理的に購入が容易であること，昼夜を問わず購入できることなどの点において，書店等における販売よりもその弊害が一段と大きいといわざるを得ない。そうすると，有害図書の自動販売機への収納の禁止は，青少年に対する関係において，憲法21条1項に違反しないことはもとより，成年に対する関係においても，有害図書の流通を幾分制約することにはなるものの，青少年の健全な育成を阻害する有害環境を浄化するための規制に伴う必要やむを得ない制約であるから，憲法21条1項に違反するものではない。

`R2-1-イ`

②　福島県青少年健全育成条例事件（最判平21.3.9）

> 　Xは，無届で有害図書を収納した販売機を設置したことが福島県青少年健全育成条例21条1項等に違反するとして起訴された。そこで，Xは，本件販売機は遠隔操作できることから対面販売の実質を有し，「自動販売機」にあたらないこと，本件条例は，憲法21条1項等に違反するとして争った事件。

【判旨】

　　有害図書類に係る本件販売機は，監視員がモニターでこれを監視する
等の機能を備えていても，必ずしも客の容ぼう等を正確に判定できると
はいえない状態にあった上，客が立て込んだ時などには，18才未満かど
うか判定が困難な場合でも購入可能なように操作することがあったこと
からすると，本件機能が対面販売の実質を有しているということはでき
ず，「自動販売機」に該当することは明らかである。

　　有害図書類の「自動販売機」への収納を禁止し，その違反に対して刑
罰を科することは，青少年の健全な育成を阻害する有害な環境を浄化す
るための必要やむを得ないものであって，福島県青少年健全育成条例21
条1項，34条2項（平成19年福島県条例第16号による改正前のもの），
35条の規定は，憲法21条1項，22条1項，31条に違反するものではない。

5　通信の秘密

第21条

2　……。通信の秘密は，これを侵してはならない。

1　意義等

　　通信の秘密は，表現の自由とは異なり特定人間のコミュニケーションを保護
するものであり，プライバシー権の一内容をなすが，コミュニケーション過程
の保護に係るものであるため，本条2項後段において表現の自由とともに保障
されている。

　　「通信」とは，手紙や葉書だけでなく，広く電報や電話，さらにはインター
ネットによるEメールなども含まれる。

　　「これを侵してはならない」とは，第1に，公権力によって，手紙・電話等
一切の通信の内容および通信の存在に関する事柄を調査されないこと（積極的
知得行為の禁止），第2に，通信業務従事者により職務上知り得た通信に関す
る情報を漏えいされないこと（漏示行為の禁止）をいう。

2　保障の範囲

　　通信の秘密の保障は，通信の内容だけでなく，通信の存在それ自体に関する
事項にも及ぶ。

　　したがって，秘密の範囲には，郵便の場合は差出人・受取人の住所・氏名，

差出年月日等，電信電話の場合は発信人・受信人または通話申込人，相手方の住所・氏名，発信場所，発信日時等も含まれる。

　ただし，例外としては，刑訴法100条（被告人の郵便物の差押え），破産法82条（破産者に対する郵便物の破産管財人の開披），刑事収容法（旧監獄法）127条（被収容者の信書の検閲など）がある。

3　判　例

刑事施設内信書抹消事件（最判平10.4.24）

> 　刑事施設に収容されている受刑者Ｘは，自己が受信しまたは発信した信書の一部を刑事施設長が勝手に抹消したことは通信の秘密を保障している憲法21条2項後段に違反するとして争った事件。

【判旨】

　刑事施設（監獄）内の規律および秩序の維持に障害を生ずることならびに受刑者の教化を妨げることを理由に，**受刑者が受信しまたは発信した信書の一部を抹消することは，憲法21条2項後段に違反するものではない。**

第4節　学問の自由

Topics ・学問の自由に関しては，平成27年に肢の1つとして出題されただけ
であり，一応読んでおけば足りる。

┌─📖ケーススタディ─────────────────────────┐
　大学の構内で大学公認の学生団体「劇団ポポロ」が大学の正式な許可を得
て開催した演劇発表会に，私服の警察官が学生等に関する情報を得るために
潜入することは，大学の自治を侵害しないか。
└─────────────────────────────────────┘

第23条　学問の自由は，これを保障する。

1　意義等

　本条は，明治憲法下における滝川事件や天皇機関説事件などのように，学問
の自由が公権力によって侵害され，民主主義の発展が阻害された経験を踏まえ，
特に定められたものである。

　学問の自由の保障は，個人の人権としての「学問の自由」（狭義）の保障と，
特に大学における学問の自由の保障を担保するための「大学の自治」の保障（制
度的保障）も含んでいる。

　判例も，憲法23条が学問の自由はこれを保障するとしたのは，一面において，
広くすべての国民に対してそれらの自由を保障するとともに，他面において，
大学が学術の中心として深く真理を探究することを本質とすることにかんがみ
て，特に大学におけるそれらの自由を保障することを趣旨としたものであると
する（最判昭38.5.22；東大ポポロ事件）。

2　保障の範囲

⑴　内　容

　　学問の自由（狭義）の内容としては，①学問研究の自由，②研究結果発表
の自由，③教授の自由，の3つがある。

　　①②の自由は，憲法13条（幸福追求権），憲法19条（思想および良心の自由），
憲法21条（表現の自由）などによっても保障され得るが，「真理探究」の自
由としての学問の自由の重要性から，特別に規定されたものである。

　　③の教授の自由は，大学における教授の自由に限定されるのか，それとも，
下級教育機関における教授の自由をも含むのかという点について争いがある

（なお，詳しくは，「本編第6章第2節4教育権の所在」を参照のこと）。

(2)　判　例

① 研究結果発表の自由に関する判例

　教科書は，教科過程の構成に応じて組織，配列された教科の主たる教材として，普通教育の場において使用される児童，生徒用の図書であって，学術研究の結果の発表を目的とするものではなく，教科書検定は，旧検定基準の各条件に違反する場合に，教科書の形態における研究結果の発表を制限するに過ぎないから，学問の自由を保障した憲法23条の規定に違反しない（最判平9.8.29；第3次家永教科書訴訟）。

　なお，憲法21条2項との関係は「本編第3章第3節**4**3(2)教科書検定」を，憲法26条との関係は「本編第6章第2節5教科書検定」を参照のこと。

② 教授の自由に関する判例

㋐ 大学の教授の自由について

　教育ないし教授の自由は，学問の自由と密接な関係を有するけれども，必ずしもこれに含まれるものではない。しかし，大学については，憲法23条の趣旨と，これに沿って学校教育法52条が「大学は，学術の中心として，広く知識を授けるとともに，深く専門の学芸を教授研究」することを目的とするとしていることに基づいて，大学において教授その他の研究者がその専門の研究の結果を教授する自由は，これを保障されると解するのが相当である（最判昭38.5.22；東大ポポロ事件）。

　なお，ポポロ事件の事案については，「本節3(4)自治の限界」を参照のこと。

㋑ 下級教育機関における教授の自由について

　判例は，憲法の保障する学問の自由は，単に学問研究の自由ばかりでなく，その結果を教授する自由も含むと解されるし，さらにまた，普通教育の場においても，例えば，教師が公権力により特定の意見のみを教授することを強制されないという意味において，また，子どもの教育が教師と子供との間の直接の人格的接触を通じ，その個性に応じて行われなければならないという本質的要請に照らし，教授の具体的内容および方法につきある程度自由な裁量が認められなければならないという意味においては，一定の範囲における教授の自由が保障されるべきことを肯定できないわけではないとする（最判昭51.5.21；旭川学テ事件）。

⊸コメント

　　この旭川学テ事件判決は，「憲法の保障する学問の自由は，単に学問研究の自由ばかりでなく，その結果を教授する自由も含む」として，ポポロ事件判決を実質的に変更したものと解されている。

　　なお，旭川学テ事件については，「本編第6章第2節4教育権の所在」を参照のこと。

3　大学の自治

(1)　意　義

　大学の自治については，憲法に明文の規定はないが，憲法23条により保障されていると解されている（制度的保障）。

> **理由** ➡　学問の自由は国民すべてに保障されているが，学問の高度の専門化と設備等の必要性から，大学がその中心となっているため，外部から干渉されることなく，この大学の研究・教育が自由に行えるようにするために，大学の自治を認め，制度的に学問の自由を保障する必要がある。

(2)　内　容

　大学の自治の内容は，①学長・教授その他の研究者の人事の自治，②大学の施設管理の自治，③学生の管理の自治である。

　判例も，大学の自治は，特に大学の教授その他の研究者の人事に関して認められ，大学の学長，教授その他の研究者が大学の自主的判断に基づいて選任され，また，大学の施設と学生の管理についてもある程度で認められるとする（最判昭38.5.22；東大ポポロ事件）。

(3)　主　体

①　教授会や評議会は，大学の自治の主体である。

②　学生は大学の自治の主体か

　判例は，憲法23条の学問の自由は，学生も一般人と同じように享受するが，大学の学生としてそれ以上に学問の自由を享有し，また大学当局による自治的管理による施設を利用できるのは，大学の本質に基づき，大学の教授その他の研究者の有する特別な学問の自由と自治の効果としてであるとしてこれを否定する（前出東大ポポロ事件）。

(4)　自治の限界

① 　大学の自治といっても，学問の自由とは無関係の事柄（消防や衛生，人事や学生の懲戒処分など）については一般の場合と同様の規制に服することになるが，「大学の自治」との関係で特に問題となるのは，将来起こるかもしれない犯罪の危険を見越して行われる警察活動である警備公安活動である。警察官が，警備公安活動の名目で大学構内に自由に立ち入ることができるとすると，治安維持の名目で学問研究が阻害されるおそれがきわめて大きいからである。

　したがって，警備活動のために警察官が大学の要請・了解なしに立ち入ることは原則として許されるべきでないとする説が有力である。

　しかし，判例は，私服の警察官が内偵の目的で潜入した調査活動は，大学の学問の自由と自治を侵害するものではないとする。

② 　判　例
　東大ポポロ事件（最判昭38.5.22）

　　東大の構内で大学公認の学生団体「劇団ポポロ」が大学の正式な許可を得て開催した演劇発表会に，私服の警察官が学生等に関する情報を得るために潜入していたのを学生が発見し，これに暴行を加えたりしたため，起訴された。そこで，当該警察官の行為は，大学の学問の自由と自治を犯すものであるとして争った事件。

【判旨】

　学生の集会が真に学問的な研究またはその結果の発表のためのものではなく，実社会の政治的活動に当たる行為をする場合には，大学の有する特別の学問の自由と自治は享有しない。また，その集会が学生のみのものでなく，特に一般の公衆の入場を許す場合には，むしろ公開の集会とみなされるべきであり，少なくともこれに準じるものである。本件集会は，真に学問的な研究と発表のためのものでなく，実社会の政治的社会的活動であり，かつ公開の集会またはこれに準じるものであって，大学の学問の自由と自治は，これを享有しない。したがって，本件の集会に警察官が立ち入ったことは，大学の学問の自由と自治を犯すものではない。　[H27-1-オ]

（⋯）コメント

　🖊　ケーススタディの場合，警察官の行為は大学の自治を侵害しない。

第4章
経済的自由権

第1節　職業選択の自由

Topics・経済的自由は令和３年に，職業選択の自由は平成29年に出題されているので，再出題の可能性は高くはないと思われるから，一応読んでおけば足りる。

1 総　説

　居住・移転および職業選択の自由（憲§22Ⅰ），外国移住の自由ないし外国旅行の自由（同Ⅱ），財産権の保障（憲§29）を総称して，経済的自由権という。

　経済的自由権は，封建的な支配関係から脱して，自由な経済活動を求める近代ブルジョアジーによって主張されたものであり，市民革命の後には神聖不可侵の権利として厚く保護されることとなった。しかし，現代の社会国家の下では，資本主義の高度化に伴って，経済活動の自由は，多くの貧困者，失業者を生み出したため，自由な経済活動，自由競争の弊害を是正するために，社会的公共の見地から，法律により積極的に規制することのできる人権と理解されている。

2 職業選択の自由

ケーススタディ

　薬局を開設しようと思い，県知事に許可申請を行ったところ，既存の薬局から適正な距離を置いていないために薬事法に違反するとして不許可とされた。この薬事法における薬局開設の距離制限規制は，職業選択の自由を侵害しないか。

第22条　何人も，公共の福祉に反しない限り，……職業選択の自由を有する。

1　意義・限界等

⑴　意　義

①　本条は，職業が各人の経済生活の基盤であるとともに，各人が自己のもつ個性を全うすべき場として，個人の人格的価値とも不可分の関連を有するものであるから，職業選択の自由を保障したものである（最判昭50.4.30；薬局開設距離制限事件）。

②　職業選択の自由とは，自己の従事すべき職業を自ら選択し決定する自由をいう（狭義の職業選択の自由）。

職業選択の自由には，自己の従事すべき職業を自由に選択・決定するだけでなく，選択した職業を遂行する自由も含まれる。

ただし，職業遂行上の諸活動のうち，営利をめざす継続的・自主的な活動である「営業の自由」も，この「職業選択の自由」に含まれるかについて争いがある。

この点，判例は，憲法22条１項は国民の基本的人権の１つとして，職業選択の自由を保障しており，そこで職業選択の自由を保障するというなかには，広く一般に，いわゆる営業の自由を保障する趣旨を包含しているとする（最判昭47.11.22；小売市場距離制限事件）。

これに対し，営業の自由は，「財産権行使の自由」として憲法29条により保障されるとする有力説もあるが，争いの実益はない。

⑵　限　界

一般的に職業は，社会的関連性が大きく，無制限な職業活動を許すと，社会生活に不可欠の公共の安全と秩序の維持を脅かす事態が生ずるおそれが大きいこと，および社会的・経済的弱者を保護するための政策的理由による制約を加えることが必要とされることが少なくない。

そこで，憲法22条が，特に「公共の福祉に反しない限り」との留保を設けているのは，政策的理由からの制約を容認しているものと解される。

⑶　規制の類型

職業選択の自由に対する規制立法の違憲審査基準は，立法機関である国会の判断を尊重して，緩やかな違憲審査基準である「合理性の基準」（当該法令に合憲性が推定されることを前提として，立法目的および立法目的達成手段の双方につき，一般人を基準に合理性が認められるかどうかを審査する基準）が妥当する。

この「合理性の基準」は，職業活動の規制目的に応じて次の２つに分けて

用いられる。

① 消極的・警察的規制（消極目的規制）

H29-1-①

　　消極的・警察的規制は，自由国家的な見地から，主として国民の生命・健康に対する危険を防止するための規制である。

　　これに対する合憲性判定基準は，「厳格な合理性の基準」が妥当する。これは，裁判所が規制の必要性・合理性および同じ目的を達成できるより緩やかな規制手段の有無を審査し，そのような手段が存在しない場合は，当該規制を合憲とするものである。

　　各種の営業許可は，おおむねこの消極的・警察的規制に属する。

② 積極的・政策的規制（積極目的規制）

　　積極的・政策的規制は，社会国家的見地から，経済の調和のとれた発展を確保し，特に社会的・経済的弱者を保護するための規制である。

　　これに対する合憲性判定基準は，「明白の原則」が妥当する。これは，当該規制措置が著しく不合理であることが明白である場合に限って違憲とするものである。

2　判　例

(1)　公衆浴場距離制限事件①（最判昭30.1.26）

　　Ｘは，公衆浴場の営業の許可を申請したが，設置場所が配置の適正を欠くとして不許可処分を受けたにもかかわらず営業を行い，公衆浴場法違反で罰金刑を受けた。そこで，Ｘは，公衆浴場法が憲法22条１項に違反するとして争った事件（無許可営業者が起訴された刑事事件）。

【判旨】

　　公衆浴場は，多数の国民の日常生活に必要欠くべからざる，多分に公共性を伴う厚生施設である。そして，もしその設立を業者の自由に委せて，何等その偏在および濫立を防止する等その配置の適正を保つための必要な措置を講ぜられないときは，その偏在により，多数の国民が日常容易に公衆浴場を利用しようとする場合に不便を来たすおそれがあり，また，その濫立により，浴場経営に無用の競争を生じその経営を経済的に不合理ならしめ，ひいて浴場の衛生設備の低下等好ましからざる影響を来たすおそれがある。

H29-1-②

　　このようなことは，国民保健および環境衛生の上から，出来る限り防止

するのが望ましいことであり，したがって，公衆浴場の設置場所が配置の適正を欠き，その偏在ないし濫立を来たすことは，公共の福祉に反するものであって，この理由により公衆浴場の経営の許可を与えないことができる旨の規定を設けることは，憲法22条に違反するものとは認められない。

⊕コメント

　　本判決は，公衆浴場法が公衆浴場業を都道府県知事の許可制として距離制限を定めていることを，消極目的規制としたうえで，合憲と判断した。

　　合憲とする結論については，反対する説は少ない。しかし，距離制限を消極目的規制ととらえる点については批判が強い。消極目的規制とするなら，距離制限は手段として必要最小限度を超え，違憲となるはずだからである（保健所による水質検査，行政指導等が可能）。むしろ，距離制限は，積極目的規制（国民の生活上の利便性の確保）であるとした上で，「明白の原則」（後述）を適用して合憲とすべきであったとされている。

(2)　**公衆浴場距離制限事件②**（最判平元.1.20）
【判旨】

　　公衆浴場は住民の日常生活において欠くことのできない公共施設であり，これに依存している住民の需要に応えるため，その維持，確保を図る必要のあることは，立法当時も今日も変わりはない。むしろ，公衆浴場の経営が困難な状況にある今日においては，一層その重要性が増している。

　　そうすると，公衆浴場業者が経営の困難から廃業や転業をすることを防止し，健全で安定した経営を行えるように種々の立法上の手段をとり，国民の保健福祉を維持することは，まさに公共の福祉に適合するところであり，当該適正配置規制および距離制限も，その手段として十分の必要性と合理性を有していると認められる。

　　もともと，このような積極的，社会経済政策的な規制目的に出た立法については，立法府のとった手段がその裁量権を逸脱し，著しく不合理であることの明白な場合に限り，これを違憲とすべきところ，当該適正配置および距離制限はそれに当たらない。

⊕コメント

　　無許可営業者が起訴された刑事事件において，本判決は，前記(1)の判決が消極目的規制ととらえた点に対する学説の批判を容れ，距離制限を積極目的規制であると明言した上で，合憲としたものである。

⑶　**公衆浴場距離制限事件③（最判平元.3.7）**

【判旨】

　　公衆浴場法2条2項による適正配置規制の目的は，国民保健および環境衛生の確保にあるとともに，公衆浴場が自家風呂を持たない国民にとって日常生活上必要不可欠な厚生施設であり，入浴料金が物価統制令により低額に統制されていること，利用者の範囲が地域的に限定されているため企業としての弾力性に乏しいこと，自家風呂の普及に伴い公衆浴場業の経営が困難になっていることなどにかんがみ，既存公衆浴場業者の経営の安定を図ることにより，自家風呂を持たない国民にとって必要不可欠な厚生施設である公衆浴場自体を確保しようとすることも，その目的としているものと解されるのであり，前記適正配置規制はその目的を達成するための必要かつ合理的な範囲内の手段と考えられるので，公衆浴場法2条2項および大阪府公衆浴場法施行条例2条の規定は憲法22条1項に違反しない

⊙コメント

　　営業不許可処分の取消しを求めた行政事件において，本判決は，消極目的規制，積極目的規制が混在するとしながらも，公衆浴場法の適正配置規制は合憲であるとしている。

⑷　**小売市場距離制限事件（最判昭47.11.22）**

> 　　Xは，大阪府知事の許可を受けないで小売商業調整地域内において小売市場とするために建物を建てて貸しつけたため，小売商業調整特別措置法違反に問われた。そこで，Xは，距離制限および許可制を定めた同法が憲法22条1項などに違反するとして争った事件。

【判旨】

　　憲法は，国の責務として積極的な社会経済政策の実施を予定しているということができ，個人の経済活動の自由に関する限り，個人の精神的自由等に関する場合と異なって，社会経済政策の実施の一手段として，これに一定の合理的規制措置を講ずることは，もともと憲法が予定し，かつ，許容するところである。

　　ところで，社会経済の分野において，法的規制措置を講ずる必要があるかどうか，その必要があるとしても，どのような対象について，どのような手段・態様の規制措置が適切妥当であるかは，主として立法政策の問題として，立法府の裁量判断をまつほかない。

R3-2-イ

　　したがって，裁判所は，立法府の裁量的判断を尊重するのを建前とし，

　　ただし，立法府がその裁量権を逸脱し，当該法的規制措置が著しく不合理
であることの明白である場合に限って，これを違憲として，その効力を否
定することができる。

　　小売商業調整特別措置法所定の小売市場の許可規制は，国が社会経済の `R3-2-ア`
調和的発展を企図するという観点から中小企業保護政策の一方策としてと
った措置であり，その目的において，一応の合理性が認められ，また，そ
の規制の手段・態様においても，それが著しく不合理であることが明白で
あるとは認められない。

　　そうすると，本件小売市場の許可制は，憲法22条１項に違反するものと
はいえない。

（⋯⋯）コメント

　　　本判決は，経済的自由権に対する規制を，①消極目的規制（＝社会公共の
　　安全と秩序維持を目的）と，②積極目的規制（＝社会経済政策の実施を目的）
　　とに２分し，本件は，②の積極目的規制であるから，立法府の裁量を尊重して，
　　規制措置が著しく不合理であることが明白である場合に限って違憲とする（明
　　白性の原則）。その上で，本件小売市場の営業規制は社会経済政策の一方策と
　　して，立法目的は一応合理的であり，その規制手段も著しく不合理であるこ
　　とが明白とはいえないので，合憲であるとする。

(5)　薬局開設距離制限事件─違憲判決（最判昭50.4.30）

　　　Xは，薬局を開設するため，その営業許可を申請したところ，「薬局
　　等の配置の基準」に適合しないとの理由で，広島県知事により不許可処
　　分の決定を受けた。そこで，Xは，①薬局開設を許可制とし，②薬局の
　　開設に対する距離制限を定める薬事法等の規定が，憲法22条１項に違反
　　するとして争った事件。

【判旨】

①　一般に許可制は，単なる職業活動の内容および態様に対する規制を超
　　えて，狭義における職業の選択の自由そのものに制約を課するもので，
　　職業の自由に対する強力な制限であるから，その合憲性を肯定しうるた
　　めには，原則として，重要な公共の利益のために必要かつ合理的な措置
　　であることを要し，また，それが自由な職業活動が社会公共に対しても `R3-2-ア`
　　たらす弊害を防止するための消極的，警察的措置である場合には，許可
　　制に比べて職業の自由に対するより緩やかな制限である職業活動の内容
　　および態様に対する規制によってはこの目的を十分に達成することがで

きないと認められることを要する。

　医薬品は，国民の生命および健康の保持上の必需品であるから，不良医薬品の供給から国民の健康と安全とをまもるために，供給業者を一定の資格要件を具備する者に限定し，それ以外の者による開業を禁止する許可制を採用したことは，公共の福祉に適合する目的のための必要かつ合理的措置として肯認することができる。

H15-1-5

②　薬局等の適正配置規制は，主として国民の生命および健康に対する危険の防止という消極的，警察的目的のための規制措置であり，そこで考えられている薬局等の過当競争およびその経営の不安定化の防止も，それ自体が目的ではなく，あくまでも不良薬品の供給の防止のための手段であるにすぎない。したがって，薬局の開設等の許可基準の一つとして地域的制限を定めた薬事法は，不良医薬品の供給防止等の目的のために必要かつ合理的な規制を定めたものということができないから，憲法22条1項に違反し，無効である。

⋯コメント

　✎　ケーススタディの場合，薬事法による薬局開設の距離制限は，職業選択の自由を侵害する。

　　本判決は，前記小売市場距離制限判決で示された，①消極的規制，②積極的規制二分論を前提として，本件薬局の適正配置規制は①の消極的規制であり，立法目的は他の手段で十分達成できる以上，違憲であるとする。

　　本判決と前記小売市場判決をあわせて，経済的自由に関しては，積極的規制の場合には明白性の原則で足りるが，消極的規制の場合にはより厳格な合理性の基準（本件はLRAの基準）によって審査される，という合憲性判定基準が判例により確立された。

(6)　医業類似行為禁止事件（最判昭35.1.27）

　Xは，無資格で医療類似行為を行ったために，旧あん摩師，はり師，きゅう師および柔道整復師法に違反するとして起訴された。そこで，Xは，当該療法は有効無害であり，公共の福祉に違反しないのに，そのような療法を業として行うことを禁止する旧あん摩師等法は，憲法22条に違反するとして争った事件。

【判旨】

　医業類似行為を業とすることが公共の福祉に反するのは，かかる業務行為が人の健康に害を及ぼすおそれがあるからである。それ故，（旧）あん

摩師等法が医業類似行為を業とすることを禁止処罰するのも，人の健康に害を及ぼすおそれのある業務行為に限局する趣旨と解しなければならないのであって，このような禁止処罰は公共の福祉上必要であるから，（旧）あん摩師等法は，憲法22条に反するものではない。

（┅）コメント

　　本判決は，医療類似行為禁止処罰規定を消極規制であるとした上で，さらに，その規制が許されるのは「人の健康に害を及ぼすおそれがある業務行為」と限定解釈を加え，合憲とする。

(7)　白タク営業事件（最判昭38.12.4）

　　Xは，無免許で自家用自動車により有償で乗客を運送（白タク営業）したとして，旧道路運送法違反で罰金刑を受けた。そこで，Xは，自動車運送事業の免許制を定めている当該旧道路運送法が憲法22条1項に違反するとして争った事件。

【判旨】

　　（旧）道路運送法は道路運送事業の適正な運営および公正な競争を確保するとともに，道路運送に関する秩序を確立することにより道路運送の総合的な発達を図り，もって公共の福祉を増進することを目的とする。

　　そして，同法が自動車運転事業の経営を免許制としたのは，わが国の交通および道路運送の実情に照らしてみれば，同法の目的にそうものと認められる。

　　ところで，自家用自動車の有償運送行為は無免許営業に発展する危険性の多いものであるから，これを放任するときは無免許営業に対する取締の実行を期し難く，免許制度は崩れ去るおそれがある。それ故に同法が自家用自動車を有償運送の用に供することを禁止しているのもまた公共の福祉の確保のため必要な制限である。

（┅）コメント

　　本判決は，旧道路運送法の免許制を「公共の福祉の確保のため必要な制限」という理由で，簡単に合憲とするが，多くの批判を招いた。

　　なお，平成14年2月1日から，タクシー事業の免許制は許可制に移行した。

⑻　**西陣ネクタイ事件（最判平2.2.6）**

> 　外国産生糸の輸入制限措置を定める繭糸価格安定法の改正により，織物業者Xらは，外国産生糸をより高額で購入せざるをえなくなり，高い原料を使ってネクタイを作ることを余儀なくされた。そこで，Xらは，当該法改正が憲法22条1項等に違反するとして争った事件。

【判旨】

　積極的な社会経済政策の実施の一手段とし，個人の経済活動に対し一定の合理的規制措置を講ずることは，憲法が予定し，かつ，許容するところであるから，裁判所は，立法府がその裁量権を逸脱し，当該規制措置が著しく不合理であることの明白な場合に限って，これを違憲としてその効力を否定することができる。そして，改正後の繭糸価格安定法は，原則として，当分の間いわゆる生糸の一元輸入措置の実施，および所定の輸入生糸を売り渡す際の売渡方法，売渡価格等の規制について規定しており，営業の自由に対し制限を加えるものではあるが，以上の判例の趣旨に照らしてみれば，立法行為が国家賠償法1条1項の適用上例外的に違法の評価を受けるものではないとした原審の判断は，正当として是認することができる。

⑼　**酒類販売免許制事件（最判平4.12.15）**

> 　Xは，税務署長に対して酒類販売の許可の申請をしたが，酒税法の免許拒否事由にあたるとして拒否処分とされた。そこで，Xは，酒類免許制を定めた酒税法が憲法22条1項に違反するとして争った事件。

【判旨】

H29-1-③

　租税の適正かつ確実な賦課徴収を図るという国家の財政目的のための職業の許可制による規制については，その必要性と合理性についての立法府の判断が，その政策的，技術的な裁量の範囲を逸脱するもので，著しく不合理なものでない限り，憲法22条1項の規定に違反するものとはいえない。

　酒税法が酒類販売業を免許制としたのは，酒税の適正かつ確実な賦課徴収を図るという重要な公共の利益のために採られた合理的措置であり，また，酒税は，本来，消費者にその負担が転嫁されるべき性質の税目であることなどを考慮すると，当時においてなお酒類販売業免許制度を存置すべきとした立法府の判断が，政策的，技術的な裁量の範囲を逸脱するもので，著しく不合理であるということはできない。

●コメント

　本判決は，消極目的規制か積極目的規制かに言及することなく，酒類販売業の免許制度を合憲としたものである。さらに最判平10.3.24判決は，酒類の無免許販売について刑罰を定める酒税法56条１項１号を合憲とする。

⑽　**司法書士法違反事件**（最判平12.2.8）

　行政書士Xは，登記申請手続の代理を業務として行い，司法書士法違反として処罰された。そこで，Xは，原則として，業務としての登記申請手続を「司法書士会に入会している司法書士」等に限定している司法書士法が憲法22条１項に違反するとして争った事件。

【**判旨**】

　司法書士法の各規定は，登記制度が国民の権利義務等社会生活上の利益に重大な影響を及ぼすことにかんがみ，法律に別段の定めのある場合を除き，司法書士，司法書士法人および公共嘱託登記司法書士協会以外の者が，他人の嘱託を受けて，登記の手続を代理する業務および登記申請書類を作成する業務を行うことを禁止し，これに違反する者を処罰したものであって，その規制が公共の福祉に合致した合理的なものであって憲法22条１項に違反するものではない。

第2節　居住・移転の自由，外国移住の自由

Topics・海外渡航の自由については平成23年に推論問題として出題されてい
　　　　て再出題の可能性は低いので，一応読んでおけば足りる。

■　居住・移転の自由

> **第22条**　何人も，公共の福祉に反しない限り，居住，移転及び職業選択の自由
> を有する。

1　意義等
　本条1項は，自己の希望する場所に住所または居所を自由に決定し，あるい
はこれを変更し，または自己の意思に反して住所等を変更されることのない自
由を保障したものである。

2　法的性格
　封建時代には人々は土地に拘束され，移動が制限されていたが，近代社会に
おいて自由な移動が保障され，それによって資本主義経済の基礎的条件である
労働の確保が可能となったので，居住・移転の自由は，経済的自由のひとつに
数えられてきた。憲法も，職業選択の自由と並べて，居住・移転の自由を保障
している。しかし，現在では，広く知的な接触の機会を得るためにも，この自
由が必要不可欠であることから，人身の自由，表現の自由，人格形成の自由な
どの精神的自由の要素も併せもっていると考えられている。

3　内　容
　居住・移転の自由は，住所または居所を定め，それを移転する自由に限定さ
れるのか，それとも旅行のような人の移動の自由を含むのかについては，争い
がある。
　居住・移転の自由は，単なる経済的自由ではなく，人格形成の自由などの精
神的自由とも深くかかわる性質を有することから，旅行のような人の移動の自
由も含むと解される（通説）。
　なお，本条1項で保障される「旅行する自由」が，国内旅行の自由だけか，
海外旅行の自由も含まれるかについては，争いがある（後述の「■2海外渡航
（旅行）の自由」を参照のこと）。

2　外国移住の自由

┌─ 📖ケーススタディ ─────────────────────────────┐
　元国会議員がモスクワで開催される国際経済会議に出席するために，旅券の発給を申請したところ，外務大臣が旅券の発給を拒否したことは，元国会議員の海外渡航の自由を侵害しないか。
└─────────────────────────────────────┘

┌─────────────────────────────────────┐
第22条
2　何人も，外国に移住し，又は国籍を離脱する自由を侵されない。
└─────────────────────────────────────┘

1　意義等

　外国移住の自由は，広い意味では居住・移転の自由に含まれるが，その対象となる地域が外国であるため，本条2項は，特に，個人が外国に移住する際に，公権力がこれを禁じてはならないとして，外国移住の自由を保障したものである。

　なお，「何人も」と規定されていることから，在留外国人にも海外旅行の自由が保障されるかについては，「本編第1章第2節3 外国人」を参照のこと。

2　海外渡航（旅行）の自由

＜論点＞

　憲法22条2項が「外国に移住……する自由」と規定していることから，一時的な海外渡航（旅行）の自由も保障されるのか，その根拠につき，大きく分けて憲法22条1項説と憲法22条2項説の対立がある。

(1)　憲法22条1項説

　憲法22条1項の「移転の自由」は，居住所を変更する自由のみならず，旅行の自由も含むものであり，後者の自由は，国の内外の旅行を問わず保障されているとする見解。

　理　由 ➡　旅行を憲法22条2項の「移住」よりも，1項の「移転」に入れるほうが，文言の解釈としては無理がない。

　批　判 ➡　憲法22条1項を根拠とすると，「公共の福祉」による国家からの制約を安易に許すことになってしまう。

(2) 憲法22条2項説

H23-1-ア

　　憲法22条1項はもっぱら国内における居住・移転の自由を，2項は外国に移住することのほか，一時的に外国へ旅行することも含むとする見解。

> **理由** ➡ ① 憲法22条は，1項に国内に関連するものを，2項に外国に関連するものをそれぞれまとめて規定したものである。
>
> ② 憲法22条2項が永住のための出国を保障しながら，一時的な海外旅行のための出国を保障していないと解するのは**解釈上不合理**である。

> **批判** ➡ 憲法22条1項は国内の関係を定めたもの，2項は国外の関係を定めたものと捉えるのは形式的にすぎる。

(3) 憲法13条説

H23-1-イ

　　旅行の自由は，幸福追求権の一部として憲法13条によって保障されるとする見解。

> **理由** ➡ ① 旅行は色々な場所を動き回るものであり，憲法22条の居住所の変更を意味する「移転」，ある場所への定住を意味する「移住」とも異なる。
>
> ② 旅行の自由は，単なる移動の自由ではなく，国の内外を問わず，旅行地の文化や人々との交流が人格形成に多大な影響を及ぼすという精神的自由の側面を有している。

> **批判** ➡ 安易に憲法13条などの一般条項を根拠とするべきではない。

(4) 判例

　　判例は，憲法22条2項の「外国に移住する自由」には外国へ一時的に旅行する自由も含むものと解すべきであるとして，憲法22条2項説を採る（最判昭33.9.10；旅券発給拒否事件）。

3　旅券法上の規制の合憲性

(1) 総説

　　海外旅行をする際には旅券の所持が義務付けられているが，「著しく且つ直接に日本国の利益又は公安を害する行為を行う虞があると認めるに足りる相当の理由がある者」に対して，外務大臣が旅券の発給を拒否できると定めている旧旅券法13条1項5号（現同条項7号）は，不明確な文言による海外渡航の自由に対する規制であり，憲法に違反しないかという点については，

合憲説と違憲説の対立がある。

(2)　判　例

旅券発給拒否（帆足計）事件（最判昭33.9.10）

> 元国会議員の帆足計がモスクワで開催される国際経済会議に出席するため旅券の発給を申請したところ，外務大臣が旧旅券法13条１項１号に規定する者にあたると認定して，その発給を拒否したため，国際経済会議に出席することができなかった。そこで，帆足計は，当該旅券法により，海外渡航の自由が侵害されたとして争った事件。

【判旨】

憲法22条２項の「外国に移住する自由」には外国への一時旅行する自由 `R3-2-ウ` を含むと解すべきであるが，外国旅行の自由といえども無制限のままに許 `H23-1-ウ` されるものではなく，公共の福祉のために合理的な制限に服するものと解すべきである。

そして，旅券発給を拒否することができる場合として，（旧）旅券法13条１項５号が，「著しく且つ直接に日本国の利益又は公安を害する行為を行う虞があると認めるに足りる相当の理由がある者」と規定したのは，外国旅行の自由に対し，公共の福祉のために合理的な制限を定めたものとみることができ，本規定が漠然たる基準を示すもので無効であるということはできない。

また，日本国の利益または公安を害する行為を将来行うおそれある場合においても，なおかつその自由を制限する必要のある場合のありうることは明らかであるから，同条をことさら所論のごとく「明白かつ現在の危険 `H23-1-オ` がある」場合に限ると解すべき理由はない。

(…)コメント

　🔖　ケーススタディの場合，元国会議員の海外渡航の自由を侵害するものとならない。

　　なお，その後の判例は，司法判断の及ぶ領域を拡大して外務大臣の裁量の幅を限定し（最判昭44.7.11），あるいは，外務大臣の旅券発給の拒否の理由として，「（旧）旅券法13条１項５号に該当する」とのみ付記するときは，法の定める理由付記の要件を欠くものであるとする（最判昭60.1.22）。

第3節　財産権

Topics・財産権については，令和3年に出題されているため再出題の可能性は
　　　高くないので，判例を確認しておけば足りる。

📖ケーススタディ

　在住の農民の総有に属するため池の堤とうに果樹を植えるなどの耕作をし
てきたXらに対して，奈良県は「ため池の保全に関する条例」を制定し，何
等の補償なしに，そのため池の堤とうでの耕作を禁止することは，Xの財産
権を侵害することにならないか。

第29条　財産権は，これを侵してはならない。
2　財産権の内容は，公共の福祉に適合するやうに，法律でこれを定める。
3　私有財産は，正当な補償の下に，これを公共のために用ひることができる。

1　保障の意義と性格
(1)　意義等
　　財産権とは，一切の財産的価値を有する権利を意味する。所有権その他の
　物権，債権のほか，著作権，漁業権など特別法上の権利，公法的な権利であ
　る水権，河川利用権なども財産権的性格を有する限りこれに含まれる。

(2)　性　格
H24-1-ア
　　①　憲法29条1項は，㋐私有財産制を保障するとともに(制度的保障の側面)，
　　　㋑社会経済活動の基礎をなす国民の個々の財産権につき，これを基本的人
　　　権として保障している（具体的財産権保障の側面）と解されている（最判
　　　昭62.4.22；森林法共有林事件）。

　　②　財産権の保障を制度的保障でもあると解した場合に，その「核心」が何
　　　かが問題となるが，通説は，それを「生産手段の私有制」であるとして，
　　　社会主義へ移行するには憲法改正が必要であるとする。

2　財産権の規制
(1)　規制の性質
① 意義等

本条 2 項は，1 項で保障された憲法上の財産権に対して，法律による制約を広範に容認するものであり，法律による制限の根拠となる規定である。

② 「公共の福祉」の意味

本条 2 項の「公共の福祉」とは，財産権に内在する制約という自由国家的公共の福祉を超えて，社会全体の利益を図るために加えられる政策的観点からの制約を是認する「社会国家的公共の福祉」を意味するものと解される（最判昭62.4.22；森林法共有林事件）。

> 理由 ➡ 憲法29条 2 項が，憲法13条とは別に「公共の福祉」という文言を使っていること，経済的自由権は，福祉国家の理念から広く政策的制約に服することからである。

③ 合憲性の審査基準

㋐ 財産権の制限立法の合憲性の審査基準については，原則として，職業選択の自由と同様に，積極目的・消極目的二分論を用いるものと解されているが，判例は，森林法共有林事件では，この「規制目的二分論」を用いずに，法令違憲を導いたものと解されている（ただし，争いあり）。

㋑ 判例

ⓐ 森林法共有林事件—違憲判決（最判昭62.4.22）

> 旧森林法186条が，共有森林について，その持分価格 2 分の 1 以下の共有者に対し，民法256条 1 項所定の分割請求権を否定していたために，Ｘは，共有林の分割を行うことができなかった。そこで，Ｘは，当該法律が財産権を不当に制限するものであり，憲法29条 2 項に違反するとして争った事件。

【判旨】

財産権に対して加えられる規制が憲法29条 2 項にいう公共の福祉に適合するものとして是認されるべきものであるかどうかは，規制の目的，必要性，内容，その規制によって制限される財産権の種類，性質および制限の程度等を比較考量して決すべきものであるが，裁判所としては，立法府がした上記比較考量に基づく判断を尊重すべきものであるから，立法の規制目的が社会的理由ないし目的に出たとはいえな

H24-1-イ

いものとして公共の福祉に合致しないことが明らかであるか，または規制目的が公共の福祉に合致するものであっても規制手段が上記目的を達成するための手段として必要性もしくは合理性に欠けていることが明らかであって，そのため立法府の判断が合理的裁量の範囲を超えるものとなる場合に限り，当該規制立法が憲法29条2項に違背するものとして，その効力を否定することができる。

　（旧）森林法186条は，森林の細分化を防止することによって森林経営の安定を図り，ひいては森林の保続培養と森林の生産力の増進を図り，もって国民経済の発展に資することにあるから，立法目的は公共の福祉に合致しないことが明らかであるとはいえない。

　しかし，（旧）森林法186条が共有森林につき持分価格2分の1以下の共有者に民法256条1項所定の分割請求権を否定しているのは，(旧)森林法186条の立法目的との関係において，合理性と必要性のいずれをも肯定することのできないことが明らかである。

　したがって，（旧）森林法186条は，憲法29条2項に違反し，無効というべきである。

ⓑ　農地法事件（最判平14.4.5）

> 　農地の所有者Ｘは，知事の許可を受けずに農地に盛土し，埋め立てして農地以外のものへ造成し，転用を完成させる行為に加担したため，旧農地法4条1項・5条1項に違反するとして罰則を課された。そこで，Ｘは，農地を農地以外のものにするには，原則として，都道府県知事等の許可を受けなければならないとする旧農地法4条，5条等は，憲法第29条等に違反するとして争った事件。

【判旨】

　農地を農地以外のものにするために農地について権利を設定し，移転するには，原則として都道府県知事等の許可を受けなければならないとする（旧）農地法4条1項，5条1項は，土地の農業上の効率的な利用を図り，農業経営の安定を図るとともに，農地の環境を保全することを規制目的としているが，農地法の立法当初と比較して農地をめぐる社会情勢が変化してきたことを考慮しても，なお正当性を肯認することができる。また，規制手段も規制目的を達成するために合理性を欠くということもできない。したがって，（旧）農地法4条1項，5条1項およびこれらの規定に違反した者に対する罰則である92条

は，憲法29条に違反するものではない。

④ 「財産権の内容」を法律で規制できる場合

通説的見解によれば，財産権を剥奪するのと同様の結果に至らない場合であり，かつ，特定人に不利益を与えるものでなく，当該財産について一様にされる場合である。

⑤ 条例による財産権制限の可否

財産権の内容は「法律」でこれを定めると規定していることから，条例によって財産権の内容を定めることができるかが問題となる。

判例は，ため池の破損，決かいの原因となるため池の堤とうの使用行為を条例をもって禁止，処罰しても憲法および法律に抵触またはこれを逸脱するものとはいえないとして，条例による財産権の制限を肯定する（最判昭38.6.26；奈良県ため池条例事件）。

なお，詳しくは，「第3編第6章**2**3地方公共団体の権能」を参照のこと。

(⋯)コメント

✎ ケーススタディの場合，条例によってXらの財産権を制限することも許される。

⑥ 憲法29条2項と3項の関係

憲法29条2項によって財産権が制限される場合，その制限に対して3項の補償を必要とするか。

この点については，憲法29条2項による財産権制限の場合には，3項の補償は必要でないとする（通説）。

| 理由 | ➡ | 憲法29条2項は公共の福祉のために一般人を対象として補償なしに受忍限度内の制約を認める規定であるのに対し，3項は公共の福祉のために特定人に対して補償を要件として受忍限度を超える制約（特別の犠牲）を認める規定であり，両者は別個独立のものである。 |

(2) 財産権の制限と補償の要否

① 意義等

本条3項は，1項で保障した財産権であっても公共のために収用・制限することができることを示し，あわせて，その際には「正当な補償」が必要であることを宣言したものである。

② 「公共のために用ひる」の意味

㋐ 「公共のために用ひる」とは，直接公共の用に供するため特定の私有財産を収用すること（公用収用）ないし制限すること（公用制限）に限らず，広く社会公共の利益のために私有財産の収用等を行うことをいう(最判昭29.1.22；自作農創設特別措置法事件)。

したがって，収用全体の目的が公共のためであれば，被収用財産が個人の私的な利用に供される場合でも，「公共のために用ひる」といえる。

㋑ 判　例

自作農創設特別措置法事件（最判昭29.1.22）

自作農創設特別措置法（自創法）による宅地買収が，特定の個人の利益を目的とするものであり，憲法29条３項の「公共のために用ひる」との規定に違反するとして，土地を収用された地主が，宅地買取計画の取消しを求めて争った事件。

【判旨】

自創法の目的は，耕作者の地位を安定し，その労働の成果を公正に享受させるため自作農を急速かつ広汎に創設し，また，土地の農業上の利用を増進し，もって農業生産力の発展等を図るという公共の福祉のための必要に基づいたものであるから，**自創法により買収された農地，宅地，建物等が買収申立人である特定の者に売渡されるとしても，それは農地改革を目的とする公共の福祉のための必要に基づいて制定された自創法の運用による当然の結果**に外ならない。

③ 補償の要否

R3-2-オ
H24-1-エ

㋐ どのような場合に，私有財産が「公共のために用ひる」に当たり，正当な補償の対象となるかについては，**特定の私人に対して，その財産権に内在する制約を超えて，「特別の犠牲」を課する場合である**とされている。

「特別の犠牲」に当たるかの判断は，侵害行為の対象が一般的か特定の個人か（形式的基準），侵害行為が，財産権に内在する制約の受忍限度内のものか，それを超えて財産権の本質的内容を侵害するほど強度なものか（実質的基準）という２つの要件によって行われる（通説）。

㋑　判　例

ⓐ　奈良県ため池条例事件（最判昭38.6.26）

> 　Xら在住の農民の総有に属するため池の堤とうに，Xらは，果樹を植えるなどの耕作をしてきたが，その後，奈良県により「ため池の保全に関する条例」が制定され，ため池の堤とう耕作が禁止された。そこで，Xらは，補償なしに財産権を制限することは憲法29条３項に違反するとして争った事件。

【判旨】

　奈良県ため池条例は，ため池の堤とうを使用する財産上の権利の行使を著しく制限するものではあるが，結局それは，災害を防止し，公共の福祉を保持する上で社会生活上やむを得ないものであり，そのような制約は，**ため池の堤とうを使用し得る財産権を有する者が当然受忍しなければならない責務**というべきであって，憲法29条３項の損失補償はこれを必要としない。

💬コメント

🖊　ケーススタディの場合，何等の補償なしに，ため池の堤とうの耕作を禁止しても，憲法29条３項に違反しない。
　　本判決は，奈良県ため池条例によるため池の堤とうの使用禁止は，ため池の堤とうを使用し得る財産権を有する者が当然受忍しなければならない責務（内在的制約）であり，「特別の犠牲」とはいえないため，損失補償は不要であるとする。

ⓑ　河川付近地制限令違反事件（最判昭43.11.27）

> 　河川敷で民有地を借りて砂利採取を行ってきた業者Xが，旧河川付近地制限令が執行された後も，無許可で砂利採取を行ったために起訴された。そこで，Xは，当該制限令４条２号に財産権の制限につき損失補償が規定されていないのは憲法29条３項に違反するとして争った事件。

【判旨】

　(旧)河川付近地制限令４条２号の定める制限は，河川管理上支障のある事態の発生を事前に防止するため，単に所定の行為をしようとする場合には，知事の許可を受けることが必要である旨を定めて

R3-2-オ
H24-1-エ

いるにすぎず，この種の制限は，公共の福祉のためにする一般的な制限であり，原則的には，何人もこれを受忍すべきものである。このように同令４条２号の定め自体としては，特定の人に対し，特別に財産上の犠牲を強いるものとはいえないから，その程度の制限を課するには損失補償を要件とするものではなく，したがって，補償に関する規定のない同令４条２号の規定が憲法29条３項に違反し無効であるとはいえない。

しかし，以前から砂利を採取してきた業者との関係では，単に一般的に当然に受忍すべきものとされる制限の範囲をこえ，特別の犠牲を課したものとみる余地がまったくないわけではなく，憲法29条３項の趣旨に照らし，業者Xの被った現実の損害については，その補償を請求することができるものと解する余地がある。

コメント

直接憲法29条３項に基づく損失補償請求の可否については，後記(4)を参照のこと。

(3)　「正当な補償」の意味

①　「正当な補償」の意味については，従来，㋐完全補償説（補償対象となる財産が，一般市場において持つ客観的な経済価値に加えて，移転料や営業上の損失など付帯的損失を含むすべての損失を補償すべきであるとする見解）と，㋑相当補償説（当該財産について合理的に算出された相当な額であれば市場価値を下回ってもよいとする説）が対立している。

判例は，通常の収用等の場合には完全補償を原則とする（最判昭48.10.18）のに対し，社会改革立法（農地改革）のような場合には相当補償でもよい(最判昭28.12.23)という，折衷説に立つものと評価されている。

②　判　例

㋐　相当な補償で足りるとした判例

農地改革事件（最判昭28.12.23）

Xは，農地改革で農地を買収されたが，その算定価格が当時の経済事情からみて著しく低いため，対価の増額を請求して争った事件。

【判旨】

H24-1-ウ

憲法29条３項にいうところの財産権を公共の用に供する場合の正当な補償とは，その当時の経済状態において成立することを考えられる

価格に基づき，合理的に算出された相当な額をいうのであって，必ずしも常にかかる価格と完全に一致することを要するものではない。

④　完全な補償を要するとした判例
　　土地収用補償金請求事件（最判昭48.10.18）

　　都市計画事業のために土地を収用された地主らが，その収用価格が近傍類地の取引実例を踏まえた価格に比べて低すぎるとして，その差額の支払いを求めて争った事件。

【判旨】
　土地収用法における損失の補償は，特定の公益上必要な事業のために土地が収用される場合，その収用によって当該土地の所有者等が被る特別な犠牲の回復をはかることを目的とするものであるから，完全な補償，すなわち，収用の前後を通じて被収用者の財産価値を等しくならしめるような補償をなすべきであり，金銭をもって補償する場合には，被収用者が近傍において被収用地と同等の代替地等を取得するに足りる金銭の補償を要する。

⑤　相当な補償で足りるとしながら，実質的には完全補償を認めた判例
　　土地収用補償金請求事件（最判平14.6.11）

　　Ｘは，変電所建設予定地として土地収用法に基づき収用された土地等の損失補償額が過小であるとして，電力会社Ｙに対して損失補償額の変更等を求めて争った事件。

【判旨】
　憲法29条３項にいう「正当な補償」とは，その当時の経済状態において成立すると考えられる価格に基づき合理的に算出された相当な額をいうのであって，必ずしも常に上記の価格と完全に一致することを要するものではない。土地収用法71条の規定が憲法29条３項に違反するかどうかも，この趣旨に従って判断すべきものである。
　土地の収用に伴う補償は，収用によって土地所有者等が受ける損失に対してされるものであるところ，補償金の額は，権利取得裁決の時を基準にして算定されるべきである。事業認定の告示の時から権利取

得裁決の時までの収用地の価格の変動は，起業者に帰属し，または起業者が負担すべきものである。なお，土地収用法は，補償金支払請求制度を設けており，この制度を利用することにより，所有者が近傍において被収用地と見合う代替地を取得することは可能である。

これらのことにかんがみれば，土地収用法71条が補償金の額について前記のように規定したことには，十分な合理性があり，これにより，被収用者は，収用の前後を通じて被収用者の有する財産価値を等しくさせるような補償を受けられるものというべきである。

⑷　直接憲法に基づく損失補償請求の可否

財産権の剥奪もしくは制限を定めた法律が補償規定を欠く場合に，直接憲法29条3項に基づき補償請求できるか否かが問題となる。

河川付近地制限令違反事件（最判昭43.11.27）
【判旨】

R3-2-エ
H24-1-オ

(旧)河川付近地制限令4条2号による制限について同条に損失補償に関する規定がないからといって，一切の損失補償を全く否定する趣旨とまでは解されず，業者Xも，その損失を具体的に主張立証して，別途，直接憲法29条3項を根拠として，補償請求をする余地が全くないわけではない。

〔⋯〕コメント

本判決は，補償が必要であるにもかかわらず補償規定を欠いた法律を違憲無効とするのではなく，憲法29条3項を根拠として補償請求することを認めた点に意義がある。

⑸　補償金の支払時期

判例は，補償が財産権の供与と交換的に同時にされるべきかについては，憲法の保障するところではないとする（最判昭24.7.13）。

Topics ・法定の手続の保障等について，令和2年に，また，平成15年に1肢
出題されているので，再出題の可能性は高くないため一応読んでおけ
ば足りる。

1 人身の自由の基本原則

　身体を拘束されないという人身の自由は，すべての自由の根源であるといえ
るので，それが保障されなければ，他の権利も享受できない。ところが，専制
主義の時代には，不法な逮捕・監禁・拷問，および恣意的な刑罰権の行使によ
って人身の自由が侵害されることは日常的であった。そこで，憲法は，18条に
おいて人権保障の基本ともいうべき奴隷的拘束および苦役からの自由を定め，
31条以下において詳細な規定を置いている。

2 奴隷的拘束・苦役からの自由

第18条 何人も，いかなる奴隷的拘束も受けない。又，犯罪に因る処罰の場合
を除いては，その意に反する苦役に服させられない。

1 意義等

　本条は，「奴隷的拘束」や「その意に反する苦役」が，憲法の保障する個人
の尊重原理（憲§13）を基礎とする人権の保障を踏みにじる結果となることか
ら，そのような身体の自由に対する拘束を否定しようとするものである。
　「奴隷的拘束」とは，人間としての人格を無視したに等しい方法や態様によ
って身体の自由を拘束することをいう。
　「その意に反する苦役」とは，通常人からみて普通以上に苦痛に感じられる
ような強制的労務をいう（争いあり）。

2　例外の有無

(1)　奴隷的拘束の禁止

人を奴隷的拘束の下に置くことは絶対的に禁止され，たとえ，本人の同意があっても許されない。

また，「苦役」の場合と異なり，犯罪による処罰を理由とする場合であっても許されない。

(2)　苦役からの自由

「犯罪に因る処罰の場合」は例外として許される。しかし，その場合でも，その処遇が奴隷的拘束や憲法36条にいう残虐な刑罰に当たるものであってはならない。

このほかに，非常災害時における救援活動等への従事命令（消防§29Ⅴなど）などは憲法上許されるが，徴兵制については，憲法が兵役義務を規定していないことから，本条に違反すると解されている（通説）。

3　保障の範囲

本条は，国家に対してのみならず，私人間相互の関係における拘束も禁止するものであり，私人間にも直接に適用されると解されている。

③　適正手続の保障

ケーススタディ

運輸大臣Ｙが，Ｘに対して，事前に告知聴聞の機会を与えることなく，新東京国際空港（成田空港）反対派を抑えるための法律，「新東京国際空港の安全確保に関する緊急措置法」（成田新法）に基づき，空港の規制区域内に所在するＸ所有の「横堀要塞」の使用を１年間禁止する旨の処分は，憲法31条の保障する適正手続に違反しないか。

> **第31条**　何人も，法律の定める手続によらなければ，その生命若しくは自由を奪はれ，又はその他の刑罰を科せられない。

1　意義等

憲法31条は，刑事手続における法定手続の原則を明らかにし，憲法32条以下の刑事手続における諸規定の総則的地位を占めるものである。

2 内　容

(1)　憲法31条は，「法律の定める手続によらなければ，……刑罰を科せられない」として，直接には手続の法定を規定しているにすぎないが，その内容としては，次の4つの要請が含まれる（通説）。

①　手続が法律で定められていること（手続の法定）
②　法律で定められた手続が適正であること（手続の適正）
③　実体要件が法律で定められていること（実体要件の法定）
④　法律で定められた実体要件の内容が適正であること（実体要件の適正）

　　そして，①と②を併せて手続上の適正原則といい，③と④を併せて実体上の適正原則という。

(2)　手続の適正との関係でとりわけ重要なのが，「告知と聴聞」の機会の保障である。

　　「告知と聴聞」とは，公権力が国民に刑罰その他の不利益を課す場合には，当事者にあらかじめその内容を告知し，当事者に弁解と防御の機会を与えなければならないという原則をいう。

　　判例も，第三者の所有物を没収する場合において，その没収に関して当該所有者に対し，何ら告知，弁解，防禦の機会を与えることなく，その所有権を奪うことは，適正な法律手続によらないで，財産権を侵害する制裁を科するに外ならず，憲法の容認しないところであるとして，「告知と聴聞」が憲法31条の要請であるとする（最判昭37.11.28：第三者所有物没収事件）。

(3)　実体要件の法定には，罪刑法定主義（犯罪と刑罰があらかじめ法律で定められなければならない）の原則も含まれ，さらに実体要件の適正と合わせて，憲法31条から犯罪構成要件の明確性の要請や刑罰の適正（罪と罰の均衡）の要請などが導き出される。

【判例】

①　ある刑罰法規があいまい不明確のゆえに憲法31条に違反するものと認めるべきかどうかは，通常の判断能力を有する一般人の理解において当該行為がその適用を受けるものかどうかの判断を可能ならしめるような基準が読み取れるかどうかによってこれを決定すべきであり，徳島市公安条例3条3号で「交通秩序を維持すること」と定めているにすぎない　`H15-1-4`　場合でも，その意味は，一般人がさほど困難なく判断することができるから，憲法31条に違反するとはいえない（最判昭50.9.10：徳島市公安条例事件）。

②　青少年保護育成条例が禁止する「淫行」とは，広く青少年に対する性　`R2-2-ア`

行為一般をいうものと解すべきではなく，青少年を誘惑し，威迫し，欺罔または困惑させる等その心身の未成熟に乗じた不当な手段により行う性交または性交類似行為のほか，青少年を単に自己の性的欲望を満足させるための対象として扱っているとしか認められないような性交または性交類似行為をいい，このような解釈は通常の判断能力を有する一般人の理解にも適うものであり，処罰の範囲が不当に広過ぎるとも不明確であるともいえないことから，本条例は憲法31条に違反しない（最判昭60.10.23；福岡県青少年育成条例事件）。

3　憲法31条と行政手続

(1)　総　説

憲法31条は，「その他の刑罰を科せられない」という文言から明らかなように，直接には刑事手続についての規定である。

しかし，現代国家においては，国民の生活に対する行政的介入が頻繁に行われ，国民の権利に重大な影響を及ぼすようになってきた。そこで，不当な行政権の行使から国民の権利を保障するために，憲法31条の規定を行政手続にも適用ないし準用することができないかが問題となる。

この点については，否定説（ただし，憲法13条により保障されるとする）と肯定説（直接適用説，準用・類推適用説）がある。

(2)　判　例

① 第三者所有物没収事件（最判昭37.11.28）

> Xは，密輸出を企てたが，海上警察官に見つかり，逮捕され貨物も没収された。そこでXは，没収された貨物には第三者Yの所有物が含まれており，Yに財産権擁護の機会をまったく与えることなく没収したことは，憲法31条，29条1項に違反するとして争った事件。

【判旨】

関税法に違反した刑事被告人Xに対する付加刑として，第三者Yの所有物を没収する場合において，その没収に関して当該所有者Yに対し，何ら告知，弁解，防禦の機会を与えることなく，その所有権を奪うことは，著しく不合理であって，憲法の容認しないところである。けだし，憲法29条1項は，財産権は，これを侵してはならないと規定し，また同31条は，何人も，法律の定める手続によらなければ，その生命もしくは自由を奪われ，またはその他の刑罰を科せられないと規定しているが，

第三者Yの所有物の没収は，Xに対する付加刑として言い渡され，その R2-2-イ
刑事処分の効果が第三者に及ぶものであるから，所有物を没収せられる
第三者についても，告知，弁護(解)，防禦の機会を与えることが必要で
あって，これなくして第三者Yの所有物を没収することは，適正な法律
手続によらないで，財産権を侵害する制裁を科するにほかならないから
である。

② 成田新法事件（最判平4.7.1）

運輸大臣Yは，Xに対して，事前に告知聴聞の機会を与えることな
く，新東京国際空港（成田空港）反対派を抑えるための法律，「新東
京国際空港の安全確保に関する緊急措置法」（成田新法）に基づき，
空港の規制区域内に所在するX所有の「横堀要塞」の使用を1年間禁
止する旨の処分をした。そこで，Xは，その取消しと，国に対する慰
謝料等の支払いを求めて争った事件。

【判旨】

憲法31条の定める法定手続の保障は，直接には刑事手続に関するもの R2-2-オ
であるが，行政手続については，それが刑事手続ではないとの理由のみ
で，そのすべてが当然に同条による保障の枠外にあると判断することは
相当ではない。

しかしながら，同条による保障が及ぶと解すべき場合であっても，一
般に，行政手続は，刑事手続とその性質においておのずから差異があり，
また，行政目的に応じて，多種多様であるから，行政処分の相手方に，
事前の告知，弁解，防御の機会を与えるかどうかは，行政処分により制
限を受ける権利利益の内容，性質，制限の程度，緊急性等を総合較量し
て決定されるべきものであって，常に必ずそのような機会を与えること
を必要とするものではないと解するのが相当である。

(⋯)コメント

🖋 ケーススタディの場合，憲法31条の保障する適正手続に違反しない。

本判決は，行政手続にも憲法31条の保障が及ぶことを一般論としては
認めたが，行政手続の複雑多様性を理由に，必ずしも「告知・聴聞」は
必要ではないとする。

④　刑事手続上の諸権利

1　総　説

憲法は，33条から39条にかけて刑事手続上の諸権利を定めている。

これらのうち，憲法33条〜35条は主として捜査過程における被疑者の人権を保護するためのものであり，憲法37条〜39条は刑事裁判上の手続を定めて主として刑事被告人の権利を保障している。

なお，憲法32条と憲法40条も刑事手続上の権利に含まれるが，「第7章国務請求権」で取り扱う。

2　被疑者の権利

(1)　不法な逮捕・抑留・拘禁からの自由

> **第33条**　何人も，現行犯として逮捕される場合を除いては，権限を有する司法官憲が発し，且つ理由となつてゐる犯罪を明示する令状によらなければ，逮捕されない。

①　意義等

本条は，被疑者を逮捕するには，逮捕の必要性を事前に司法官憲に判断させ，その判断に基づいて発せられる令状によらなければならず，また，その令状を被疑者に明示しなければならない（令状主義）として，不当な逮捕の防止と被逮捕者の防御権の保護を図ったものである。

ただし，現行犯の場合は，犯罪とその犯人が明らかなので誤認逮捕の危険が少ないこと，犯人の逃亡や罪証隠滅を阻止するために逮捕の必要性・緊急性が高いことから，無令状の逮捕を認めている（令状主義の例外）。

②　緊急逮捕の合憲性

刑事訴訟法210条は，一定の重大な犯罪につき犯行の疑いが十分にあり，急速を要し，逮捕状を求めることができない場合には，逮捕理由を告げ，逮捕後直ちに裁判官が発する逮捕状を求めることを条件として，令状によらない逮捕を認めている（緊急逮捕）。

そこで，この緊急逮捕の合憲性が問題となるが，判例（最判昭30.12.14）・通説とも合憲と解している。

(2) 不法な抑留・拘禁からの自由

> **第34条** 何人も，理由を直ちに告げられ，且つ，直ちに弁護人に依頼する権利を与へられなければ，抑留又は拘禁されない。又，何人も，正当な理由がなければ，拘禁されず，要求があれば，その理由は，直ちに本人及びその弁護人の出席する公開の法廷で示されなければならない。

　本条は，逮捕した身柄を一時的（抑留）または継続的（拘禁）に拘束する場合に，被拘禁者に対して，抑留・拘禁理由の告知を受ける権利，弁護人依頼権，被拘禁理由の開示請求権を保障したものである。

(3) 住居等の不可侵（不法な捜索・押収からの自由）

> **第35条** 何人も，その住居，書類及び所持品について，侵入，捜索及び押収を受けることのない権利は，第33条の場合を除いては，正当な理由に基いて発せられ，且つ捜索する場所及び押収する物を明示する令状がなければ，侵されない。
> **2** 捜索又は押収は，権限を有する司法官憲が発する各別の令状により，これを行ふ。

① 意義等

　本条は，憲法33条の場合を除いては，令状によらなければ住居への侵入，捜索および押収を受けることはないとして，捜査機関による不当な住居への侵入，捜索および押収による侵害から，住居の不可侵ないし個人のプライバシーの保護を図ったものである。

② 行政手続との関係

　㋐　憲法35条も，直接には刑事手続に関する規定である。しかし，行政庁が，行政に必要な情報を収集する目的で，他人の土地や家屋に立ち入り，種々の調査を行い，場合によっては検査のために対象物を収去したりする「行政調査」と呼ばれる手続においては，多くの場合，調査の妨害に対しては罰則を科すことで，間接的に強制する方法が採られていることから，国民の権利が不当に侵害されるおそれがある。そこで，このような行政手続についても，憲法35条の規定を適用ないし準用することができないかが問題となる。

　　④　川崎民商事件（最判昭47.11.22）

> 　川崎民主商工会（川崎民商）の会員Ｘは，過少申告の疑いがある
> として川崎税務署収税官吏が税務調査のため帳簿書類等の質問検査
> をしようとした際，このような検査は令状主義を定めた憲法35条１
> 項に違反するなどの理由で検査を拒否したため罰金刑に処せられ
> た。そこでＸは，上記と同じ理由でさらに上告した。

【判旨】
　　憲法35条１項の規定は，本来，主として刑事責任追及の手続におけ
る強制について，それが司法権による事前の抑制の下におかれるべき
ことを保障した趣旨であるが，当該手続が刑事責任追及を目的とする
ものでないとの理由のみで，その手続における一切の強制が当然に前
記規定による保障の枠外にあると判断することは相当ではない。
　　しかしながら，（旧）所得税法70条10号，63条に規定する検査は，
あらかじめ裁判官の発する令状によることをその一般的要件としない
からといって，これを憲法35条の法意に反するものとすることはでき
ず，前記規定を違憲であるとする所論は，理由がない。

(⋯)コメント
　　なお，本事件では，所得税法上の質問検査が「自己に不利益な供述」
の強要にあたり，憲法38条１項に違反しないかという点も争われた。こ
の点については憲法38条１項を参照のこと。

3　被告人の権利
⑴　公平な裁判所の迅速な公開裁判を受ける権利

第37条　すべて刑事事件においては，被告人は，公平な裁判所の迅速な公開裁
　　判を受ける権利を有する。

　　①　意義等
　　　憲法は，32条で「裁判を受ける権利」を保障しているが，本条１項は，
　　特に，刑事事件の裁判について，公平，迅速，公開の条件を満たす裁判を
　　受けることができる権利を被告人に保障したものである。

　　②　「公平な裁判所」の意味
　　　公平な裁判所とは，構成その他において偏頗（へんぱ）のおそれのない裁判所をい

う（最判昭23.5.5，同昭23.5.26）。

　すなわち，当事者の一方に不当に利益または不利益となるおそれのない裁判所をいう。

③　「迅速」な裁判の意味・法的性質
　㋐　意　味
　　迅速な裁判とは，適正な裁判を確保するのに必要な期間を超えて不当に遅延したとはいえない裁判をいう。
　㋑　法的性質
　　判例は，憲法37条１項の保障する迅速な裁判を受ける権利は，個々の　**R2-2-エ**
　具体的事件について，現実に上記の保障に明らかに反し，審理の著しい遅延の結果，迅速な裁判を受ける被告人の権利が害されたと認められる異常な事態が生じた場合には，これに対処すべき具体的規定がなくても，被告人に対する手続の続行を許さず，その審理を打ち切るという非常救済手段がとられるべきことをも認めている趣旨の規定である（最判昭47.12.20；高田事件）として，本条を単なるプログラム規定として扱うべきでなく，場合によっては権利の侵害に対する裁判規範性を認める。

⑵　証人審問権・喚問権

第37条
2　刑事被告人は，すべての証人に対して審問する機会を充分に与へられ，又，公費で自己のために強制的手続により証人を求める権利を有する。

①　証人審問権
　　本条２項前段の証人審問権は，被告人に反対尋問の機会が十分に与えられない証人などの証言には証拠能力は認められないとする，直接審理の原則を保障したものである。

②　証人喚問権
　　本条２項後段の証人喚問権は，被告人の防御権を確保するために，被告人に有利な証人の喚問を請求することのできる権利を保障したものである。
　　刑事事件において，証人尋問に要する費用，すなわち証人の旅費，日当　**R2-2-ウ**
　等は，全て国家がこれを支給すべきであるが，有罪判決を受けた被告人に訴訟費用としてその全部または一部を負担させることは，憲法37条２項に違反しない（最判昭23.12.27）。

(3)　弁護人依頼権

> **第37条**
> 3　刑事被告人は，いかなる場合にも，資格を有する弁護人を依頼することができる。被告人が自らこれを依頼することができないときは，国でこれを附する。

① 意義等

　　刑事裁判における被告人の防御権を十分に保障するために，憲法34条の規定のほかに，特に，本条3項で，刑事被告人の権利として弁護人依頼権を規定したものである。

② 国選弁護人依頼権

　　貧困その他の理由で被告人が弁護人を依頼することができないときは，裁判所は被告人からの依頼により弁護人を選任しなければならない（憲§37Ⅲ後段）。これを国選弁護人という。

　　もっとも，判例は，裁判所は被告人に弁護人依頼権を行使する機会を与え，その行使を妨げなければ足りるものであって，被告人に対し弁護人の選任を請求しうる旨を告知すべき義務を裁判所に負わせているものではないとする（最判昭24.11.30）。

(4)　不利益な供述の強要禁止

> **第38条**　何人も，自己に不利益な供述を強要されない。

① 意義等

　　本条1項は，刑事司法における自白の偏重，拷問等による自白の強要による人権侵害を防止するために，総則的に，自己に不利益な供述を拒否する権利を保障したものである。

② 主　体

　　「何人」と規定されているので，刑事手続における被告人に限らず，被疑者，証人にも不利益な供述の強要の禁止の保障が及ぶ。

③ 「自己に不利益な供述」の意味

　　自己に不利益な供述とは，自己が刑事上の責任を問われるおそれのある

事項についての供述をいう（最判昭32.2.20）。

　　判例は，自己の氏名を供述することは，自己が刑事上の責任を問われるおそれのある事項とはいえないとして，自己に不利益な供述に該当しないとする（同判例）。

④　行政手続との関係

　　判例は，憲法38条１項による保障は，純然たる刑事手続においてばかりではなく，それ以外の手続においても，実質上，刑事責任追及のための資料の取得収集に直接結びつく作用を一般的に有する手続には，ひとしく及ぶものを相当とするとして，一般論としてはこれを肯定している（最判昭47.11.22：川崎民商事件）。

　　しかし，判例は，具体的場合において，㋐麻薬取扱者の記帳義務（最判昭29.7.16），㋑交通事故の報告義務（最判昭37.5.2），㋒関税法上の申告義務（最判昭54.5.10），㋓刑罰による呼気検査の間接強制（最判平9.1.30）において，供述拒否権を認めなかった。

⑸　**自白の証拠能力の制限・自白の補強証拠**

第38条

2　強制，拷問若しくは脅迫による自白又は不当に長く抑留若しくは拘禁された後の自白は，これを証拠とすることができない。

3　何人も，自己に不利益な唯一の証拠が本人の自白である場合には，有罪とされ，又は刑罰を科せられない。

---

①　自白の証拠能力の制限

　　本条２項は，「強制，拷問若しくは脅迫による自白」および「不当に長く抑留若しくは拘禁された後の自白」は，任意にされたものとはいえない蓋然性が大きいことから，証拠能力がなく，証拠として用いることを禁止したのである（通説）。

②　自白の補強証拠
　㋐　意義等

　　本条３項は，自己に不利益な唯一の証拠が，本人の自白である場合には，たとえ任意性のある自白であっても，自白以外の他の補強証拠がなければ有罪とされ，刑罰を科されることのないことを保障したものである。

　　④　公判廷における自白
　　　　判例は，公判廷における被告人の自白は，身体の拘束を受けず，また
　　　強制，拷問，脅迫その他不当な干渉を受けることなく，自由な状態にお
　　　いて供述がされるものであるなどを理由に，公判廷における自白は，「本
　　　人の自白」には含まないとする（最判昭23.7.29）。

⑹　**事後法の禁止と二重の危険の禁止（二重処罰の禁止）**

> **第39条**　何人も，実行の時に適法であつた行為又は既に無罪とされた行為につ
> いては，刑事上の責任を問はれない。又，同一の犯罪について，重ねて刑事
> 上の責任を問はれない。

①　事後法の禁止
　　本条前段前半は，実行の時に適法であった行為について，事後に法律を
　制定することによって遡及的に処罰することは，著しく正義に反し，個人
　の自由を不当に奪うことになるから規定されたものである。
　　事後法の禁止は，刑罰法規不遡及の原則ともいわれ，罪刑法定主義から
　派生する原則である。

②　二重の危険の禁止（二重処罰の禁止）
　　㋐　憲法39条前段後半と後段との関係
　　　　憲法39条前段後半と後段を一体として把握し，同一の犯罪について，
　　　被告を二重に刑事手続による処罰の危険にさらすことを禁止するとい
　　　う，「二重の危険の禁止」を定めたものであるとする見解（二重の危険説）
　　　と，憲法39条前段後半は，有罪・無罪の確定判決の効果として，被告人
　　　を同一事件について再度有罪とすることを禁止したものであるとする，
　　　「一事不再理」の原則を定めたものであるのに対し，後段は，「二重処罰
　　　の禁止」を定めたものであるとする見解（一事不再理説）などがあるが，
　　　具体的結論について大差はない。

　　㋑　「無罪とされた」の意味
　　　　「無罪とされた」とは，無罪の確定判決を受けたことをいう。
　　　　したがって，少年法19条に基づく審判不開始決定が，罪にならないこ
　　　とを理由とするものであっても，これは刑事訴訟の無罪ではないから，
　　　少年が成年に達した後に改めて訴追したとしても，憲法39条前段後半，
　　　同後段に違反しない（最判昭42.12.8）。

ⓦ 「重ねて刑事上の責任を問はれない」の意味

　　「重ねて刑事上の責任を問はれない」とは，同じ行為につき重ねて刑事処罰されないことをいう。

　　したがって，追徴金と罰金，弁護士会の懲戒と罰金，法廷等の秩序維持に関する法律による監置と刑罰，運転免許の停止処分と刑罰の併科などは，いずれも合憲である。

(7)　拷問・残虐刑の禁止

> **第36条**　公務員による拷問及び残虐な刑罰は，絶対にこれを禁ずる。

① 拷問の禁止

　　明治憲法下においては，「拷問」が自白獲得の手段として頻繁に用いられたという悲惨な経験を踏まえて，本条は，それを絶対的に禁止したのである。

② 残虐な刑罰の禁止

　　㋐ 残虐な刑罰とは，不必要な精神的，肉体的苦痛を内容とする人道上残酷と認められる刑罰をいう。

　　㋑ 死刑は「残虐な刑罰」に当たるか

　　　判例は，刑罰としての死刑そのものが，一般に直ちに「残虐な刑罰」とはいえないが，その執行の方法等が，その時代と環境とにおいて人道上の見地から一般に残虐性を有するものと認められる場合には，残虐な刑罰にあたるとする（最判昭23.3.12）。

第6章
社会権

第1節　生存権

Topics・平成20年に生存権の法的性質について学説（推論）問題として出題
されているが，重要な判例も多くあり出題の可能性が高いので押さえ
ておくことが重要である。

① 総　説

　社会権は，20世紀になって社会国家（福祉国家）の思想に基づき，特に社会
的・経済的弱者を保護し，実質的平等を実現するために保障されるに至った人
権である。

　社会権は，国に対して一定の行為を要求する権利（作為請求権）としての性
質を有するが，また，公権力による不当な侵害があった場合には，その排除を
裁判所に請求できる自由権としての側面ももつ。

　憲法は，社会権として，①生存権（憲§25），②教育を受ける権利（憲§
26），③勤労の権利（憲§27），④労働基本権（憲§28）を保障している。

② 生存権

📖 ケーススタディ

　障害福祉年金を受給している障害者に対しては児童扶養手当の受給を認め
ないとする法律の規定（障害福祉年金と児童扶養手当との併給禁止規定）は，
児童のいる障害者の生存権を侵害し，違憲とならないか。

第25条　すべて国民は，健康で文化的な最低限度の生活を営む権利を有する。
2　国は，すべての生活部面について，社会福祉，社会保障及び公衆衛生の向
　上及び増進に努めなければならない。

1　意義等

(1)　本条１項は，国民の生存権を権利として保障するとともに，２項は，これ
に対応する国民の生活部面での生存権の具体化への努力義務を国家に課した
ものである。

(2)　生存権は，国家による一定の作為（社会福祉などの向上および増進）を要　`H18-3-ア`
求する社会権的側面のみならず，生存権を侵害する国家行為の排除を求める
という意味での自由権的側面も有する（最判昭42.5.24；朝日訴訟）。

2　法的性格

＜論点＞

(1)　憲法25条１項が定める「健康で文化的な最低限度の生活を営む権利」の意
味，すなわち生存権の法的性格については争いがある。

　　①　プログラム規定説

　　　　憲法25条１項は国民の生存を確保すべき政治的・道義的義務を国に課し
　　　たにとどまり，個々の国民に対して具体的権利を保障したものではない（プ
　　　ログラム規定）とする見解。

　　　`理 由` ➡㋐　生存権を具体化する社会立法が必要とする予算は，国の財政政
　　　　　　策の問題であるから，生存権の実現は行政府の裁量事項である。

　　　　　　㋑　憲法が前提とする体制は資本主義経済体制であって，そこでは　`H20-1-ア`
　　　　　　個人の生活について自助の原則が妥当するから，生存権を具体的
　　　　　　権利であるとする実質的前提を欠く。

　　　　　　㋒　憲法25条１項は，生存権保障の方法や手続を具体的に定めてい　`H20-1-ア`
　　　　　　ない。

　　　`批 判` ➡　憲法が資本主義経済体制を前提とすることは，生存権が権利であ
　　　　　　ることを否定する根拠にはならず，むしろ生存権は資本主義経済体
　　　　　　制それ自体の要請に基づいて生まれたものである。

　　②　抽象的権利説

　　　　憲法25条１項を根拠として国の立法や行政の不作為の違憲性を裁判で争　`H20-1-ウ`
　　　うことまでは認められないが，この規定を具体化する法律の存在を前提と　`H20-1-エ`
　　　して，その法律に基づく訴訟において，憲法25条１項違反を主張すること
　　　は許されるとする見解。

　　　`理 由` ➡㋐　憲法25条１項は，明確に「権利」と表現している。

㋑　「健康で文化的な最低限度の生活」については，国家財政等の政策的要素が加わるためにそれを客観的に確定できず，立法権を拘束するほど明確ではない。

③　具体的権利説

H20-1-ウ
H20-1-エ
H20-1-オ

憲法25条1項の権利内容は，憲法上行政権を拘束するほどには明確ではないが，立法権を拘束するには明確であり，その意味で具体的な権利を定めたものであって，これを実現する立法が存在しない場合には，国の立法不作為の違憲性を確認する訴訟を提起することができるとする見解。

[理由] ➡㋐　憲法25条1項は，明確に「権利」と表現している。
㋑　「健康で文化的な最低限度の生活」の文言は，客観的意味を有し，権利の内容が明確化されている。

[批判] ➡　国の立法不作為の違憲訴訟がいかなる要件・手続で提起できるのか，憲法上明らかでない。

(2) 判　例

①　朝日訴訟（最判昭42.5.24）

生活保護法による生活扶助を受給していた原告（朝日茂）が，生活扶助として受給者に給付される金額（月額600円）が低額すぎて，憲法25条1項の規定する「最低限度の生活」の要件を満たしていないとして争った事件。

【判旨】

憲法25条1項の規定は，すべての国民が健康で文化的な最低限度の生活を営み得るように国政を運営すべきことを国の責務として宣言したにとどまり，直接個々の国民に対して具体的権利を賦与したものではない。具体的権利としては，生活保護法によってはじめて与えられているというべきである。

健康で文化的な最低限度の生活なるものは，抽象的な相対的概念であり，その具体的内容は，文化の発達，国民経済の進展に伴って向上するものはもとより，多数の不確定的要素を総合考量してはじめて決定できるものである。したがって，何が健康で文化的な最低限度の生活であるかの認定判断は，いちおう，厚生大臣（現厚生労働大臣）の合目的的な裁量に委されており，その判断は，当不当の問題として政府の政治的責

任が問われることはあっても，直ちに違法の問題を生ずることはない。ただ，法律によって与えられた裁量権の限界を超えた場合または裁量権を濫用した場合には，違法な行為として司法審査の対象となる。

💬コメント

　　本判決は，プログラム規定説を採用した食糧管理法違反事件判決（最判昭23.9.29）を引用しているが，著しく低い保護基準を設定するなどした場合には裁量権の逸脱または濫用となり得ることを認めているから，純粋なプログラム規定説を採ったわけではないと解されている。

② 堀木訴訟（最判昭57.7.7）

　　視力障害者（全盲）のため障害福祉年金を受給しているX（堀木某）が，離婚後に児童扶養手当の併給を申請したところ，知事は，Xが障害福祉年金を受給しているので児童扶養手当の受給資格を欠くとして却下した。そこで，Xは，障害福祉年金と児童扶養手当との併給禁止を規定している児童扶養手当法が憲法25条等に違反するとして争った事件。

【判旨】

　　憲法25条１項にいう，「健康で文化的な最低限度の生活」なるものは，きわめて抽象的・相対的な概念であって，その具体的内容は，その時々における文化の発達の程度，経済的・社会的条件，一般的な国民生活の状況等との相関関係において判断されるべきものであるとともに，前記規定を現実の立法として具体化するに当たっては，国の財政事情を無視することができず，しかも高度の専門技術的な考察とそれに基づいた政策的判断を必要とする。

　　したがって，憲法25条の趣旨にこたえて具体的にどのような立法措置を講ずるかの選択決定は，立法府の広い裁量にゆだねられており，それが著しく合理性を欠き明らかに裁量の逸脱・濫用と見ざるを得ないような場合を除き，裁判所が審査判断するのに適しない事柄である。

　　児童扶養手当は，国民年金法の母子福祉年金を補完する制度として設けられたものであり，受給者に対する所得保障である点において，前記母子福祉年金と基本的に同一の性格を有するものである。そして，一般に，社会保障法制上，同一人に同一の性格を有する２以上の公的年金が支給されることとなるべき，いわゆる複数事故の場合について，社会保障給付の全般的公平を図るため公的年金相互間における併給調整を行う

かどうかは，立法府の裁量の範囲に属する事柄である。

┈コメント

✏️　ケーススタディの場合，ただちに生存権を侵害し，違憲となるものではない。

堀木訴訟判決も，一般に，プログラム規定説を採用したものとされているが，立法府の裁量の逸脱・濫用といえる場合には司法審査が及ぶとしていることから，純粋なプログラム規定説を採用しているわけではないと解されている。

なお，朝日訴訟が<u>行政府の裁量の問題</u>であるのに対して，堀木訴訟は<u>立法府の裁量の問題</u>である点が異なる。

3　憲法25条1項と2項の関係

憲法25条1項と2項の関係については，①両者を一体としてとらえる見解と，②両者を分離して，1項を救貧規定，2項を防貧規定ととらえる見解が対立する。

最高裁判例は，1項は生存権保障の目的あるいは理念を，2項はその目的・理念の実現に努力すべき国の責務を定めたものとして，一体的に解すべきであるとする（一体説）（最判昭57.7.7；堀木訴訟）。

4　その他の判例

(1)　介護保険料特別徴収事件（最判平18.3.28）

老齢退職年金は高齢者の日常生活の基礎的な部分を支えているものであるから，当該年金給付から介護保険料を特別徴収することは，事実上年金の減額の効果をもたらし，高齢者の生存権を侵害するものであるとして争われた事件。

【判旨】

老齢基礎年金等の公的年金制度は老後の所得保障の柱としてその日常生活の基礎的な部分を補うことを主な目的とするところ，介護保険の第1号被保険者（65歳以上の高齢者）の保険料は，高齢期の要介護リスクに備えるために高齢者に課されるものであり，その日常の生活の基礎的な経費に相当するということができ，また，一定額（年額18万円以上）を下回る老齢退職年金給付を特別徴収の対象としていないことを踏まえれば，老齢退職年金給付から上記保険料を特別徴収することは，上記公的年金制度の趣旨を没却するものとはいえず，憲法25条，14条に違反しない。

⑵　**障害基礎年金不支給決定取消等請求事件（最判平19.9.28）**

> 　学生無年金者X（20歳以上の大学生で国民年金に加入しないでいた者）が，大学在学中に障害を負い，障害基礎年金の支給裁定を国に対して申請したが却下された。そこで，Xは，立法府が初診日に国民年金法の改正前の同法所定の学生等であった障害者に対し，無拠出制の年金を支給する旨の規定を設けるなどの措置を講じなかったことは，憲法25条，14条1項に違反するとして争った事件。

【判旨】

　立法府は保険方式を基本とする国民年金制度において補完的に無拠出制の年金を設けるかどうか，その受給権者の範囲，支給要件等をどうするかの決定について，拠出制の年金の場合に比べてさらに広範な裁量を有しているというべきであり，また，初診日において20歳以上の学生である者は，傷病により障害の状態にあることとなる前に任意加入によって国民年金の被保険者となる機会を付与されていたのであるから，**無拠出制の年金を支給する旨の規定を設けるなどの措置を講ずるかどうかは，立法府の裁量の範囲に属する事柄というべきであって，**そのような立法措置を講じなかったことが，著しく合理性を欠くということはできない以上，憲法25条，14条1項に違反しない。

（⋯）コメント

　　改正前の国民年金法は，20歳以上の学生を強制加入の例外としていたが，平成元年の法改正により，これらの者も強制加入となり，本人に資力がなければ支払猶予を認める「保険料納付特例制度」が新設された。

5　環境権

⑴　**意義・内容**

①　意　義

　　環境権とは，良い環境を享受しこれを支配する権利をいう。

　　環境権には，良い環境を妨げられないという自由権的側面と個人の生存に不可欠な良い環境を確保することを求めるという社会権的側面がある。

②　内　容

　　環境権の内容については，①自然環境に限るとする見解と，②自然環境のほかに，遺跡，文化財などの文化的・社会環境も含まれるとする見解がある。

(2)　**根　拠**

　良い環境を享受する権利という意味での環境権は，「健康で文化的な最低限度の生活」を維持するうえでの必要最小の条件であり，また，幸福追求の基本条件でもあるから，憲法25条や13条によって根拠づけられる（通説）。

(3)　**法的性格**

　環境権は，具体的権利であり，裁判において損害賠償や差止を求める根拠となると解する少数説もあるが，多数説は環境権の概念の不明確性を理由に抽象的権利にすぎないと解している。

(4)　**判　例**

建築物撤去等請求事件（最判平18.3.30）

　直線状に延びた公道の街路樹と周囲の建物とが高さにおいて連続性を有し調和がとれた良好な景観を呈している地域において地上14階建ての建物を建築することが良好な景観の恵沢を享受する利益を違法に侵害する行為に当たるとして争われた事件。

【判旨】

　良好な景観に近接する地域内に居住し，その恵沢を日常的に享受している者は，良好な景観が有する客観的な価値の侵害に対して密接な利害関係を有するものというべきであり，これらの者が有する**良好な景観の恵沢を享受する利益**（「景観利益」）は，**法律上保護に値する**ものと解するのが相当である。

　もっとも，この景観利益の内容は，景観の性質，態様等によって異なり得るものであるし，社会の変化に伴って変化する可能性のあるものでもあるところ，現時点においては，私法上の権利といい得るような明確な実体を有するものとは認められず，**景観利益を超えて「景観権」という権利性を有するものを認めることはできない**。

第2節　教育を受ける権利

Topics ・教育を受ける権利については，平成18年に１肢として出題されているだけであり，教育権の所在については学説（推論）問題として出題される可能性が高いのでしっかり理解しておくことが重要である。

📖**ケーススタディ**

　筋ジストロフィー症に罹患していた少年Ｘは，高校入学のための学力検査の成績は合格点に達していたが，Ｘが身体障害者であり，その身体的事情が高等学校の全過程を無事に終了する見込みがないことを理由に学校長が入学不許可とした。この校長の不許可処分は，少年Ｘの教育を受ける権利を侵害しないか。

第26条　すべて国民は，法律の定めるところにより，その能力に応じて，ひとしく教育を受ける権利を有する。

2　すべて国民は，法律の定めるところにより，その保護する子女に普通教育を受けさせる義務を負ふ。義務教育は，これを無償とする。

1　意義等

　本条は，教育は個人の人格形成にとって必要であるとともに，民主政を担う主権者である国民としての能力と資質を備えるためにも不可欠の前提をなすことから，国民に教育を受ける権利を保障したものである。

2　法的性格

(1)　自由権的側面

`H18-3-ウ`

　教育を受ける権利の基礎には，子どもの学習権，親・教師など国民の教育の自由が存在しており，国家が，これに不当に干渉することは許されない。そして，この教育を受ける権利の自由権的側面である**教育の自由**については，**具体的権利性が認められる**。

　判例も，子どもが自由かつ独立の人格として成長することを妨げるような国家的介入，例えば，誤った知識や一方的な観念を子どもに植えつけるような内容の教育を施すことを強制するようなことは憲法26条，13条の規定上からも許されないとする（最判昭51.5.21；旭川学テ事件）。

(2)　**社会権的側面**

　国民は，教育の機会均等を実現するために，国家に対して設備等の教育条件の整備を要求する権利が保障される（最判昭51.5.21；旭川学テ事件参照）。

　教育を受ける権利の社会権的側面の法的性格については，憲法25条の生存権と同様に，プログラム規定説，抽象的権利説，具体的権利説が対立するが，このうち抽象的権利説が多数説である。

　なお，義務教育の無償については，授業料の不徴収という範囲内では，具体的権利性が認められる。

3　権利の内容

(1)　**学習権**

　教育を受ける権利は，子どもが教育を受けて学習し，人間的に発達・成長していく権利（子どもの学習権）を中心にとらえられるようになってきている。

　判例も，憲法26条の背後には，国民各自が，一個の人間として，また，一市民として，成長，発達し，自己の人格を完成，実現するために必要な学習をする固有の権利を有すること，特に，みずから学習することのできない子どもは，その学習要求を充足するための教育を自己に施すことを大人一般に対して要求する権利を有するとの観念が存在しているとして，子どもの学習権を認めている（最判昭51.5.21；旭川学テ判決）。

(2)　**教育の機会均等**

　①　憲法26条１項は，「その能力に応じて，ひとしく教育を受ける権利を有する」として，教育の機会均等の保障を図っている。

　「その能力に応じて，ひとしく」とは，国民に，ひとしく，その能力に応ずる教育を受ける機会を与えなければならず，人種，信条，性別，社会的身分，経済的地位などによって，教育上差別されないことをいう（通説）。

　しかし，最近では，教育の機会均等の原則は，このような形式的な平等にとどまらず，実質的意味の平等も含むものであり，例えば，心身障害児のために，一般の場合以上の条件整備を行うことなど，その子どもの発達に応じた教育が保障されなければならないと解されるようになっている。

② 判　例

筋ジストロフィー症少年入学不許可事件（神戸地判平4.3.13）

> 筋ジストロフィー症に罹患していた少年Xは，高校入学のための学力検査の成績は合格点に達していたが，Xが身体障害者であり，その身体的事情が高等学校の全過程を無事に終了する見込みがないことを理由に学校長が入学不許可処分とした。そこで，Xは，学校長の不許可処分は身体的障害を唯一の理由としたものであり，憲法26条１項等に違反するとして，その処分取消しを求めて争った事件。

【判旨】

たとえ施設，設備の面で，少年Xにとって養護学校が望ましかったとしても，少なくとも，普通高等学校に入学できる学力を有し，かつ，普通高等学校において教育を受けることを望んでいる少年Xについて，普通高等学校への入学の道が閉ざされることは許されるものではない。

そして，健常者で能力を有するものがその能力の発達を求めて高等普通教育を受けることが教育を受ける権利から導き出されるのと同様に，**障害者がその能力の全面的発達を追求することもまた教育の機会均等を定めている憲法その他の法令によって認められている当然の権利である。**

コメント

✎ ケーススタディの場合，少年Xの教育を受ける権利を侵害する。

4　教育権の所在

(1)　教育権の所在

＜論点＞

教育内容を決定する権能という意味での教育権が，国民と国家のどちらに属するかについては争いがある。これは，公権力が教師の教育の自由にどこまで干渉することができるかという問題でもある。

① 国民教育権説

教育内容を決定する権能は，親およびその付託を受けた教師を中心とする国民全体にあり，国は教育の外的条件整備の任務を負うにとどまるとする見解（東京地判昭45.7.17；杉本判決）。

[理由] ➡㋐ 教育の本質は，一般の政治のように多数決によって決定されることに本質的に親しまず，教師が，児童，生徒との人間的な触れ合いを通じて国民全体の合理的な教育意思を実現すべきものである。

㋑　国家は，国民の教育責務の遂行を助成するためにもっぱら責任を負うものであって，その責任を果たすために国家に与えられる権能は，教育内容に対する介入を必然的に要請するものではなく，教育を育成するための諸条件を整備することであると考えられ，国家が教育内容に介入することは基本的には許されない。

②　国家教育権説

教育内容を決定する権能は，国家が有するとする見解（東京地判昭49.7.16；高津判決）。

[理由] ➡㋐　普通教育は議会制民主主義の下において，国会における法律の制定という形で具体化される国民全体の意思に基づいて行われるべきである。

㋑　現代公教育においては教育の私事性は捨象され，これを乗り越え，国が国民の付託に基づき自らの立場と責任において公教育を実施する権限を有するものと解せざるを得ない。

㋒　下級教育機関では，教育の対象が心身の発達が十分でない児童・生徒であり，しかもその教育は普通教育であって教育の機会均等，教育水準の維持向上を図るため適当な範囲における教育内容，教材，教授方法等の画一化ならびに教育の中立性確保が必然的に要請される。

③　折衷説

教育の本質からして，教師に一定の自由が認められると同時に，国は，適切な教育政策を実施するために，必要な範囲で教育内容について決定権を有するとする見解（最判昭51.5.21；旭川学テ事件）。

[理由] ➡㋐　教育が子ども個人の人格形成にかかわる性質上，その私事性を否定することはできず，また，その自然的関係ゆえ，親子関係において営まれてきた沿革を考えると，子供の学習権に対応するものとして，親を中心とする国民に教育の自由が存するというべきである。

㋑　憲法は，国に公教育を行う責務を課すが（憲§26），公教育である以上，全国的に均等な水準の維持，向上が図られなければならず，また，憲法の理念に沿った公正中立なものでなければならないため，教育内容に対する国家の一定の監督是正は必要不可欠となる。

⑵　**判　例**

旭川学テ事件（最判昭51.5.21）

旧文部省（現文部科学省）が全国一斉の学力テストを実施したところ，それに反対する教員Xらが学力テストを阻止するために実力行使をし，公務執行妨害罪で起訴された。そこで，Xらは，教育委員会が旧文部省の学力テストを実施したことは，憲法26条等に違反するとして争った事件。

【判旨】

　親は，子どもに対する自然的関係により，子どもの将来に対して最も深い関心をもち，かつ，配慮すべき立場にある者として，子どもの教育に対する一定の支配権，すなわち子女の教育の自由を有すると認められるが，このような親の教育の自由は，主として家庭教育等学校外における教育や学校選択の自由にあらわれるものと考えられるし，また私学教育における自由や教師の教授の自由も，それぞれ限られた一定の範囲においてこれを肯定するのが相当であるけれども，それ以外の領域においては，一般に社会公共的な問題について国民全体の意思を組織的に決定，実現すべき立場にある国は，国政の一部として広く適切な教育政策を樹立，実施すべく，また，しうる者として，憲法上は，あるいは子ども自身の利益の擁護のため，あるいは子どもの成長に対する社会公共の利益と関心にこたえるため，必要かつ相当と認められる範囲において，教育内容についてもこれを決定する権能を有する。

　もとより，党派的な政治的観念や利害によって支配されるべきでない教育に政治的影響が深く入り込む危険があることを考えるときは，教育内容に対する国家的介入についてはできるだけ抑制的であることが要請されるし，殊に子どもが自由かつ独立の人格として成長することを妨げるような国家的介入，例えば，誤った知識や一方的な観念を子どもに植えつけるような内容の教育を施すことを強制するようなことは，憲法26条，13条の規定上からも許されない。

⋯コメント

　　本判決は，国民教育権説，国家教育権説のいずれも極端であるとして，両者を折衷した見解を示した。

　　また，本判決は，普通教育における教師の「教授の自由」が，憲法23条の学問の自由に含まれること，また，親の教育の自由や私学教育の自由を肯定した点にも意義がある。

5　教科書検定

第1次家永教科書訴訟（最判平5.3.16）

> 　教科書の出版には文部省（現文部科学省）の実施する検定に合格することが必要であるが，このような教科書検定は，国が教育内容に介入するものであり，憲法26条に違反するとして争われた事件。

【判旨】

　教科書検定は記述の実質的な内容，すなわち教育内容に及ぶ。しかし，普通教育の場においては，児童，生徒の側にはいまだ授業の内容を批判する十分な能力が備わっていないこと，学校，教師を選択する余地も乏しく教育の機会均等を図る必要があることなどから，教育内容が正確かつ中立・公正で，地域，学校のいかんにかかわらず全国的に一定の水準であることが要請される。そして，教科書検定は，その各要請を実現するために行われるものであることは，その内容から明らかであり，審査基準も，その目的のための必要かつ合理的な範囲を超えているものとはいえず，子どもが自由かつ独立の人格として成長することを妨げるような内容を含むものでもない。

⋯コメント

　本判例は，旭川学テ事件（最判昭51.5.21）を援用して，国が検定を通じて教育内容を審査することは違憲でないとした。その後の第3次家永教科書訴訟（最判平9.8.29），平成17.12.1の教科書訴訟においても，同様の判断を下した。

　なお，教科書検定と検閲の関係は「本編第3章第3節■3⑵教科書検定」を，教科書検定と学問の自由の関係は「本編第3章第4節学問の自由」を参照のこと。

6　教育を受けさせる義務

> **第26条**
> 2　すべて国民は，法律の定めるところにより，その保護する子女に普通教育を受けさせる義務を負ふ。……。

　本条2項前段の普通教育を受けさせる義務は，1項の教育を受ける権利を実質化するために規定されたものである。すなわち，子どもの普通教育を受ける権利は，親権者にとっては普通教育を受けさせる義務を負い，また国家にとっては義務教育制度の整備義務を負うという関係となる。

　この教育を受けさせる義務は，勤労の義務（憲§27Ⅰ），納税の義務（憲§30）と並ぶ，国民の3大義務の1つである。

7　義務教育の無償

> 第26条
> 2　……。義務教育は，これを無償とする。

(1)　意義等

　　経済的理由により就学困難な者に対して，教育の機会均等を保障するために，国に義務教育の無償を義務付けたものである。

(2)　無償の範囲

① 　「無償」の範囲については，㋐授業料を無償とする説（授業料無償説）と，㋑一切無償とする説（就学必需費無償説）などが対立しているが，判例は授業料無償説の立場を採っている。

② 　判　例
　　教科書費国庫負担請求事件（最判昭39.2.26）

> 　　公立小学校2年に在学していた児童の親権者が，児童の義務教育期間中に支払うべき教科書代金の徴収行為は憲法26条2項後段に違反するとして，その取消しを求めて争った事件。

【判旨】

　　憲法26条2項後段の「義務教育は，これを無償とする」という意義は，国が義務教育を提供するにつき有償としないこと，換言すれば，子女の保護者に対してその子女に普通教育を受けさせるにつき，その対価を徴収しないということを定めたものであり，教育提供に対する対価とは授業料を意味するものと認められるから，同条項の無償とは授業料不徴収の意味と解するのが相当である。
　　したがって，憲法の義務教育は無償とするとの規定は，授業料のほかに，教科書，学用品その他教育に必要な一切の費用まで無償としなければならないことを定めたものと解することはできない。

　　🔹コメント
　　　　本判決は，憲法26条2項後段の「無償」を授業料の不徴収の意味と解し，その限りで具体的権利性（裁判規範性）を認める。

第3節　勤労の権利・労働基本権

Topics・労働基本権については判例を中心に押さえておくこと。

１ 勤労の権利

1 法的性格

> **第27条**　すべて国民は，勤労の権利を有し，義務を負ふ。

　本条１項は，勤労の自由を侵害されないという自由権的側面も有するが，それは職業・営業の自由として憲法22条１項で保障されているところと重なるから，本条１項の積極的な意義は，その社会権的側面にある。

　すなわち，国民は，就職の機会が得られるよう国に対して配慮を求め，それでも就職できない場合は，雇用保険制度など適切な措置を講ずるよう国に要求できる抽象的権利を有する。したがって，本条は，具体的権利を保障したものではないし，国民に具体的義務を課したものでもない。

2 勤労条件の法定

> **第27条**
> ２　賃金，就業時間，休息その他の勤労条件に関する基準は，法律でこれを定める。

　本条２項は，労働条件の約定を労使間の自由な契約に委ねると，労働者に不利益な条件が課せられるおそれがあるので，法律で労働条件の最低基準を定めることにして，経済的弱者である労働者を保護する趣旨である。

　本条２項を具体化するものとして，労働基準法・最低賃金法・男女雇用機会均等法などが法定されている。

3 児童酷使の禁止

> **第27条**
> ３　児童は，これを酷使してはならない。

　本条３項は，歴史上，年少者が劣悪な労働条件の下で虐待・酷使されてきた

ことを踏まえて定められたものである。

　労働基準法は，15歳未満の児童を労働者として使用することを原則として禁止している（労基§56）。

2　労働基本権

▭ケーススタディ

　労働組合が地方議会議員選挙に際して統一候補を推薦したが，組合員が独自の立場で立候補しようとしたのを知り，統制違反として1年間の組合員としての権利を停止することは，労働組合の統制権の行使として許されるか。

> **第28条**　勤労者の団結する権利及び団体交渉その他の団体行動をする権利は，これを保障する。

1　意義等

　本条は，憲法25条に定める，いわゆる生存権の保障を基本理念とし，経済上劣位に立つ勤労者に対して実質的な自由と平等を積極的に保障するための手段として，その団結権，団体交渉権，団体行動権（争議権等）を保障したものである（最判昭41.10.26；全逓東京中郵事件）。

2　法的性格

　労働基本権は，国民一般の権利ではなく，勤労者という社会の一定層だけに保障される権利である。

　勤労者とは，労働力を提供して対価を得て生活するものをいい，公務員もこれに含まれる（最判昭41.10.26；全逓東京中郵事件）。

　本条の労働基本権の保障には，大きく分けて次の3つの側面がある。

(1)　国家権力からの自由，特に刑罰権からの自由という側面（刑事免責）

　労働者には争議行為の自由，労働放棄の自由が認められ，それに対して国家は刑罰を科すことができない（労組§1Ⅱ）。

(2)　使用者に対する民事上の権利という側面（民事免責）

　憲法28条は私人間に直接適用され，正当な争議行為は，民事責任が免除され，解雇や損害賠償などの理由とすることはできない（労組§8）。

(3) 国による行政的救済を受ける権利という社会的側面

H18-3-オ
　　　　労働組合法は，不当労働行為，労働委員会などに関する定めをして，国による行政的救済を受ける権利を具体化している（労組§7，§27の12）。

3　内　容

　　労働基本権には，⑴団結権，⑵団体交渉権，⑶団体行動権（争議権等）の三権がある。

⑴　団結権

①　意　義

　　団結権とは，労働条件の維持・改善のために使用者と対等に交渉ができる団体を結成したり，それに参加したりする権利をいう。

　　団体とは，主として永続的な団体である労働組合を意味するが，争議団のような一時的団体を含む。

②　組合加入強制

　　労働協約によって，労働組合に加入しない者および組合員でなくなった者を解雇することを使用者に義務付ける，いわゆるユニオン・ショップ協定が一般的に用いられている。

　　ただし，判例は，ユニオン・ショップ協定のうち，締結組合以外の他の労働組合に加入している者および締結組合から脱退しまたは除名されたが，他の労働組合に加入しまたは新たな労働組合を結成した者について，使用者の解雇義務を定める部分は，労働者の組合選択の自由や他の組合の団結権を侵害するものであり，民法90条により無効であるとする（最判平元.12.14；三井倉庫港運事件）。

③　統制権

㋐　意　義

　　労働組合の統制権とは，労働組合がその団結権能を強化するために，組合員の規律規範違反に対して一定の規制を加えることができる権利をいう。

　　労働組合は，憲法28条による労働者の団結権保障の効果として，その目的を達成するために必要であり，かつ，合理的な範囲内において，その組合員に対して統制権を有する（最判昭43.12.4；三井美唄労組事件）。

㋑　限　界

労働組合は統制権を有するとしても，労働組合員の人権との関係で，組合の統制権の限界が問題となる。

三井美唄（びばい）労組事件（最判昭43.12.4）

三井美唄炭鉱労働組合は，地方議会議員選挙に際して統一候補を推薦したが，組合員が独自の立場で立候補しようとしたのを知り，統制違反として1年間の組合員としての権利を停止したことから，その統制処分が選挙妨害罪違反に問われた事件。

【判旨】

憲法28条による労働者の団結権保障の効果として，**労働組合は，その組合員に対する統制権を有する**ものと解すべきである。**しかしながら**，労働組合が行使し得べき組合員に対する統制権には，**当然，一定の限界が存するものといわなければならない**。公職選挙における立候補の自由に対する制約は，特に慎重でなければならず，組合の団結を維持するための統制権の行使に基づく制約であっても，その必要性と立候補の自由の重要性とを比較衡量して，その許否を決すべきである。

統一候補以外の組合員で立候補しようとするものに対し，組合が所期の目的を達成するために，立候補を思いとどまるよう，勧告または説得することは，組合としても，当然なし得るところである。しかし，**当該組合員に対し，勧告または説得の域を超え，立候補を取りやめることを要求し，これに従わないことを理由に当該組合員を統制違反者として処分するがごときは，組合の統制権の限界を超える**ものとして，違法といわなければならない。

コメント

✎ ケーススタディの場合，労働組合の統制権の行使として許されない。

(2)　団体交渉権

①　意　義

団体交渉権とは，労働者の団体が，その代表者を通じて，労働条件について使用者と交渉する権利をいう。

②　団体交渉権の保障

使用者は，団体交渉を正当な理由なく拒んではならない（労組§7②）。

交渉の結果成立した労働協約は，規範としての効力をもち，それに反する労働契約の部分は無効となる（労組§16）。

(3) 団体行動権（争議権等）

① 意　義

団体行動権とは，団体交渉を行う労働者団体が，労使間の実質的対等性を確保するため，団体として行動することのできる権利をいう。

ストライキ権をはじめとする争議権がその内容である。

② 団体行動権の保障（限界）

㋐　正当な争議行為は，刑事制裁が科されず（刑事免責），また，民事上の債務不履行ないし不法行為責任が免除される（民事免責）（労組§1Ⅱ，§7①，§8）。

何が「正当な争議行為」かは，その目的，手段，態様等で判断されることになる。

㋑　目的の正当性

目的の正当性に関しては，政治ストの合法性が問題になる。政治ストは，純粋な「政治スト」（例えば，安保条約反対や反戦平和等を目的とするスト）と労働者の経済的地位の維持・改善に直接にかかわる「経済的政治スト」とに区別できるが，判例は，前者についてはその正当性を否定する（最判昭44.4.2；全司法仙台事件）。

㋒　手段ないし態様の正当性

ⓐ　手段ないし態様の正当性に関しては，生命や人体に危険を及ぼすような場合や，暴力行使の場合は，正当な手段とはならない（労組§1Ⅱ但書）。

ⓑ　生産管理

生産管理とは，労働組合が，使用者の意思に反して工場施設や原材料を自己の占有下に置き，使用者の指揮命令を排除して，自らの手によって企業経営を行う争議行為をいう。

そこで，このような生産管理が，労働組合の正当な争議行為として憲法28条で保障されるのかが問題となる。

判例は，わが国現行の法律秩序は私有財産制度を基幹として成り立っており，企業の利益と損失とは資本家に帰することから，労働者側

が企業者側の私有財産制度の基幹を揺るがすような争議手段は許されないとして，生産管理を，労働組合の正当な争議行為とは認めていない（最判昭25.11.15；山田鋼業事件）。

4　公務員の労働基本権の制限

(1)　総　説

公務員も「賃金によって生活するもの」（労組§3）である以上，憲法28条の「勤労者」にあたり，原則として労働基本権が保障される（最判昭41.10.26；全逓東京中郵事件）。

ところが，現行法上，①警察職員・消防職員・自衛隊員等は労働三権のすべてが，②非現業の公務員（各省庁公務員など）は団体交渉権と争議権が，③現業公務員（非権力的業務に従事する税務署職員など），国営・公営の公務員は争議権が，それぞれ否定されている。そこで，このような制約の合憲性が問題となる。

(2)　判例の流れ

公務員の労働基本権の制限に関する判例は，次の3期に分けられる。

第1期 ―　「公共の福祉」，「全体の奉仕者」を理由として，公務員の労働基本権は広く制限されるとした。

第2期 ―　全逓東京中郵事件判決（最判昭41.10.26）以来の流れで，国民全体の利益の確保という見地から，「内在的制約のみ」が許されるとして，公務員の労働基本権の制約に厳格な条件を示した。

第3期 ―　全農林警職法事件判決（最判昭48.4.25）以来の流れで，労働基本権の保障は公務員にも及ぶとしながらも，公共の福祉，公務員の地位の特殊性，職務の公共性を強調することにより，広く労働基本権の制約を認めた（第1期に戻った）。

① 　全逓東京中郵事件（最判昭41.10.26）

全逓信労働組合の役員Xらが，東京中央郵便局の職員に対して勤務時間内に食い込む職場大会に参加するように説得し，職員を職場から離脱させた行為が，郵便物不取扱罪の教唆にあたるとして起訴された事件。

【判旨】

労働基本権は，たんに私企業の労働者だけについて保障されるのでは

なく，公共企業体の職員はもとよりのこと，国家公務員や地方公務員も，憲法28条にいう勤労者にほかならない以上，原則的には，その保障を受けるべきものと解される。「公務員は，全体の奉仕者であつて，一部の奉仕者ではない」とする憲法15条を根拠として，公務員に対して労働基本権をすべて否定することは許されない。

　しかし，労働基本権といえども，何らの制約も許されない絶対的なものではないのであって，国民生活全体の利益の保障という見地からの制約を当然の内在的制約として内包している。具体的にいかなる制約が許されるかについては，①労働基本権の制限が合理性の認められる必要最小限度のものであること，②制限は勤労者の提供する職務または業務の性質が公共性の強いものであり，職務等の停滞が国民生活に重大な障害をもたらすおそれのあるものであること，③違反者に対して課せられる不利益は，必要な限度を超えないこと，とくに，刑事制裁を科することは，必要やむを得ない場合に限られるべきこと，④労働基本権を制限することがやむを得ない場合には，これに見合う代償措置が講ぜられなければならないこと，の4点を考慮しなければならない。

(⋯)コメント

　前述のように，第一期の判例は，公務員の労働基本権の制限の根拠を「公共の福祉」（憲§12，§13）や「全体の奉仕者」（憲§15Ⅱ）という抽象的な理由に求め，公務員の労働基本権に対して厳格な態度をとっていた。

　これに対して，本判決は，労働基本権の制約は必要最小限度でなければならないことを強調して，公務員の労働基本権を尊重した第二期のさきがけとなったものである。

② 全司法仙台事件（最判昭44.4.2）

　全司法仙台支部が，勤務時間内に食い込む職場大会を開き，裁判所職員等に対して参加を促した行為が争議行為の「あおり」にあたり，旧国家公務員法に違反するとして起訴された事件。

【判旨】

　あおり行為等を処罰するには，争議行為そのものが，職員団体の本来の目的を逸脱してなされるとか，暴力その他これに類する不当な圧力を伴うとか，社会通念に反して不当に長期に及ぶなど国民生活に重大な支障を及ぼすとか等，違法性の強いものであることのほか，あおり行為等が争議行為に通常随伴するものと認められるものでないことを要するも

のと解すべきである。

⊙コメント

　　本判決は，前掲全逓東京中郵事件判決（最判昭41.10.26）が示した，「必
　要最小限度の原則」を具体化して，「あおり行為」の処罰には，①争議自体
　の違法性が高いこと，②「あおり行為」が争議行為に通常随伴するもので
　ないこと（例えば，労組委員長などのスト指令は，通常ストライキに随伴
　するものである）という「二重のしぼり」をかけ，合憲限定解釈をしたも
　のとして有名である。この判決も，第二期の代表的判決である。

③　都教組事件（最判昭44.4.2）

> 　東京都教職員組合の役員Xらが，都内の教職員に対して，有給休暇
> を一斉に請求し，勤務時間中に行われる勤務評定反対の抗議行動に参
> 加するように指令したことが，旧地方公務員法（地公法）37条，61条
> ４号に違反するとして起訴された事件。

【判旨】

　（旧）地公法37条，61条４号の各規定が，文字どおりに，すべての地方
公務員の一切の争議行為を禁止し，これらの争議行為の遂行を共謀し，
そそのかし，あおる等の行為をすべて処罰する趣旨と解すべきものとす
れば，それは公務員の労働基本権を保障した憲法の趣旨に反し，必要や
むをえない限度をこえて争議行為を禁止し，かつ，必要最小限度に止め
なければならないとの要請を無視し，その限度を超えて刑罰の対象とし
ているものとして，これらの規定は，いずれも，違憲の疑いを免れな
い。しかし，法律の規定は，可能な限り，憲法の精神にそくし，これと調和
しうるように，合理的に解釈されるべきものである。

　あおり行為等にもさまざまの態様があり，その違法性の程度には強弱
さまざまなものがありうる。それにもかかわらず，一律にあおり行為等
を刑事罰をもってのぞむ違法性があるものと断定することは許されな
い。ことに，争議行為に通常随伴して行われる行為のごときは，処罰の
対象とすべきものではない。

⊙コメント

　　本判決も，前掲全司法仙台事件（最判昭44.4.2）と同様に，「二重のしぼり」
　（処罰の対象は，争議行為，あおり行為とも違法性の強いものに限る）とい
　う合憲限定解釈によって，公務員の労働基本権を尊重する姿勢を示したも
　のである。

④　全農林警職法事件（最判昭48.4.25）

> 全農林労働組合の役員Ｘらが，農林省職員に対して勤務時間内に開催される職場大会に参加を促したため，旧国家公務員法98条５項が禁じている争議行為をあおる行為にあたるとして起訴された事件。

【判旨】

㋐　憲法28条の労働基本権の保障は公務員に対しても及ぶものと解すべきであるが，この労働基本権も，勤労者を含めた国民全体の共同利益の見地からする制約を免れないものであり，このことは，憲法13条の規定の趣旨に徴しても疑いのないところである。

この理を，非現業の国家公務員について述べれば，次のとおりである。

ⓐ　憲法15条の示すとおり，公務員の使用者は国民全体であり，公務員の労務提供義務は国民全体に対して負うものである。公務員が争議行為に及ぶことは，その地位の特殊性と職務の公共性と相容れないばかりでなく，国民全体の共同利益に重大な影響を及ぼすなどのおそれがある。

ⓑ　公務員の勤労条件は，原則として，国会の制定した法律，予算によって定められることとなっているから，公務員が政府に対し争議行為を行うことは，的はずれであって正常なものとはいいがたく，公務員の勤務条件決定の手続過程を歪曲するものとなって，憲法の基本原則である議会制民主主義に背馳し，国会の議決権を侵すおそれがある。

ⓒ　私企業においては，使用者はロックアウトで争議行為に対抗できるし，いわゆる市場の抑制力が働くのに対し，公務員には，そのような市場の機能が作用する余地がない。

ⓓ　公務員の労働基本権を制限するにあたっては，これに代わる相応の措置が講じられなければならないが，準司法機関的性格をもつ人事院制度が設置されているなど，制度上整備された生存権擁護のための関連措置による保障を受けている。

㋑　したがって，(旧)国家公務員法98条５項が公務員の争議行為およびそのあおり行為等を禁止するのは，勤労者をも含めた国民全体の共同利益の見地からするやむをえない制約であって憲法28条に違反しない。

㋒　また，あおり行為についての不明確な限定解釈は，犯罪構成要件の保障的機能を失わせることとなり，その明確性を要請する憲法31条に

違反する疑いすら存する。

（⋯）コメント

　　本判決は，ⓐ〜ⓓの理由に加えて，不明確な限定解釈は犯罪構成要件の
保障機能をも喪失させるとして第二期の理論を否定した，第三期の第1弾
である。

　　本判決以降，最高裁は再び公務員の労働基本権に対して厳格な態度に戻
り，今日に至っている。

⑤　全逓名古屋中郵事件（最判昭52.5.4）

　　全逓信労働組合の役員Xらが，名古屋中央郵便局の職員に対し，勤
務時間内の職場大会に参加することを呼びかけて，郵便局施設に立ち
入った行為が，郵便物不取扱罪の教唆と建造物侵入罪にあたるとして
起訴された。そこで，Xらは，自らの行為は，憲法28条，労働基準法
で保障された正当な争議行為に当たるとして争った事件。

【判旨】

　　全農林警職法事件判決が，非現業の国家公務員の労働基本権制約の正
当化事由として挙げた，財政民主主義の原則にかかわる憲法上の地位の
特殊性，ロックアウトや市場の抑止力の欠如に由来する社会的・経済的
関係における地位の特殊性，職務の公共性，代償措置の整備の4つの点
については，**公労法の適用を受ける五現業および三公社（当時）の職員
についても，直ちにまたは基本的に妥当する**といえるから，（旧）公労
法17条1項による争議行為の禁止は，憲法28条に違反するものではない。

　　また，（旧）公労法17条1項に違反する争議行為には，労組法1条2
項の適用はない。

（⋯）コメント

　　本判決は，昭和41年の全逓東京中郵事件判決を変更し，全農林警職法事
件判決の法理を公営企業体等の職員に適用し，労働基本権の制約を広く認
め，旧公労法17条1項を合憲とする。

　　さらに，この規定に違反する争議行為には，労組法1条2項（刑事免責）
の適用を否定する。第三期の判決の第2弾である。

⑥ 岩教組学テ事件（最判昭51.5.21）

> 岩手県教職員組合の役員Xらが，学力テストの実施を阻止するために争議行為を行うように促した行為が，旧地方公務員法（地公法）に違反するとして起訴された事件。

【判旨】

地公法上，地方公務員にもまた国家公務員とほぼ同様な勤務条件に関する利益を保障する定めがされており，制度上，地方公務員の労働基本権の制約に見合う代償措置としての一般的要件を満たしているものと認めることができるのであるから，（旧）地公法37条1項が規定する地方公務員の争議行為の禁止などは，地方住民全体ないし国民全体の共同利益のためのやむをえない措置として，それ自体としては憲法28条に違反するものではない。

また，（旧）地公法61条4号の規定の解釈につき，あおり行為等を限定解釈しなければならない理由はなく，いわゆる都教組事件についての当裁判所の判決は，上記判示と抵触する限度において，変更すべきものである。

⊶コメント

本判決は，「あおり行為」に「二重のしぼり」をかけて労働基本権の制約を必要最小限にした，都教組事件判決（最判昭44.4.2）を最終的に葬ったものである。

5　まとめ

下記の①〜⑥の番号は，上記の事件番号を意味する。

---

(1)　公共企業体職員の労働基本権が問題となった事件
　①　全逓東京中郵事件（最判昭41.10.26）
　⑤　全逓名古屋中郵事件（最判昭52.5.4）
　　　旧公労法17条1項違反の行為にも，原則として労組法1条2項が適用され刑事免責を受けるとした全逓東京中郵事件判決を否定して，刑事免責は認められないとした。

(2)　国家公務員の労働基本権が問題となった事件
　②　全司法仙台事件（最判昭44.4.2）
　④　全農林警職法事件（最判昭48.4.25）
　　　全司法仙台事件判決が採用した「あおり行為」に関する合憲限定解釈を否定した。

(3)　地方公務員の労働基本権が問題となった事件
　③　都教組事件（最判昭44.4.2）
　⑥　岩教組学テ事件（最判昭51.5.21）
　　　「あおり行為」に二重のしぼりをかけた都教組事件判決を，公務員の労働基本権に対する制約を広く認めることによって，実質的に，二重のしぼりを否定した。

第7章
国務請求権

Topics・国務請求権のうち，請願権に関しては平成31年第2問に1肢だけ出題されている。裁判を受ける権利に関しては憲法82条（裁判の公開）と合わせて理解しておくことが必要である。それほど重要な所ではないので一応読んでおけば足りる。

1 総　説

国務請求権とは，国に対して一定の請求を行う権利をいい，受益権ともいわれる。

国務請求権は，人権保障をより確実なものとするために認められた基本権である。

憲法は，国務請求権として，①請願権（憲§16），②国家賠償請求権（憲§17），③裁判を受ける権利（憲§32），④刑事補償請求権（憲§40）を保障している。

2 請願権

第16条　何人も，損害の救済，公務員の罷免，法律，命令又は規則の制定，廃止又は改正その他の事項に関し，平穏に請願する権利を有し，何人も，かかる請願をしたためにいかなる差別待遇も受けない。

1 意義等

請願とは，広く国や地方自治体の諸機関に対し，その職務権限に属するあらゆる事項について要望を述べる行為をいう。

請願権は，主権者である国民の政治的意思を国政の運営に対して表明し，実現させる手段として重要な意義を有するが，議会政治が発達し，参政権と言論の自由が確立された現代社会では，その意義は低下している。

2　性格・内容

(1)　性　格

　①　自由権的性格

　　　請願権は，請願しようとする国民が国家権力による介入，妨害を受けることはない性格を有する。

　②　国務請求権的性格

　　　請願権は，政府機関による請願の受理を求めることのできる権利としての性格を有する。したがって，請願の受理そのものが拒否された場合は，請願権の侵害となる（東京高判平14.10.31）。

　③　参政権的性格

　　　請願権は，請願内容が国政に反映されることを求める権利としての性格を有する。したがって，請願を受けた機関は，それを誠実に処理すべき義務を負うが，それ以上に請願内容に応じた措置をとるべき法的義務を負うものではない（東京地判昭32.3.27）。

(2)　内　容

　　憲法16条を受けて，請願権に関する手続を請願法が定めている。

　　請願の主体には，未成年者，法人，外国人も含まれる。　`H31-2-ア`

　　請願の相手先は，国家や地方公共団体の機関であるが，天皇も含まれる（請求先は内閣，請願§3）。

❸　裁判を受ける権利

第32条　何人も，裁判所において裁判を受ける権利を奪はれない。

1　意義等

　　本条は，国民に裁判所において裁判を受ける権利を保障することにより，基本的人権が侵害された場合の救済手段を確保し，それにより基本的人権の保障を確実なものにしようとしたのである。

　　また，裁判所による違憲審査制（憲§81）を採用した憲法の下では，裁判を受ける権利は，「法の支配」を実現するうえで不可欠の前提となる。

2　「裁判を受ける権利」の意味・保障内容

(1)　意　味

　　裁判を受ける権利とは，政治権力から独立した公平な司法機関に対し，すべての個人が平等に権利の救済を求め，かつ，そのような裁判所以外の機関から裁判されることのない権利をいう。

(2)　保障内容

　　①　民事，行政事件では，誰でも，自己の権利・利益が不法に侵害されたときは，裁判所に対して損害の救済を求める権利が保障されている（裁判請求権。国務請求権の一種）。

　　　　したがって，裁判所は適法に提起された訴訟に対して，裁判を拒否することは許されない（「裁判の拒絶」の禁止）。

　　　　なお，訴訟の目的である権利関係について，「当事者適格」や「訴えの利益」などを欠く場合には，本案の審理を拒否しても裁判の拒絶にはならない（最判昭35.12.7）。

　　②　刑事事件では，何人も公正な裁判所の裁判によらなければ刑罰を科せられない（自由権の一種。これは憲法31条の適正手続の当然の結果であり，また憲法37条1項と重複することになる）。

3　「裁判所」の意味

(1)　「裁判所」とは，憲法76条1項に定める裁判所と同じく，「最高裁判所及び法律の定めるところにより設置する下級裁判所」をいい，特別裁判所の設置や行政機関による終審裁判所は禁止される（憲§76Ⅱ）。

(2)　本条の「裁判所」が，訴訟法の定める管轄権を有する具体的裁判所であることを必要とするかについては争いがある。

　　判例は，憲法32条は国民が憲法または法律に定められた裁判所によってのみ裁判を受ける権利を有し，裁判所以外の機関によって裁判されることはないことを保障したものであって，訴訟法で定める管轄権を有する具体的裁判所において裁判を受ける権利を保障したものでないとする（最判昭24.3.23）。

4　「裁判」の意味

(1)　意　味

　　「裁判」とは，憲法82条と同じく，対審・公開の訴訟手続による裁判をいう（最決昭35.7.6）。

⑵　訴訟事件と非訟事件

　　憲法32条の「裁判」には，純然たる訴訟事件のほかに非訟事件も含まれる
かが問題となる。

　　国家が後見的な立場から私的関係を助成・監督し，法律関係を形成する，
いわゆる非訟事件については，口頭弁論主義は採用されず，審理は非公開と
され，裁判は決定という簡略な形式で行われている。そこで，非訟事件を非
公開の非訟手続で審理判断することが，裁判の公開原則を定めた憲法32条お
よび82条に違反しないかが問題となる。

　　この点，判例は，性質上純然たる訴訟事件につき，憲法所定の例外の場合
を除き，公開の法廷における対審および判決によってされないとするならば，
それは憲法82条に反すると共に，同32条が基本的人権として裁判請求権を認
めた趣旨をも没却するものであるとする（最決昭35.7.6）。

　　したがって，判例の立場によれば，非訟事件につき，公開および対審の訴
訟手続によらなくても，憲法32条，憲法82条に違反しないことになる。

⑶　非訟事件の具体例

　　判例上，「性質上非訟事件」とされたものには，以下のものがある。

　①　夫婦間の同居義務に関する処分の家事審判（最決昭40.6.30）　　　　H20-2-エ
　②　婚姻費用の分担に関する処分の家事審判（最決昭40.6.30）
　③　遺産の分割に関する処分の家事審判（最決昭41.3.2）　　　　　　　H20-2-ウ
　④　非訟事件手続による過料の裁判（最決昭41.12.27）

４　国家賠償請求権

> **第17条**　何人も，公務員の不法行為により，損害を受けたときは，法律の定め
> るところにより，国又は公共団体に，その賠償を求めることができる。

1　意義等

　　憲法や法律により国民の権利・自由がどれだけ保障されていても，現実には
国家作用によってそれらが侵害されることが少なくない。そこで，本条は，国
民の権利・自由の保障を完全なものとするため，それらへの侵害に対する救済
方法を賠償請求権の保障という形で定めた。これを具体化する法律として，国
家賠償法が制定されている。

2　内　容

⑴　国の賠償責任

　　公務員の不法行為に基づく国の賠償責任は，被害者救済の見地から，本来的には加害公務員が負う責任を国が公務員に代位して負う，代位責任であると解されている（通説）。

⑵　国家賠償法による具体化

　　国家賠償法1条1項は，公権力の行使に当たる公務員がその職務について故意または過失により違法に損害を加えた場合の国の賠償責任（過失責任）を定めている。この国の責任は，公務員の責任を代位する「代位責任」と解されている（札幌高判昭43.5.30）。

　　また，国家賠償法2条は，公の営造物の設置・管理の瑕疵に基づく無過失の賠償責任（無過失責任）を認めている。

3　公務員個人の賠償責任

　　憲法17条が公務員個人の責任を規定していないことから，加害公務員個人も被害者に対して，直接責任を負うのかが問題となる。

　　判例は，国家賠償の請求については，国または地方公共団体が賠償の責に任ずるのであって，公務員が行政機関としての地位において賠償の責任を負うものではなく，また公務員個人もその責任を負うものではないとする（最判昭30.4.19）。

4　賠償の対象範囲

　　憲法17条は不法行為の対象範囲を限定していないことから，行政行為だけでなく，立法行為や司法行為も，国家賠償の対象となる。ただし，判例は，立法行為と司法行為については，不法行為の成立を認めることに消極的である。

　　例えば，在宅投票制度を廃止し，その後，その制度を復活させなかった立法不作為の違憲性が争われた事件において，憲法51条等からして，国会議員の立法行為は，立法の内容が憲法の一義的な文言に違反しているにもかかわらず国会があえて当該立法を行うというごとき，容易に想定しがたいような例外的な場合でない限り，国家賠償法1条1項の規定の適用上，違法の評価を受けないものといわなければならないとする（最判昭60.11.21；在宅投票制度廃止事件）。

5 刑事補償請求権

> **第40条** 何人も，抑留又は拘禁された後，無罪の裁判を受けたときは，法律の定めるところにより，国にその補償を求めることができる。

1 意義等

本条は，憲法31条以下の刑事手続に関する諸権利の保障によっても，なお生ずる国民の不利益に対する保障を定めたものであり，官憲の違法行為や故意または過失にかかわりなく，結果に対する補償請求を認めるところにその特徴がある（結果責任）。

本条の補償請求権を具体化する法律として，刑事補償法が定められている。

2 抑留・拘禁の範囲

「抑留又は拘禁」には，少年法，犯罪者予防法，保護観察法などによる抑留・拘禁も含まれる。

3 不起訴となった場合

本条は，「無罪の裁判を受けたとき」と規定することから，抑留または拘禁された被疑者が不起訴となった場合は，本条の補償の問題は生じないのが原則である。

しかし，判例は，そのような場合であっても，事実上無罪となった事実についての抑留または拘禁であると評価される部分があれば，その部分は本条にいう抑留または拘禁として，本条の補償が必要となるとする（最決昭31.12.24）。

第8章
参政権

Topics・参政権については，平成21年以降出題されていないため，再出題の
　　　　可能性があるので，判例を中心に確認しておくことが大切である。

1　総　説

> **第15条**　公務員を選定し，及びこれを罷免することは，国民固有の権利である

　参政権とは，国民が主権者として，直接または代表者を通じて間接に，国の
政治に参加する権利をいう。
　国民主権主義（前文1段，憲§1）を採る憲法においては，参政権は国民の
基本的権利として民主政治を実現する手段として不可欠のものである。そこで，
憲法15条1項は，公務員の任免について，国民が本来的権利をもつことを明ら
かにする。
　もっとも，憲法15条1項は，国政を担当する公務員の権威が国民に由来する
ことを明らかにするものであって，必ずしも，すべての公務員を国民が直接に
選挙し，罷免することを意味するものではない。
　参政権には，①選挙権，②被選挙権，③国民投票権，④公務就任権があるが，
ここでは，最も重要な，①選挙権と，②被選挙権のみを取り扱う。

2　選挙権

　📖ケーススタディ

　　公職選挙法所定の詐偽投票罪の捜査のため投票済み投票用紙を差し押え
　て，指紋照合によって不正投票者5名の指紋を検出した警察の行為は，詐偽
　投票容疑者でない選挙人Xらの投票の秘密を侵害することにならないか。

> **第15条**
> 3　公務員の選挙については，成年者による普通選挙を保障する。
> 4　すべて選挙における投票の秘密は，これを侵してはならない。選挙人は，
> 　その選択に関し公的にも私的にも責任を問はれない。

(1) **意義等**

　　現代国家においては，代表民主制が原則とされ，議会中心の政治が行われている。そして議員がその身分を取得するためには，国民の選挙によって当選しなければならない。その意味で，国民の参政権のうちでも最も重要なのが選挙権であることから，憲法は，成年者の普通選挙権を保障している。

(2) **法的性格**

　　選挙権とは，選挙人団を構成する一員すなわち選挙人として，選挙に参加することのできる資格または地位をいう。

　　この選挙権の法的性格については，それを選挙人としての地位に基づいて公務員の選挙に関与する公務（公務説）とみるか，国政への参加を国民に保障する権利（権利説）とみるかについて争いがあるが，判例・通説は，両者を併せもつと解している（二元説；最判昭30.2.9）。

　　判例は，選挙犯罪者の公民権停止を定めた公職選挙法252条を合憲とする（「本編第2章第2節5⑹④選挙犯罪者の地位に基づく不平等」を参照のこと）。　`H21-2-ア`

(3) **選挙に関する諸原則**

　　近代選挙は，選挙の自由・公正と効果的な代表を実現するために，一般的に，①普通選挙，②平等選挙，③自由選挙，④秘密選挙，⑤直接選挙という基本原則を採用する。日本国憲法も同様である。

　① 普通選挙

　　普通選挙とは，狭義では，財産および納税額を選挙権の要件としない選挙をいうが，広義では，財産および納税額のほかに，人種，性別，職業，身分などを選挙権の要件としない選挙をいう。

　　憲法15条3項は，成年者による普通選挙を保障し，それとともに，憲法44条但書は，性別，身分，教育などによる差別も禁止し，普通選挙の原則を徹底させている。

　　なお，これに対して，人種，性別，納税額などを選挙権の要件とする選挙を制限選挙という。

　② 平等選挙

　　平等選挙とは，㋐身分，財産，納税額などによって選挙権に差を設けることを禁止する，投票の数的平等（1人1票の原則）と，㋑投票価値（1票の重み）の平等を要求する選挙をいう。

　　憲法は，14条1項，15条1項・3項，44条但書で，選挙人資格の平等を

保障している。

判例も，各選挙人の投票価値の平等もまた，憲法の要求するところであるとする（最判昭51.4.14）。

この投票価値の平等との関係では，議員定数の不均衡が問題となる（「本編第２章第２節４⑹①投票価値の平等」を参照のこと）。

なお，これに対して，特定の選挙人に２票以上の投票を認める選挙を複数選挙といい，選挙人を特定の等級に分けて等級ごとに代表者を選出する選挙を等級選挙という。

③　自由選挙

自由選挙とは，㋐棄権しても罰金，公民権停止，氏名の公表などの制裁を受けないこと（投票の自由）と，㋑候補者等が，国家機関などに妨害されることなく自由に選挙運動を行なえること（選挙運動の自由）をいう。

憲法15条４項後段は，「選挙人は，その選択に関し公的にも私的にも責任を問はれない」として投票の自由を保障しているが，さらに憲法13条，19条において，当然に保障されていると解される。また，選挙運動の自由は，憲法21条によって保障されている（「本編第３章第３節[3]９選挙運動の自由」を参照のこと）。

④　秘密選挙

秘密選挙とは，選挙人がどの候補者または政党等に投票したかを第三者が知りえない方法で行われる選挙をいう。

憲法15条４項前段は，「すべて選挙における投票の秘密は，これを侵してはならない」として，投票の秘密を保障している。

秘密投票との関連では，無資格者や不正投票者が行った投票用紙の検索が許されるかが問題となる（「本章２⑷秘密選挙に関する判例」を参照のこと）。

⑤　直接選挙

直接選挙とは，選挙人が公務員を直接に選定する選挙をいう。

憲法93条２項は，「地方公共団体の長，その議会の議員及び法律の定めるその他の吏員は，その地方公共団体の住民が，直接これを選挙する」と規定して，直接選挙を保障しているが，国会議員については，直接選挙を保障した規定はない。

しかし，普通選挙の下では，選挙人の意思がそのまま議会に反映されることが望ましいので，国会議員選挙にも直接選挙が要請されていると解さ

れている。

　なお，これに対して，選挙人がまず選挙委員を選び，その選挙委員が公
務員を選挙する選挙を間接選挙（アメリカ大統領選挙など）といい，また，
すでに選挙されて公職にある者（たとえば都道府県会議員）が公務員（た
とえば国会議員）を選挙する選挙を複選制という。

　複選制については，公選とはいえないため，憲法15条１項，３項に反し，
違憲の疑いが強いとされている。

(4)　秘密選挙に関する判例

　① 　町会議員選挙無効確認事件（最判昭25.11.9）

> 　町会議員選挙において，本人に代わって他人が投票したなどの無効
> 投票が10票あったので，各当選人の得票数からそれぞれ10票を差し引
> き，次点者より投票数が下回った３人の当選を無効とした。そこで，
> 無効とされたＸらは，秘密投票主義は不正投票者までも保護するもの
> ではないから，不正投票が誰にされたかを確定し，当該候補者から差
> し引いて当選人を決定すべきであるとして争った事件。

【判旨】

　選挙権のない者またはいわゆる代理投票をした者の投票についても，
その投票が何人に対しなされたかは，議員の当選の効力を定める手続に
おいて，取り調べてはならない。

⋯コメント

　本判決は，不正投票者にも秘密選挙の保障が及ぶことを明らかにしたも
のである。

　② 　泉佐野市議会選挙事件（最判平9.3.28）

> 　警察は，公職選挙法所定の詐偽投票罪の捜査のため投票済み投票用
> 紙を差し押え，指紋照合によって不正投票者５名の指紋を検出した。
> これに対して，詐偽投票容疑者でない選挙人Ｘらが，投票用紙の差押
> えは投票の秘密を侵害するとして争った事件。

【判旨】

　市議会議員選挙における特定の候補者の氏名を記載した投票済み投票
用紙全部の差押え等の一連の捜査により，Ｘらの投票内容が外部に知ら

れたとの事実はうかがえないのみならず，本件差押え等の一連の捜査は
詐偽投票罪の被疑者らが投票をした事実を裏付けるためにされたもので
あって，Ⅹらの投票内容を探索する目的でされたものではない。また，
押収した投票用紙の指紋との照合に使用された指紋にはⅩらの指紋は含
まれておらず，Ⅹらの投票内容が外部に知られるおそれもなかったので
あるから，本件差押え等の一連の捜査がⅩらの投票の秘密を侵害したと
も，これを侵害する現実的，具体的な危険を生じさせたともいうことは
できない。

　　したがって，Ⅹらは，投票の秘密に係る自己の法的利益を侵害された
ということはできない。

⊙コメント

🔖　ケーススタディの場合，詐偽投票容疑者でない選挙人Ⅹらの投票の秘
　　密を侵害するものではない。

　　なお，本判決は，Ⅹらの投票の秘密を侵害する現実的，具体的危険は
　生じていないとして，差押えの合憲性に立ち入らずに請求を斥けている。

3　被選挙権

(1)　意　義

　　被選挙権とは，選挙人によって選定されたとき，これを承諾して公務員と
なる資格をいう。

(2)　立候補の自由

　　被選挙資格をもつ者は，選挙に立候補することができなければならないが，
この立候補の自由が憲法によって保障されるのかが問題となる。

H21-2-オ

　　判例は，立候補の自由は，選挙権の自由な行使と表裏の関係にあり，自由
かつ公正な選挙を維持するうえで，きわめて重要なものであるといえ，この
ような見地からいえば，憲法15条1項には，被選挙権者，特にその立候補の
自由について，直接には規定していないが，これもまた，同条同項の保障す
る重要な基本的人権の一つと解すべきであるとする（最判昭43.12.4；三井美
唄労組事件）。

(3)　連座制

　　公職選挙法が，候補者の関係者が選挙犯罪を犯した場合に，当選を無効と
し，または立候補の禁止を定める連座制の規定は，立候補者の被選挙権を侵
害しないかが問題となる。

　　判例は，連座制を定めた公職選挙法251条の3第1項は，民主主義の根幹

をなす公職選挙の公明，適正を厳粛に保持するという極めて重要な法益を実現するために定められたものであって，その立法目的は合理的である。また，当該規定は連座制の適用範囲に相応の限定を加え，立候補禁止期間やその対象となる選挙の範囲も限定しているなどのほか，候補者等が選挙犯罪行為の発生防止に相当の注意を尽くすことにより連座を免れることもできる。そうすると，このような規制は，全体としてみれば，立法目的を達成するための手段として必要かつ合理的なものといえることから，憲法前文，1条，15条，21条および31条に違反するものではないとする（最判平9.3.13）。

(⋯⋯)コメント

　　その後，判例は候補者の秘書の犯罪行為に対しても連座の対象とした，いわゆる拡大連座制についても，憲法15条1項，31条に違反しないとする（最判平10.11.17）。

4　判　例

(1)　重複立候補制・比例代表制違憲訴訟（最判平11.11.10）

【判旨】

①　重複立候補制を採用し，小選挙区選挙において落選した者であっても比例代表選挙の名簿順位によっては同選挙において当選人となることができるものとしたことについては，小選挙区選挙において示された民意に照らせば，議論があり得るところと思われる。しかしながら，選挙制度の仕組みを具体的に決定することは国会の広い裁量にゆだねられているところ，同時に行われる二つの選挙に同一の候補者が重複して立候補することを認めるか否かは，国会が裁量により決定することができる事項であるといわざるを得ない。重複して立候補することを認める制度においては，一つの選挙において当選人とされなかった者が他の選挙において当選人とされることがあることは，当然の帰結である。したがって，重複立候補制を採用したこと自体が憲法前文，43条1項，14条1項，15条3項，44条に違反するとはいえない。

②　政党等にあらかじめ候補者の氏名および当選人となるべき順位を定めた名簿を届け出させた上，選挙人が政党等を選択して投票し各政党等の得票数の多寡に応じて当該名簿の順位に従って当選人を決定する方式は，投票の結果すなわち選挙人の総意により当選人が決定される点において，選挙人が候補者個人を直接選択して投票する方式と異なるところはない。複数の重複立候補者の比例代表選挙における当選人となるべき順位が名簿において同一のものとされた場合には，その者の間では当選人となるべき順位が小選挙区選挙の結果を待たないと確定しないことに

なるが，結局のところ当選人となるべき順位は投票の結果によって決定されるのであるから，このことをもって比例代表選挙が直接選挙に当たらないということはできず，憲法43条1項，15条1項，3項に違反するとはいえない。

(2)　**小選挙区制違憲訴訟**（最判平11.11.10）
【判旨】

　　小選挙区制は，選挙を通じて国民の総意を議席に反映させる一つの合理的方法ということができ，これによって選出された議員が全国民の代表であるという性格と矛盾抵触するものではないと考えられるから，小選挙区制を採用したことが国会の裁量の限界を超えるということはできず，所論の憲法の要請や各規定に違反するとは認められない。

　　小選挙区選挙においては，候補者のほかに候補者届出政党にも選挙運動を認めることとされているのであるが，政党その他の政治団体にも選挙運動を認めること自体は，選挙制度を政策本位，政党本位のものとするという国会が正当に考慮し得る政策的目的ないし理由によるものであると解されるのであって，十分合理性を是認し得る。そして，候補者と並んで候補者届出政党にも選挙運動を認めることが是認される以上，候補者届出政党に所属する候補者とこれに所属しない候補者との間に選挙運動の上で差異を生ずることは避け難いところであり，これをもって国会の合理的裁量の限界を超えているということはできないというほかはない。したがって，改正公選法の選挙運動に関する規定が憲法14条1項に反するとはいえない。

(3)　**参議院非拘束名簿式比例代表制違憲訴訟**（最判平16.1.14）
【判旨】

　　国会が，参議院議員の選挙制度の仕組みを決定するに当たり，政党の国政上の重要な役割にかんがみて，政党を媒体として国民の政治意思を国政に反映させる名簿式比例代表制を採用することは，その裁量の範囲に属する。そして，名簿式比例代表制は，政党の選択という意味を持たない投票を認めない制度であるから，参議院名簿登載者個人には投票したいが，その者の所属する参議院名簿届出政党等には投票したくないという投票意思が認められないことをもって，国民の選挙権を侵害し，憲法15条に違反するものとまでいうことはできない。また，名簿登載者は，各政党に所属する者という立場で候補者となっているのであるから，参議院名簿登載者の氏名の記載のある投票を当該参議院名簿登載者の所属する参議院名簿届出政党等に対する投票としてその得票数を計算するものとしていることに

は，合理性が認められるのであって，これが国会の裁量権の限界を超えるものとは解されない。

　名簿届出政党等の得票数の多寡に応じて各政党等の当選人数を定めた後，名簿登載者の得票数の多寡に応じて名簿登載者の間における当選人となるべき順位を定め，この順位に従って当選人を決定する方式は，**投票の結果すなわち選挙人の総意により当選人が決定される点において，選挙人が候補者個人を直接選択して投票する方式と異なるところはなく，本件非拘束名簿式比例代表制による比例代表選挙が直接選挙に当たらないということはできず，憲法43条1項に違反するとはいえない。**

(4) 在外日本人選挙権剥奪違法確認事件—違憲判決（最判平17.9.14）

　在外国民Xは，平成10年の公職選挙法改正によって在外国民に国政選挙で投票をすることを認める在外選挙制度を設けたものの，当分の間，衆議院比例代表選出議員の選挙および参議院比例代表選出議員の選挙についてだけ投票をすることを認め，衆議院小選挙区選出議員の選挙および参議院選挙区選出議員の選挙については投票をすることを認めないことは，憲法15条1項・3項，43条1項等に反すること，および投票することができないことにより損害を被ったとして国家賠償を求めて争った事件。

【判旨】

　国外に居住していて国内の市町村の区域内に住所を有していない日本国民である在外国民についても，憲法によって選挙権が保障されており，国は，選挙の公正の確保に留意しつつ，その選挙権の行使を現実的に可能にするために，所要の措置を執るべき責務を負うが，選挙の公正を確保しつつそのような措置を執ることが事実上不能または著しく困難であると認められる場合に限り，在外国民が選挙権を行使することができないこととなっても違憲とはいえない。しかしながら，**在外国民の国政選挙への参加を比例代表選出議員の選挙に限定する措置には，そうした事由があるとはいえず，憲法15条1項および3項，43条1項ならびに44条ただし書に違反するものといわざるを得ない。**

第9章
国民の義務

Topics・国民の義務については出題の可能性が低いので，一応読んでおけば足りる。

1　義務規定の意義

憲法は，第3章の標題を「国民の権利及び義務」として，12条で一般的義務規定を定め，それを受けて，教育を受けさせる義務（憲§26Ⅱ），勤労の義務（憲§27Ⅰ），納税の義務（憲§30）の3つの個別的義務規定を置いている。

ただし，これらは具体的な法的義務を定めたものではなく，一般に国民に対する倫理的指針としての意味，あるいは，立法による義務の設定の予告という程度の意味をもつにすぎない。

2　人権保持の義務

第12条　この憲法が国民に保障する自由及び権利は，国民の不断の努力によつて，これを保持しなければならない。又，国民は，これを濫用してはならないのであつて，常に公共の福祉のためにこれを利用する責任を負ふ。

本条は，国民にとっての精神的指針としての意味はあるが，それ以上に何らかの具体的な法的義務を国民に課した規定ではない。

3　教育を受けさせる義務

第26条
2　すべて国民は，法律の定めるところにより，その保護する子女に普通教育を受けさせる義務を負ふ。……。

本条は，憲法26条1項の「教育を受ける権利」の保障を受けて，子女に普通教育を受けさせる国民の義務を定めたものである。

したがって，国民のこの義務は，形式的には国家に対するものであるが，実質的にはその保護する子女に対するものである（最判昭39.2.26）。

4　勤労の義務

> **第27条**　すべて国民は，勤労の権利を有し，義務を負ふ。

　本条の「義務」も，勤労能力のある者は，自らの勤労によってその生活を維持すべきだという建前を宣言するにとどまる。

　したがって，国家は，国民に対して，勤労を強制することはできない。

　もっとも，勤労能力はあるが，勤労の意思がなく，実際に働かない者は，生活扶助その他の社会国家的給付を受けられなくなるという不利益を受けることがある。

5　納税の義務

> **第30条**　国民は，法律の定めるところにより，納税の義務を負ふ。

　国民主権の国家においては，国民の納める税金によって，国家の財政が維持され，国家の存立と国政の運営が可能となることから，納税の義務は，国民の当然の義務である。

　そして，この義務は，「法律の定めるところにより」具体化されるとして，租税法律主義（憲§84）を義務の面から確認したものである。

第 3 編

統　治

第1章
統治の基本原理

Topics・択一試験で権力分立の原理，国会議員の選挙について直接聞かれることはないであろうが，権力分立は，統治機構における重要な基本原理であるから，しっかり理解しておくことが大切である。

■ 権力分立の原理

1 意義・趣旨等

(1) 意 義

　近代憲法は，人権保障（権利宣言）と統治機構の2つの部分からなり，統治機構の基本原理は，国民主権（前文，憲§1）と権力分立原理（憲§41，65，76Ⅰ）である。

　権力分立とは，国家作用を立法・行政・司法の三権に分離・独立させて，それぞれ異なる機関に担当させることによって，相互に抑制し均衡を保たせる制度をいう。この意味で，権力分立原理は，制度面では，立法・行政・司法の各機関の独立と，機関の担い手の分離のための兼職の禁止を要求する。

(2) 趣 旨

　権力分立は，国家権力が単一の国家機関に集中すると権力が濫用され，国民の権利・自由が侵害される危険があることから，国家の諸作用をその性質に応じて，それを異なる機関に担当させるよう分離し，相互に「抑制と均衡」を保たせることによって，国家権力から国民の権利・自由を保障しようとしたものであり，優れて自由主義的な政治組織の原理である。

(3) 権力分立と国民主権との関係

　国民主権（民主主義）も，権力分立（自由主義）と同様に，その究極の目的は，個人の尊厳を図ることにあるから，両者は融合して統治機構の基本を構成するものである。

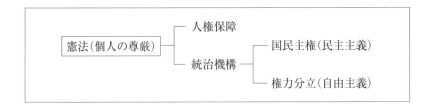

2　憲法の立場

　憲法は，①国会は，国の唯一の立法機関であり（憲§41），②行政権は，内閣に帰属し（憲§65），③すべて司法権は，最高裁判所および下級裁判所に帰属する（憲§76Ⅰ）と規定して，権力分立の原理に立つことを明らかにしている。

　もっとも，憲法は，①国会を「国権の最高機関」（憲§41）とし，また，②内閣総理大臣および国務大臣の過半数が国会議員であること（憲§67，68Ⅰ），また，内閣が国会に対し連帯責任を負うこと（憲§66Ⅲ）などを前提とする「議院内閣制」を採用し，さらに，③裁判所に「違憲審査権」（憲§81）を与えていることから，憲法が規定している権力分立制は，対等型の権力分立制からは大きく変容しているといえる。

② 選挙制度

1　国民主権と選挙制度

　憲法は，「主権が国民に存する」（前文，憲§1）として国民主権主義を採り，その下に，「その権力は国民の代表者がこれを行使」（前文）する代表民主制を基本原理としていることから，主権者である国民がその意思を政治に反映させる最も重要な制度である選挙制度に関する規定を定めている。

2　国会議員の選挙

⑴　議員および選挙人の資格

> **第44条**　両議院の議員及びその選挙人の資格は，法律でこれを定める。但し，人種，信条，性別，社会的身分，門地，教育，財産又は収入によつて差別してはならない。

　本条は，両議院の議員および選挙人の資格は，法律以外の法形式では定められないこと（「法律」とは公職選挙法のことである），②法律による選挙権・

被選挙権の具体化は，平等原則に従わなければならないことを要請するものである。

　なお，「議員定数不均衡」の問題に関しては，「第2編第2章第2節5(6)憲法14条1項後段以外の事由」を参照のこと。

(2)　選挙事項の法定

> **第47条**　選挙区，投票の方法その他両議院の議員の選挙に関する事項は，法律でこれを定める。

　本条は，選挙に関する事項のうち，普通選挙や選挙の平等・秘密のような近代選挙法の大原則を除く事項は，国の政治的・社会的情況の変化に応じて再検討を加え，随時技術的な改正を行う必要があるので，憲法に直接規定することを避け，法律の定めるところに委ねておくことが望ましいことから定められたものである。

　なお，参政権については，「第2編第8章参政権」を参照のこと。

第2章
国　会

Topics　・国権の最高機関としては，最高機関の意味と国政調査権の法的性質との関係を確認しておくことが重要である。

　　　　・唯一の立法機関としては，①国会中心立法の原則と，②国会単独立法の原則の意味，例外を理解することが重要である。

1　総　論

(1)　憲法は，代表民主制（議会制民主主義）を基本とする（前文，憲§43）。代表民主制とは，国民がその代表者を選出し，あるいは罷免することを通じて，間接的にその政策意思を表明する制度をいう。

　　代表民主制の下では，国民の意思は国民を代表する議会によって代表され，議会が公開の討論を通じて，国政の基本方針を決定することになる。

(2)　憲法は，①最高裁判所裁判官の国民審査（憲§79ⅡⅢ），②地方自治特別法の住民投票（憲§95），③憲法改正の国民投票（憲§96Ⅰ）について，例外的に直接民主制（国民が直接に立法その他の統治作用を行う制度）を採用している。

(3)　憲法は，国会に，①国民の代表機関（憲§43Ⅰ），②国権の最高機関（憲§41），③唯一の立法機関（同）という3つの地位を与えている。

2　国民の代表機関

> **第43条**　両議院は，全国民を代表する選挙された議員でこれを組織する。

(1)　意義等

　　本条1項は，両議院がともに公選の議員で組織されるべきことを定めるだけではなく，その議員が「全国民を代表する」議員であることを宣明することによって，国会は国民の代表機関であり，その構成員である議員はそれぞれ選出された選挙区の選挙人だけを代表するのではないことも明らかにしている。

⑵　「全国民の代表」の意味

　　本条1項の「代表」とは，国民は代表機関を通じて行動し，代表機関は国民の意思を反映するものとみなされるという趣旨の政治的な意味の代表をいう（通説）。

　　すなわち，第1に，議員は，すべて等しく全国民の代表者であり，特定の選挙人，党派，階級，団体等の代表者ではないこと，第2に，議員は，選挙区の選挙民の具体的・個別的な指令に拘束されず（命令委任の禁止），自己の良心に従って自由に発言・表決する権利を有する（自由委任の原則）ことを意味する。

⑶　**自由委任と党議拘束**

　　政党政治が発達し，政党規律が強くなると，議員は事実上党議に拘束され，党の指示に従って行動することを強いられることから，憲法43条1項の自由委任の原則に反するのではないかが問題となる。

　　この点，現代の政党国家においては，議員は所属政党の決定に従って行動することによって国民の代表者としての実質を発揮できるのであるから，党議拘束は「自由委任の枠外」の問題だと考えるべきであるとされている（多数説）。

　　ただし，議員の所属政党変更の自由を否認したり，党からの除名をもって議員資格を喪失させたりすることは，自由委任の原則との関係で問題となる。

`H25-2`　⑷　**比例代表制と党籍の変動**
　　　　＜論点＞

　　　　比例代表選挙により選出された国会議員に除名・離党による党籍の変動があった場合，当該国会議員はその議員資格を喪失するか。

①　資格喪失説

　　比例代表選挙は政党を基礎にその得票数に比例して議席配分を行うものであるから，当選人として議員の身分を取得したときに保持していた党籍を失った者は，当然に議員資格を喪失するとする見解。

　`理　由`　➡㋐　比例代表選挙においては，選挙人が議員個人ではなく，個々の政党に対して投票し，当該政党に国政を付託するものである。

　　　　　　㋑　当選時の党籍を有していることが比例代表選挙における「全国民を代表する選挙された議員」（憲§43Ⅰ）の要件である。

　`批　判`　➡㋐　党籍を失った者から議員資格を剥奪することは，議員は「政党

の代表者」となってしまい，**憲法43条１項の「全国民を代表する」との文言に反する**ことになる。

㋑　所属政党から除名されることは議員としての資格を失うことになるため，議員としての資格を失いたくない当選人は政党の命令に従わざるを得ず，したがって，**政党と議員との間に命令・服従関係を生じさせる**点で問題がある。

②　資格保有説

比例代表選挙のもとでは，政党に所属し，当選人となることによって議員資格を獲得するが，いったん選任された以上は，議員はすべて「全国民を代表する」ものと解すべきであるから，その後に党籍を失っても，議員資格を失わないとする見解。

[理由] ➡ 憲法43条１項の「全国民を代表する」とは，議員が，選挙区民の求める個々の具体的な指示に拘束されることなく，自らの良心に基づいて自由に意見を表明し，表決を行う権利を有することを意味する（**自由委任の原則**）。

[批判] ➡ 議員が当選後に離党により党籍を変更した場合でも議員資格を失わないことになると，国民が望まない政党に投票したのと同様の結果となってしまい，**民意とかけ離れた結果を生む**ことになる。

3　国権の最高機関

第41条　国会は，国権の最高機関で……ある。

⑴　意義等

本条は，国会が主権者である国民の代表機関であることから，国会に「国権の最高機関」としての地位を与えたものである。

⑵　「国権」の意味

国権とは，立法権，行政権，司法権など，統治活動を行う諸々の権力の総称をいう。

⑶　「最高機関」の意味

＜論点＞

「最高機関」の意味については，主に，①その法的意味を否定する政治

的美称説と，②その法的意味を肯定する統括機関説とがある。

①　政治的美称説（通説）

「最高機関」の意味を国会が主権者である国民を直接代表し，国政の中枢的地位にある重要な機関であることを強調した政治的な美称にすぎず，特別な法的な意味を与えられるものではないとする見解。

[理由] ➡㋐　内閣は行政権（憲§65）の行使において，裁判所は司法権（憲§76Ⅰ）の行使において，他の機関からの命令には服さないという意味で，それぞれ最高独立機関である。

㋑　内閣は衆議院解散権（憲§7③，69）を，裁判所は違憲審査権（憲§81）を有することから，国会の意思が他の国家機関に優越し，終局的であるとはいえない。

なお，この説は，国政調査権（憲§62）の法的性質について，補助的権能説を採る（「本編第2章第3節[2] 4国政調査権」を参照のこと）。

②　統括機関説

「最高機関」の意味を国会が最高の決定権ないし国政全般を統括する地位を持った機関であるとする見解。

もっとも，国会に，内閣・裁判所の権限を行使することまで認めたものではなく，単にこれらの行動を監督・批判することができるにとどまる。

[理由] ➡　国権の発動には，多数の国家機関を統括する任務・権限を有する一個の機関が必要であり，憲法上，それは国民の代表機関である国会がふさわしい。

なお，この説は，国政調査権（憲§62）の法的性質について，独立権能説を採る（「本編第2章第3節[2] 4国政調査権」を参照のこと）。

4　唯一の立法機関

第41条　国会は，……国の唯一の立法機関である。

(1)　意義等

本条は，国民の代表機関である国会が，立法権という重要な権力を独占することを意味する。また，本条は，憲法65条，76条1項と相まって，憲法が権力分立（三権分立）を採用することの根拠にもなっている。

(2)　「立法」の意味

①　「立法」とは，国会が制定する法律という名称の法規範（形式的意味の
立法）の定立行為ではなく，特定の内容をもった法規範（実質的意味の立
法）の定立行為をいう。

②　実質的意味の「立法」には，㋐国民の権利義務に直接関係のある法規範
をいうとする見解（狭義説），㋑一般的・抽象的法規範をいうとする見解（広
義説），その他，多数の中間説があるが，広義説が通説である。
　　したがって，広義説からは，国民の権利義務に直接関係のない事項（例
えば，行政内部の組織に関する事項など）についても，広く国会によって
決定されることになる。

(3)　「唯一」の意味

　　国会が「唯一」の立法機関であるとの意味には，①国会中心立法の原則と，
②国会単独立法の原則の２つが含まれている。

①　国会中心立法の原則
　　国会中心立法の原則とは，憲法上の例外を除いて，国会のみが立法（実
質的意味の立法）することができ，他の機関は立法することが許されない
という原則をいう。
　　したがって，国会以外のいかなる国家機関も，憲法が例外と認めている
もの以外は，実質的意味の立法を内容とする法規範を定立することは許さ
れないことになる。

②　国会単独立法の原則
　　国会単独立法の原則とは，憲法上の例外を除いて，立法（実質的意味の　　**H17-3-イ**
立法）は国会の行為のみで成立し，他の機関の関与を必要としないという
原則をいう（憲§59Ⅰ）。

③　国会中心立法の原則との関係で問題となるもの
　　憲法41条の「立法」を実質的意味の立法と解した場合に，㋐議院規則（憲
§58Ⅱ）・裁判所規則（憲§77Ⅰ），㋑政令（憲§73⑥），㋒条例（憲§94）
が，その例外といえるかが問題となる。

㋐　議院規則（憲§58Ⅱ）・裁判所規則（憲§77Ⅰ）
　　実質的意味の立法を一般的・抽象的法規範と捉える見解（広義説）か

らは，議院規則（憲§58Ⅱ）・裁判所規則（憲§77Ⅰ）は，憲法41条の例外となる。

なお，この場合の法律と議院規則・裁判所規則の効力関係については，それぞれ，「本編本章第3節❷3役員選任権および運営に関する自律権」と「本編第4章第4節2最高裁判所」を参照のこと。

（イ） 政 令（憲§73⑥）

憲法上，政令には，法律を執行するための「執行命令」と法律の委任によって立法事項を定める「委任命令」が認められているが（憲§73⑥），いずれも法律に基づくものであるから，憲法41条の例外とならない。

ただし，法律の委任は，具体的・個別的でなければならず，一般的・包括的な「白紙委任」は，憲法41条に違反し許されない（最判昭27.5.13）。詳しくは，「本編第3章第2節❷1憲法73条の権能」を参照のこと。

（ウ） 条 例（憲§94）

憲法41条は，国会を「国の唯一の立法機関」として，国の立法について規定しているが，条例の制定は国の立法ではないこと，条例の制定は，国会と同様に住民によって選出された議員で構成される地方議会によって制定される（憲§94）ものであることから，憲法41条の例外とする必要はないと解されている。

④ 国会単独立法の原則との関係で問題となるもの

憲法41条の「立法」作用の範囲との関係で，㋐地方自治特別法（憲§95），㋑法律への主任の国務大臣の署名・内閣総理大臣の連署（憲§74），㋒天皇による法律の公布（憲§7①），㋓内閣の法律案提出権が，その例外といえるかが問題となる。

㋐ 地方自治特別法（憲§95）

国会の議決に加えて住民投票による同意を成立要件とする地方自治特別法は，憲法が定めた国会単独立法の原則の例外である。

㋑ 法律への主任の国務大臣の署名・内閣総理大臣の連署（憲§74）

法律への主任の国務大臣の署名および内閣総理大臣の連署は，執行責任を明確にする趣旨と解されるが，それは形式上のものであって拒否することは許されず，また，それを欠いても法律の効果を左右するもので

はないから，国会単独立法の原則の例外ではない。

(ウ)　天皇による法律の公布（憲§7①）

　　天皇による法律の公布は，すでに成立している法律を一般国民に知らせる表示行為であり，法律の施行の要件ではあるが，拒否できない義務的なものにすぎないから，国会単独立法の原則の例外ではない。

(エ)　内閣の法律案提出権
　＜論点＞

　　国会単独立法の原則（憲§41）との関係で，内閣に法律案提出権が認められるかが問題となる。

H31-2-イ
H23-2
H17-3

(a)　肯定説
　理由 ➡① 　法律案の提出は，いわば立法の過程の一部ではあるが，立法作用の一部分ではなく，国会単独立法の原則に反しない。
　　　　　② 　法律の発案・提出も「立法」作用に含まれるとしても，国会は，内閣の提出した法律案について，自由に審議し，修正し，否決することができる決定権を有する。
　　　　　③ 　憲法72条は内閣総理大臣に議案提出権を認めるが，この「議案」には法律案も含まれる。
　　　　　④ 　仮に内閣に法律案提出権を認めないとしても，国務大臣は国会議員の資格で法律案を提出できるのであるから，結論は変わらない。

(b)　否定説
　理由 ➡① 　法律案の提出は，立法作用そのものであるから，内閣が国会に法律案を提出することは，国会単独立法の原則に反する。
　　　　　② 　憲法72条の「議案」とは，本来内閣の権限に属する作用についての議案を意味し，法律案は含まない。
　　　　　③ 　内閣の予算作成・提出権（憲§73⑤）や，国会の憲法改正発議権（憲§96）など，各国家機関の有する重要な権限については，憲法上その所在が明示されているが，内閣の法律案提出権については，憲法上明文の規定がない。

第2節　国会の組織と活動

Topics・平成27年第2問に1肢と平成26年に出題されて以降出題されていないので要注意である。

・国会議員の特権についてはしっかり理解しておくこと，また，参議院の緊急集会については，召集手続や緊急集会で採られた措置の効力等について確認しておくことが大切である。

❶　国会の組織

1　二院制（両院制）

> **第42条**　国会は，衆議院及び参議院の両議院でこれを構成する。

(1)　意義等

本条は，憲法が明治憲法と同様に両院制を採用することと，各議院の名称を衆議院および参議院とすることを定める。

二院制とは，議会が2つの議院で構成され，議会の意思形成に両議院が参加する形態をいう。

両院のうち一院（下院）は国民から選挙された議員からなることが要求されるが，他の一院はどのように構成されるかは，国によって異なる。憲法は，民主的第二次院型（参議院）を採っている。

(2)　存在理由

民主的第二次院型の両院制（憲§43Ⅰ）の存在理由は，①議会の専制の防止，②下院と政府との衝突の緩和，③下院の軽率な行為・過誤の回避，④民意の忠実な反映，などがあり，主な存在理由は，①②から③④へ移ってきている。

(3)　両院の関係

両院は，権能の範囲（所管）については，だいたい対等であるが，以下のような衆議院の優越が認められているため，憲法上の二院制は衆議院が優越する非対等型両院制である。

①　衆議院だけに認められる権能
　㋐予算先議権（憲§60Ⅰ），㋑内閣不信任決議権（憲§69）

②　衆議院の議決の効力における優越
　㋐法律案の議決（憲§59ⅡⅣ），㋑予算の議決（憲§60Ⅱ），㋒条約締結の承認（憲§61），㋓内閣総理大臣の指名（憲§67Ⅱ）

③　参議院だけに認められる権能
・参議院の緊急集会（§54Ⅱ但書）

(4)　衆議院の議決の効力における優越の具体的内容

	衆議院と参議院が異なった議決をしたとき	衆議院の議決後，参議院が議決をしないとき
①法律案の議決	「衆議院で可決し，参議院でこれと異なつた議決をした」とき（憲§59Ⅱ） (注)両院協議会は任意的(同Ⅲ)	「参議院が，衆議院の可決した法律案を受け取つた後，国会休会中の期間を除いて60日以内に，議決しないときは，衆議院は，参議院がその法律案を否決したものとみなすことができる」（憲§59Ⅳ）
	→「衆議院で出席議員の３分の２以上の多数で再び可決したときは，法律となる」（憲§59Ⅱ）	
②予算の議決	「参議院で衆議院と異なつた議決をした場合に，法律の定めるところにより，両議院の協議会を開いても意見が一致しないとき」（憲§60Ⅱ前段）	「参議院が，衆議院の可決した予算を受け取つた後，国会休会中の期間を除いて30日以内に，議決しないとき」（憲§60Ⅱ後段）
	→「衆議院の議決を国会の議決とする」（憲§60Ⅱ）	
③条約の承認	「参議院で衆議院と異なつた議決をした場合に，法律の定めるところにより，両議院の協議会を開いても意見が一致しないとき」（憲§61，60Ⅱ前段）	「参議院が，衆議院の可決した」条約「を受け取つた後，国会休会中の期間を除いて30日以内に，議決しないとき」（憲§61，60Ⅱ後段）
	→「衆議院の議決を国会の議決とする」（憲§61，60Ⅱ）	

④内閣総理大臣の指名	「衆議院と参議院とが異なつた指名の議決をした場合に，法律の定めるところにより，両議院の協議会を開いても意見が一致しないとき」（憲§67Ⅱ前段）	「衆議院が指名の議決をした後，国会休会中の期間を除いて10日以内に，参議院が，指名の議決をしないとき」（憲§67Ⅱ後段）
	→ 「衆議院の議決を国会の議決とする」（憲§67Ⅱ）	

2　議員の地位

(1)　地位の取得

国会議員がその地位を取得するには，必ず選挙によらなければならない（憲§43Ⅰ）。

(2)　地位の喪失

① 任期の満了

㋐　「衆議院議員の任期は，４年とする」（憲§45本文）。

㋑　「参議院議員の任期は，６年とし，３年ごとに議員の半数を改選する」（憲§46）。

② 除　名

両議院は，出席議員の３分の２以上の多数による議決により，院内の秩序をみだした議員を除名することができる（憲§58Ⅱ）。

③ 資格争訟の裁判

資格争訟の裁判において，出席議員の３分の２以上の多数の議決により資格がないことが確定したときは，国会議員の資格を失う（憲§55）。

④ 解　散

解散により，衆議院議員はその地位を失う（憲§45但書）。

⑤ 他の議院の議員となったとき

両院制を採用した憲法の趣旨（国会内の抑制と均衡）の実現を図るために，「何人も，同時に両議院の議員たることはできない」（憲§48）とする。

3　国会議員の特権

全国民の代表者である国会議員がその重大な任務を果たせるようにするため

に，憲法は，国会議員に対して，(1)歳費受領権（歳費特権；憲§49），(2)不逮捕特権（憲§50），(3)免責特権（憲§51）を保障している。これを国会議員の三大特権という。

(1)　歳費受領権（歳費特権）

> **第49条**　両議院の議員は，法律の定めるところにより，国庫から相当額の歳費を受ける。

① 意義等

　　本条は，議員に歳費を与えないと，事実上財産のない一般大衆に対して議員となる途を閉ざす結果になること，さらに，不当に政党や選挙母体に支配されるという弊害の生ずるおそれのあること等を考慮し，国庫から相当額の歳費を議員に支給することにしたものである。

② 歳費の減額の可否

　　議員の場合は，裁判官の場合（憲§79Ⅵ，80Ⅱ）と異なり，在任中歳費を減額されないことまで憲法によって保障されていない。

　　したがって，議員の在任中に，当該歳費を減額する旨の法律を制定しても，憲法に違反しない。

(2)　不逮捕特権

> **第50条**　両議院の議員は，法律の定める場合を除いては，国会の会期中逮捕されず，会期前に逮捕された議員は，その議院の要求があれば，会期中これを釈放しなければならない。

R4-3-ア

① 意義等

　　本条は，㋐行政権等の国家機関による不当逮捕から議員の身体の自由を保障し，議員の職務の執行が妨げられないようにすることと，㋑議院の審議権を保障することにある。

② 会期中の議員の不逮捕

　　議員の不逮捕特権が認められるのは，「国会の会期中」に限られる（憲§50前段）。

　　「国会の会期中」とは，常会（憲§52），臨時会（憲§53），特別会（憲

§54Ⅰ）の開かれている期間をいう。

なお，参議院の緊急集会（憲§54Ⅱ）の開かれている期間は，国会の会期中ではないが，緊急集会は国会の職務を代行しているものであるから，同様に扱うべきであり，国会法もその旨を規定する（国会§100Ⅰ）。

「逮捕」とは，広く公権力による身体の自由の拘束一般をいう。例えば，刑事訴訟法による逮捕・拘引・勾留に限らず，身体の自由の拘束であれば，警察官職務執行法上の保護措置や精神衛生法による保護拘束なども含まれる。これらが議員の不当な身体の拘束の手段になる可能性があるからである。

ただし，この特権は，議員が会期中逮捕されないことを保障したものであり，刑事裁判等で訴追されないことまで保障したものではない（東京地判昭37.1.22；第1次国会乱闘事件）。

③　不逮捕特権の例外

「法律の定める場合」は，国会の会期中でも議員を逮捕することができる（国会§33）。

「法律の定める場合」としては，次の2つの場合がある。

㋐　院外における現行犯罪の場合

現行犯罪の場合は，現場での逮捕の必要性があり，また，犯罪の事実が明白であって，政治的理由による不当逮捕のおそれが少ないからである。

㋑　議院の許諾がある場合

議院の許諾がある場合は，不当な逮捕のおそれがないからである。

議院は，逮捕要求に対して条件または期限付き許諾を与えることができるか否かについては争いがあるが，判例は，適法であって，必要な逮捕と認められる限り，無条件に許諾しなければならないとする（東京地決昭29.3.26）。

④　会期前の議員逮捕に対する議院の釈放要求

不逮捕特権は，会期前（閉会中）の逮捕には及ばないが，会期前に不当に逮捕された議員の身柄の拘束を会期中も認めるならば，不逮捕特権の趣旨が失われることから，議院の要求があれば，会期中その議員を釈放しなければならないものとしたものである（憲§50後段）。

(3)　免責特権

> **第51条**　両議院の議員は，議院で行つた演説，討論又は表決について，院外で責任を問はれない。

① 意義等

　　本条は，憲法50条と同じく行政権等の国家機関による不当な干渉を排除して，議員がその職務を十分に果たすことができるようにするために，議員が議院で行った演説・討論・表決について民事責任や刑事責任および懲戒責任の対象とすることを禁じ，議員の言論活動の自由を最大限確保しようとするものである。

　　この規定の趣旨から，議員の所属する政党からの除名などの制裁や，支持団体からの制裁（政治責任）は本条に違反するものではない。

② 主　体

　　免責特権の主体は，両議院の議員に限られる。

　　したがって，国務大臣（議員でなければ当然，議員であっても国務大臣としての発言であれば同様），地方議会議員などには，免責特権は認められない。

③ 対　象

　　免責特権の対象となる行為は，「議院で行つた演説，討論又は表決」である。

　㋐　「議院で行つた」行為とは，議員が，議院の活動として職務上行った行為をいう。

　　　したがって，必ずしも議事堂内の活動に限られるわけではなく，議員が議院の活動として行うものであれば，地方公聴会や，参議院の緊急集会における発言も免責特権の対象となる。

　㋑　免責特権の対象は，「演説，討論又は表決」に限られるのか

　　　免責特権は議員が議院の活動として職務上行った行為について認められることから，免責特権の対象となる行為は，「演説，討論又は表決」に限られず，議員の国会における意見の表明とみられる行為やその職務執行に付随した行為，言論活動に付随して一体不可分的に行われた行為も含まれる（東京地判昭37.1.22；第1次国会乱闘事件，東京高判昭44.12.17；第2次国会乱闘事件）。

　　　　これに対し，私語，野次や暴行行為は当然に免責特権の対象にはならない。

　　④　効　果
　　　㋐　「院外で責任を問はれない」とは，発言にともなう名誉毀損行為による民事上・刑事上の責任，議員が公務員を兼職する場合（国会§39）の懲戒責任を問われないことをいう。

　　　㋑　国会議員の名誉毀損と免責特権
　　　　　国会議員が，違法に，院内で私人の名誉毀損・プライバシーの侵害に当たる発言をした場合にも，免責特権は及ぶか。
　　　　　判例は，「A病院の院長Bが5名の女性患者に対して破廉恥な行為をした。同院長は薬物を常用するなど通常の精神状態ではないのではないか。現行の行政の中でこのような医師はチェックできないのではないか。」との発言は，国会議員によって，国会議員としての職務を行うにつきされたものであることが明らかであるから，仮に国会議員の発言が故意または過失による違法な行為であるとしても，国が賠償責任を負うことがあるのは格別，公務員個人は責任を負わないとする（最判平9.9.9）。
　　　　　もっとも，判例は，当該議員が，その職務とはかかわりなく違法または不当な目的をもって事実を摘示し，あるいは，虚偽であることを知りながらあえてその事実を摘示するなど，国会議員がその付与された権限の趣旨に明らかに背いてこれを行使したものと認め得るような特別の事情があるときには，例外的に国の賠償責任（国家賠償§1）が認められる余地があるとする（同判例）。

　　　㋒　院内での責任
　　　　　本条が禁ずるのは「院外」での責任であるから，議員の行為が院内での懲罰の対象とされることはあり得る。
　　　　　憲法58条2項本文は，「両議院は，……院内の秩序をみだした議員を懲罰することができる」として，これを肯定している。

２　国会の活動

1　国会の会期
(1)　会期制
　　国会は，常時活動する機関ではなく，一定の限られた期間だけ活動する。

この活動期間を「会期」という。

　憲法は，会期制の採否につき明文で規定してはいないが，常会（憲§52）のほかに，臨時会（憲§53）や特別会（憲§54Ⅰ）を規定していることから，会期制を採用していると解されている。

　会期制と関連して語られるものに，①会期不継続の原則と②一事不再議の原則がある。

① 　会期不継続の原則

　　㋐　意　義

　　　会期不継続の原則とは，国会は各会期ごとに独立して活動し，その会期中に議決に至らなかった案件は，後会に継続しないとする原則をいう（国会§68）。

　　㋑　効　果

　　　ある会期中に議決に至らなかった案件は，原則として，その次の会期（後会）に継続して審議されることはなく，廃案となる（国会§68）。

② 　一事不再議の原則

　　㋐　意　義

　　　一事不再議の原則とは，同一国会においては，1度議決した案件について再び審議・決定しないという原則をいう。

　　㋑　例　外

　　　衆議院における法律案の再可決（憲§59Ⅱ）は，この原則の例外である。

(2)　**会期の種類**

　①　常　会

> **第52条**　国会の常会は，毎年1回これを召集する。

　　これは，通常国会とも呼ばれるもので，予算の議決等のために，毎年1回召集される国会のことである。

② 臨時会

> **第53条**　内閣は，国会の臨時会の召集を決定することができる。いづれかの議院の総議員の４分の１以上の要求があれば，内閣は，その召集を決定しなければならない。

㋐ 意　義

臨時会とは，毎年定期に召集される常会の閉会後，次の常会までの間に，臨時の必要に応ずるために召集される国会をいう。

㋑ 召集の要件

ⓐ 内閣が臨時会の召集を必要とした場合

ⓑ いずれかの議院の総議員の４分の１以上の要求がある場合

ⓒ 衆議院議員の任期満了による総選挙，参議院議員の通常選挙が行われた場合（国会§２の３）。

③ 特別会

> **第54条**　衆議院が解散されたときは，解散の日から40日以内に，衆議院議員の総選挙を行ひ，その選挙の日から30日以内に，国会を召集しなければならない。

H26-2-5　特別会は，衆議院の解散に伴う衆議院議員の総選挙後に必ず召集されなければならず，その点で，常会や臨時会と異なる。

H26-2-5　そして，特別会の会期中は，参議院も開会となる（衆参両議院の同時活動の原則（憲§54Ⅱ本文））。

なお，衆議院議員の任期満了による総選挙後に開かれる国会は「臨時会」である。

2　参議院の緊急集会

> **第54条**
> **2**　衆議院が解散されたときは，参議院は，同時に閉会となる。但し，内閣は，国に緊急の必要があるときは，参議院の緊急集会を求めることができる。
> **3**　……。緊急集会において採られた措置は，臨時のものであつて，次の国会開会の後10日以内に，衆議院の同意がない場合には，その効力を失ふ。

(1)　意義等

本条２項但書は，衆議院の解散により国会の機能が停止中に，国会の議決を必要とする緊急の事態が生じた場合に，参議院に国会の権能を代行させることにしたものである。これを，参議院の緊急集会制度といい，衆参両議院の同時活動の原則（憲§54Ⅱ本文）の例外となる。

また，本条３項は，緊急集会において採られた措置の効力について定める。

(2)　緊急集会の要件・手続

①　緊急集会の要件

参議院の緊急集会は，㋐衆議院の解散中に，㋑国に緊急の必要があるとき，㋒内閣の求めによって行われる。

②　緊急集会の手続

㋐　内閣だけが，緊急集会の召集を求めることができ（国会§99），参議院議員は，これを求めることはできない。

㋑　緊急集会は「国会」ではないので，天皇による「召集」（憲§７②）を必要としない。

(3)　緊急集会の権能

緊急集会は，国会の代行機能を果たすものであるから，国会の権能に属する事項すべてに及ぶ。例えば，条約の承認，予算案の審議・議決などである。

しかし，緊急集会の性格から，緊急必要なものに限られるので，憲法改正の発議（憲§96Ⅰ），新たな内閣総理大臣の指名（憲§67Ⅰ）（※），条約締結の承認（憲§61，73③）などはできないと解されている。

（※）　総選挙後に召集される特別会で内閣総理大臣の指名が行われること（憲§67Ⅰ），それまでは前の内閣が引き続き職務を行っているので（憲§71），緊急の必要性がないからである。

(4)　議員の特権

参議院の緊急集会は「国会」ではないが，国会の権能を代行するものであるから，緊急集会の期間中も，参議院議員には，不逮捕特権（憲§50），免責特権（憲§51）などが認められる。

(5)　緊急集会において採られた措置の効力

衆議院の同意が得られなくても，緊急集会において採られた措置は，遡及

的に効力を失うわけではなく，もっぱら将来に向かってその効力を失うにすぎない。

3　会期の諸原則

> **第56条**　両議院は，各々その総議員の3分の1以上の出席がなければ，議事を開き議決することができない。
> 2　両議院の議事は，この憲法に特別の定のある場合を除いては，出席議員の過半数でこれを決し，可否同数のときは，議長の決するところによる。

(1)　議事の定足数および表決数

① 議事の定足数

定足数とは，会議体が議事を行い，議決するために必要な最小限度の出席者数をいう。

本条1項は，「総議員の3分の1以上の出席」と規定している。

② 議事の表決数

㋐ 原　則

表決数とは，会議体において意思決定を行うのに必要な賛成表決数をいう。

本条2項は，原則として，両議院の議事の表決数を「出席議員の過半数」と規定して，絶対的多数方式を採用する。

㋑ 例　外

憲法に特別の定めのある場合	表決数
①　資格争訟の裁判により議員の議席を失わせる場合（憲§55但書） ②　本会議の秘密会を開く場合（憲§57Ⅰ但書） ③　懲罰により議員を除名する場合（憲§58Ⅱ但書） ④　衆議院において法律案を再可決する場合（憲§59Ⅱ）	出席議員の3分の2以上
⑤　憲法改正を発議する場合（憲§96Ⅰ前段）	各議院の総議員の3分の2以上

③　議事方法と司法的救済の是非

　　議院の議事手続が憲法56条に違反して行われた場合，これに不服のある者は，裁判所に救済を求めることができるかが問題となる。

　　判例は，会期の延長の議事手続が憲法56条に反し無効であると争われた事件において，「法律が両院において議決を経たものとされ，適法な手続によって公布されている以上，裁判所は両院の自主性を尊重すべく同法制定の**議事手続に関する事実を審理してその有効無効を判断すべきではない**」として，議事手続の適法性に対する司法審査を否定している（最判昭37.3.7；警察法改正無効事件）。なお事案については，「本編第4章第2節**2**司法権の限界」を参照のこと。

(2)　会議の公開

①　公開の原則

第57条　両議院の会議は，公開とする。……。

2　両議院は，各々その会議の記録を保存し，秘密会の記録の中で特に秘密を要すると認められるもの以外は，これを公表し，且つ一般に頒布しなければならない。

3　出席議員の5分の1以上の要求があれば，各議員の表決は，これを会議録に記載しなければならない。

　㋐　意義等

　　本条は，会議を公開することにより，主権者である国民の監視の下に置くとともに，次回の選挙の投票資料を得ることを可能とするために規定されたものである。

　㋑　会議記録の公表頒布

　　会議の公開の趣旨を実現するために，原則として，両議院の会議の内容を公表し，頒布することを要請したものである。

　㋒　会議録への記載要求

　　会議の公開の趣旨を徹底させるために，出席議員の5分の1以上の要求があったときは，各議員の表決を会議録に記載することを義務付けたものである。

②　公開の停止

> **第57条**　……。出席議員の３分の２以上の多数で議決したときは，秘密会を開くことができる。

　会議の公開の趣旨を無意味としないために，秘密会の開催には出席議員の３分の２以上の特別多数の賛成が必要であるとの厳格な要件を定めたものである。
　秘密会はどのような議題についても開くことができ，裁判の公開の場合と異なり，例外はない（憲§82Ⅱ参照）。

(3)　国務大臣の議院出席

H27-2-オ

> **第63条**　内閣総理大臣その他の国務大臣は，両議院の一に議席を有すると有しないとにかかはらず，何時でも議案について発言するため議院に出席することができる。又，答弁又は説明のため出席を求められたときは，出席しなければならない。

①　意義等
　本条は，㋐議院内閣制のもとでは，国務大臣は，行政権の行使について国会に対して責任を負い，また，法律案・予算案などの議案を国会に提出するために，議院に出席して発言する機会が与えられる必要があり，㋑また，国会は議案を審議し，内閣を監督する権能を有するため，国務大臣の出席を求めその説明や答弁を直接聞く必要があることから，規定されたものである。

②　国務大臣の出席を拒絶しうる場合
　秘密会の議決（憲§57Ⅰ但書）をし，加えて，国務大臣の出席を拒否した場合には，議院の自律権および権力分立の趣旨から，当該大臣は出席できない。

第3節　国会と議院の権能

Topics ・法律案の議決権，条約締結の承認権，予算案の議決権，内閣総理大臣
の指名権については，比較しながら理解することが大切である。
・条約承認権および国政調査権については，学説（推論）問題として出
題される可能性が高いのでしっかり押さえておくことが重要である。

1　国会の権能

1　総　説

　国会には，国民の代表機関（前文，憲§43），国権の最高機関および国の唯
一の立法機関（憲§41）として，それにふさわしい国政上重要な権能が付与さ
れている。

(1)　憲法上，国会の権能とされているもの

① 皇室財産授受の議決権（憲§8）
② 法律案の議決権（憲§59 I）
③ 財政監督権（憲§60，83以下）
④ 条約締結の承認権（憲§61，73③）
⑤ 内閣総理大臣の指名権（憲§67 I 前段）
⑥ 弾劾裁判所の設置権（憲§64 I）
⑦ 内閣の報告を受ける権利（憲§72，91）
⑧ 憲法改正の発議権（憲§96 I 前段）

(2)　法律上，国会の権能とされているもの

　国会は，緊急事態の布告の承認（警察§74），自衛隊の出動の承認（自衛
隊§76）など，法律上さまざまな権能を有している。

2　法律案の議決権

> **第59条**　法律案は，この憲法に特別の定のある場合を除いては，両議院で可決
> したとき法律となる。
> 2　衆議院で可決し，参議院でこれと異なつた議決をした法律案は，衆議院で
> 出席議員の3分の2以上の多数で再び可決したときは，法律となる。
> 3　前項の規定は，法律の定めるところにより，衆議院が，両議院の協議会を
> 開くことを求めることを妨げない。

4　参議院が，衆議院の可決した法律案を受け取つた後，国会休会中の期間を除いて60日以内に，議決しないときは，衆議院は，参議院がその法律案を否決したものとみなすことができる。

(1)　法律の制定手続

①　原　則

H31-2-ウ

　　法律案は，この憲法に特別の定のある場合を除いては，両議院で可決したとき法律となる（憲§59Ⅰ）。

　　法律が成立すると，主任の国務大臣が署名し，内閣総理大臣が連署し（憲§74），天皇がこれを公布する（憲§7①）。

　　公布は，法律の効力発生要件であるから，公布するまで法律はその効力を生じない。

②　例　外（「この憲法に特別の定のある場合」）

㋐　両議院の可決がなくても法律となる場合としては，ⓐ衆議院の再可決（憲§59Ⅱ）と，ⓑ参議院の緊急集会による可決（憲§54ⅡⅢ）がある。

㋑　両議院の可決だけでは法律とはならない場合としては，地方自治特別法の制定（憲§95）がある。

(2)　衆議院の再可決

　　法律案は，次の2つの場合に，衆議院で出席議員の3分の2以上の多数で再び可決したときは，法律となる（憲§59Ⅱ）。

①　「衆議院で可決し，参議院でこれと異なつた議決をしたとき」（憲§59Ⅱ）

　　「異なつた議決」とは，参議院が法律案を否決した場合と，それに修正を加えて可決した場合も含む。

　　ただし，再可決の前に，両議院で調整を図ることを可能にするために，衆議院は，両議院の協議会を開くことを求めることができる（憲§59Ⅲ）。もっとも，両院協議会を開くか否かは，衆議院の裁量に任されており（**任意的両院協議会**），予算（憲§60Ⅱ）・条約（憲§61）・内閣総理大臣の指名（憲§67Ⅱ）の際の両院協議会が必ず開かれなければならない（**必要的両院協議会**）のとは異なる。

②　「参議院が，衆議院の可決した法律案を受け取つた後，国会休会中の期間を除いて60日以内に，議決しないとき」（憲§59Ⅳ）

　この場合は，参議院がその法律案を否決したものとみなすことができるので，衆議院は，再可決が可能となる（同Ⅱ）。

　これは，参議院が衆議院から送付された法律案に対して何らの議決も行わずに会期満了を待つことにより，憲法59条2項の再可決を不可能にすることを防止する趣旨である。

　なお，法定期間の経過により，当然に法律案が法律になるわけではない点で，予算（憲§60Ⅱ）・条約（憲§61）・内閣総理大臣の指名（憲§67Ⅱ）の場合とは異なる。

3　弾劾裁判所の設置

> **第64条**　国会は，罷免の訴追を受けた裁判官を裁判するため，両議院の議員で組織する弾劾裁判所を設ける。　　　　　　　　　　　R4-3-エ

(1)　意義等

　本条は，「公の弾劾」による裁判官の罷免を定める憲法78条を受けたもので，裁判の公正を期して，司法府内部での審判を排すべきであること，裁判官弾劾制度は国民代表機関である国会の関与の下に運営されるべきであることから，審判を行う機関である弾劾裁判所は国会によって設けられ，かつ両議院の議員で組織されるものとしたのである。

　本条1項の弾劾裁判所は，憲法76条2項の「特別裁判所の禁止」の例外となる。

　なお，国会の権限に属するのは，弾劾裁判所を設けることだけであって，弾劾裁判を行うのは弾劾裁判所の権限であり，弾劾裁判所は，国会の機関ではない。

(2)　裁　判

①　罷免の事由（裁判官弾劾§2）
　㋐　職務上の義務に著しく違反し，または職務を甚だしく怠ったとき。
　㋑　その他職務の内外を問わず，裁判官としての威信を著しく失うべき非行があったとき。

②　通常裁判所への救済の可否
　弾劾による裁判官の罷免は弾劾裁判所の専権に属することから，弾劾により罷免された裁判官は，通常裁判所に救済を求めることはできない。

4　財政監督権

> **第60条**　予算は，さきに衆議院に提出しなければならない。
> 2　予算について，参議院で衆議院と異なつた議決をした場合に，法律の定めるところにより，両議院の協議会を開いても意見が一致しないとき，又は参議院が，衆議院の可決した予算を受け取つた後，国会休会中の期間を除いて30日以内に，議決しないときは，衆議院の議決を国会の議決とする。

(1)　意義等

　　国家財政は，国家活動の基礎となるばかりでなく，国民生活に重大な影響を及ぼすことから，国会による民主的コントロールを図るために，財政に対する広範な統制権を国会に与えている。

　　特に，予算は，毎年必ず可決されなければならないので，それを容易にする必要があること，また，衆議院の場合は，議員の任期の短さ，解散があることから，参議院よりも民主的性格を有するため，予算については，先議，議決の両面にわたって衆議院の優越を認めている。

(2)　衆議院の予算先議権

R4-3-ウ
H18-2-2

　　内閣は予算を作成して国会に提出する権限をもっているが（憲§73⑤，86），必ずさきに衆議院に提出しなければならない（憲§60Ⅰ）。

　　「さき」に提出するとは，審議・議決とも衆議院が優先することを意味する。

(3)　衆議院の議決の優越

　　①　「参議院で衆議院と異なつた議決をした場合に，法律の定めるところにより，両議院の協議会を開いても意見が一致しないとき」

　　　「異なつた議決」とは，予算案の否決あるいは修正可決をした場合をいう。

　　　また，「両院協議会を開いても意見が一致しないとき」とは，両院協議会で成案がまとまらないとき，あるいは，成案がまとまっても，その成案についていずれかの院が賛成しないときをいう。

　　　予算の議決の場合は，法律案の議決の場合（憲§59ⅡⅢ）と異なり，衆議院の再可決の制度はなく，その代わりに両院協議会の開催が義務づけられている（**必要的両院協議会**）。

H26-2-3
H18-2-4

　　　それにもかかわらず両院の意見が一致しないときは，衆議院の決議が国会の議決とされる。

なお，両院協議会で成案が得られただけでは予算は成立しない。成案について，さらに「両議院の可決」が必要となる。

② 「参議院が，衆議院の可決した予算を受け取つた後，国会休会中の期間を除いて30日以内に，議決しないとき」
　予算の議決の場合は，法律案の議決の場合（憲§59Ⅳ）と異なり，参議院が30日以内に議決しないときは，自動的に予算が成立することになる（**予算の自然成立**）。

5　条約承認権

> **第61条**　条約の締結に必要な国会の承認については，前条（第60条）第2項の規定を準用する。

(1) 意義等
　条約はなるべく速やかにその効力を確定することが外交上・国際関係上望ましいので，憲法は，衆議院の優越を認めたのである。

(2) 衆議院の先議権の否定
　憲法61条は，憲法60条1項を準用していないことから，条約の承認については衆議院の先議権は認められていない。したがって，条約については，参議院の先議も可能である。　`H29-3-ウ`

(3) 衆議院の議決の優越
　条約は，両議院の可決によって成立するのが原則であるが，①参議院で衆議院と異なった議決をした場合に，法律の定めるところにより，両議院の協議会を開いても意見が一致しないとき，または，②参議院が，衆議院の可決した条約を受け取った後，国会休会中の期間を除いて30日以内に，議決しないときは，衆議院の議決を国会の議決とする（憲§61，60Ⅱ）。　`H29-3-ウ`
　なお，①の両院協議会は，必ず開かなければならない（**必要的両院協議会**）。

(4) 条約不承認の効力
＜論点＞
　内閣が条約の締結に際して，事前に国会の承認を求めたが，その承認を得られなかった場合には，内閣は条約を締結できず，条約は成立しない。
　これに対して，内閣が事後に国会の承認を求めたが，その承認が得られ

なかった場合に，その条約の効力はどうなるか。まず，条約の国内法的効力については，相手国との関係が生じないため無効となることについて争いはない。しかし，条約の国際法上の効力の有無については，すでに相手国との関係では条約が確定していることから争いがある。

① 無効説

　国会の承認を条約の効力要件と解し，事後に国会の承認が得られなかった場合は，事前の署名，批准が効力を失うとする見解。

理由 ➡ ㋐ 国会の承認について，事前と事後とによって法的効力が異なる結果となる合理的な理由は存在しない。

　　　 ㋑ 主権者である国民を代表する機関としての国会の意思を重視すべきである。

　　　 ㋒ 条約の締結に国会の承認が必要であることは憲法に明記されており，相手国は当然これを承知すべきであるから，無効としても法的安定性を害することはない。

② 限定無効説

　国際法の規定に反しない形で国家が利用することのできる調査方法によって一般に知ることができる条約締結手続に関する規定に違反した場合には条約は無効であるが，それ以外の場合は有効であるとする見解。

理由 ➡ ㋐ 主権者である国民を代表する機関としての国会の意思を重視すべきである。

　　　 ㋑ 条約締結手続に関する規定が不明確な場合にも無効とすることは，国際法上の法的安定性を害する。

③ 有効説

　条約の効力は署名または批准によって既に確定しており，事後に国会の承認が得られない場合でも，内閣の責任は別として，条約の効力には影響がないとする見解。

理由 ➡ ㋐ 事前の承認と事後の承認について法的効力に相違があることは，条約が確定的に成立する前と後という差異からして当然である。

　　　 ㋑ 条約の国際法としての効力を失わせることについては当事者の合意によるべきであり，相手国の意思を一方的に否定するべきではない。

　　　 ㋒ 権限を有する機関である内閣によって締結された条約である以上，相手国の信頼と国際法上の法的安定性を重視すべきである。

(5)　条約修正権

＜論点＞

　　憲法上，条約修正権について明文の規定がないため，国会が，条約を承認する際に，条約の変更あるいは新たに条項を増補するなどの修正をすることができるかが問題となる。

① 　否定説

　　国会は条約の修正権を有するものではなく，修正がされたとしても，この国会の意思に対して，内閣は政治的義務を負うにとどまるとする見解。

　理　由　➡㋐　日本を代表して外国と直接折衝し，条約案文の作成にあたるのは内閣であり，その権限のない国会が修正できるとすると，内閣の条約締結権を侵害することになる。

　　　　　　　㋑　国会の条約承認の法的性格は，条約の効力を確定する内閣に批准権限を授与する行為であるから，一括承認か一括不承認かに限ることが妥当である。

　　　　　　　㋒　国際法の原則からすれば，条約案文は調印により確定するから，その後の修正は相手国の同意がなければ認められず，結局これらの修正は不承認と内閣に相手国との再交渉を政治的に要請するにとどまる。

② 　肯定説

　　国会は条約の修正権を有し，修正がされた場合，この国会の意思に対して内閣が応じる法的義務が生じるとする見解。

　理　由　➡㋐　内閣の条約締結権を制限し，内閣をして国会の意思を尊重させようとするのが，国会に条約承認権を付与した趣旨であるから，国会の意思と審議権を尊重すべきである。

　　　　　　　㋑　国会は条約の不承認が可能である以上，それよりも拒否の程度が弱い条件付き承認も可能と解すべきである。

　　　　　　　㋒　憲法61条が両院協議会の手続を規定しているのは，両院の意思が不一致の場合に妥協することを予測したものであるから，国会が条約の修正付き承認を可能にしていると考えられる。

　　なお，国会に条約修正権を認める見解（肯定説）に立ったとしても，国会の「事前の承認」において修正が行われた場合は，未だ条約は成立していないのであるから，内閣は国会の修正の意思に従ってさらに相手国と交渉すべき法的義務を負い，相手国がそれに合意しないときは，結果として

その条約は不成立となる。

　これに対して，国会の「事後の承認」において条約の修正が行われた場合は，すでに条約は成立しているのであるから，内閣はあらためて修正された内容に従って条約の改定を相手国に申し入れる法的義務を負うが，相手国がそれに応じなければ，修正前の条約がそのまま効力を生じることになる。

② 議院の権能

1　総　説
　国会は，衆議院と参議院の両議院からなる統一的組織体であり，国会の権能は両議院が協働して行使するが，さらに，両議院がそれぞれ独自に行使する権能がある。

(1)　議院の自律権
　議院の自律権とは，国会ないし議院の組織，運営などの内部事項に関して，他の国家機関（行政権・司法権）および他の議院による干渉を排除して自主的に決定できる権能をいう。

　① 　内部組織に関する自律権
　　㋐　議員逮捕の許諾権・釈放要求権（憲§50）
　　㋑　議員の資格争訟の裁判権（憲§55）
　　㋒　役員選任権（憲§58Ⅰ）

　② 　運営に関する自律権
　　㋐　議院規則制定権（憲§58Ⅱ本文前段）
　　㋑　議員懲罰権（憲§58Ⅱ本文後段，但書）

(2)　国政調査権（憲§62）
　国政調査権については，「4 国政調査権」を参照のこと。

(3)　その他の権能
　① 　会議の公開停止（憲§57Ⅰ但書）
　② 　国務大臣の出席要求（憲§63）など

2　議員の資格争訟の裁判

> **第55条**　両議院は，各々その議員の資格に関する争訟を裁判する。但し，議員の議席を失はせるには，出席議員の3分の2以上の多数による議決を必要とする。

(1)　意義等

本条は，議院の自律権の一内容として，議員資格の争訟に関する裁判を行うことのできる権限を各議院に保障したものである。

この資格争訟の裁判は，憲法76条1項の例外として憲法が認めたものである。

(2)　要　件

議員の資格を失わせるには，出席議員の3分の2以上の多数によることを必要とする。この議決により，法律上当然に議員としての地位を失う。

議員の資格とは，議員としての地位を保持することのできる要件をいい，具体的には，法定の被選挙権を有していること，議員との兼職が禁じられている公職に就いていないことが，それにあたる。

(3)　司法審査との関係

資格争訟の裁判は，議院の自律権の尊重の趣旨から，議院が一審かつ終審であって，この裁判に不服があっても，通常裁判所に訴えて救済を求めることはできない（通説）。

　H28-3-イ
　H16-1-1
　H15-3-2

3　役員選任権および運営に関する自律権

> **第58条**　両議院は，各々その議長その他の役員を選任する。
> 2　両議院は，各々その会議その他の手続及び内部の規律に関する規則を定め，又，院内の秩序をみだした議員を懲罰することができる。但し，議員を除名するには，出席議員の3分の2以上の多数による議決を必要とする。

(1)　意義等

本条は，各議院が会議体として活動するうえで，各議院の重要な役職に就く者は議院が自主的に決定できるとし，また，立法権（規則制定権），秩序維持権（議員懲罰権）を与え，憲法55条とともに議院の自律権を保障したものである。

⑵　**役員選任権**

衆議院と参議院は，各自その議長その他の役員を選任する権能を有する（憲§58Ⅰ）。

⑶　**議院規則制定権**

①　議院は，その内部事項に関して自主的な規則を制定することができる。

議院規則の所管事項は，議事手続と内部規律に関する事項からなり，議院の内部事項に関する限りは，議員のみならず，国務大臣・政府委員・傍聴人なども規則の拘束を受ける（憲§58Ⅱ本文前段）。

②　議院規則と法律の優劣

＜論点＞

憲法は，議事手続および内部規律について，各議院の自主的な決定に委ねている。しかし実際は，法律（国会法）が議院の議事運営の基本的事項を定めていることから，議院規則と法律が抵触した場合，いずれの効力が優位するのかが問題となる。

㋐　法律優位説

法律の効力は議院規則に優位するとする見解。

理由 ➡ⓐ　議院規則の制定には，その一議院の議決のみで足りるが，法律（国会法）の成立には，両議院の議決を必要とし，より慎重な手続がとられている。

ⓑ　国会の地位（憲§41）に照らして，法律の所管事項は可能な限り広く解すべきである。

批判 ➡　内閣が法律案提出権を通じて各議院の自律にゆだねるべき事項について影響力を与えることになりかねず，適切ではない。

㋑　規則優位説

議院規則の効力は法律に優位するとする見解。

法律（国会法）が議院規則と抵触する規定を設けた場合も，各々が運営自律権をもつ両議院の合意による「紳士協定」以上の意味をもつものではない。

理由 ➡ⓐ　議院の内部事項については，各議院がそれぞれ独自に定めるとするのが憲法上の建前であり，議院の自律権を特に認めた憲法の規定は重要な意味をもつ。

ⓑ　法律（国会法）の効力が議院規則に優位するとすれば，衆・

H16-2-1

H16-2-2

H16-2-5

H16-2-3

参両議院の意思が異なる場合には，法律によって参議院の自主性が損なわれる事態が生じる。

ⓒ　憲法上，法律によって，各議院における手続および内部規律に関する事項を制約できる旨の規定は存しない。 [H16-2-4]

(4) 議員の懲罰権

① 意　義

㋐　「懲罰」とは，議院がその自律権に基づいて，組織体としての秩序を維持し，その機能の円滑な運営を図るため，院内の秩序をみだした議員に対して一定の制裁を加えることをいう。

㋑　懲罰は，「院内の秩序をみだした」場合に限られ，院内の秩序とは関係のない行為は懲罰原因とはならない。しかし，「院内の秩序」とは，組織体としての議院を意味し，議院建物の内外を問わないから，議院建物外の行為でも，議院という会議体の秩序をみだす場合には，懲罰の対象となる。

㋒　懲罰は，議院の構成員すべてが対象となる。国務大臣その他の国家公務員を兼ねている議員であっても，院内の秩序をみだした場合は，当然懲罰の対象となる。

② 懲罰の種類

懲罰の種類には，㋐戒告，㋑陳謝，㋒一定期間の登院停止，㋓除名がある（国会§122）。

なお，㋓の除名は，議員の身分をはく奪する行為であるから，出席議員の３分の２以上の多数による議決を必要としたものであるが，他の３つの懲罰の場合には，この要件は必要とされていない（憲§58Ⅱ但書）。

③ 司法審査との関係

議院の議員懲罰権には司法審査は及ばない。

[理由] ➡㋐　議院の自主性を尊重すべきである。

㋑　裁判所が議院の内部事項に口を出すことは，三権分立の原則（憲§41，65，76Ⅰ）に反することになる。

㋒　裁判所が政争に巻き込まれる可能性は回避すべきである。

なお，地方議会議員の懲罰については，出席停止処分の場合（最判令 [H26-3-ウ]

2.11.25；地方議会議員の出席停止処分取消等請求事件）も，除名処分の場合（最決昭28.1.26；米内山事件）も，司法審査の対象となる。

4　国政調査権

R4-3-イ

> **第62条**　両議院は，各々国政に関する調査を行ひ，これに関して，証人の出頭及び証言並びに記録の提出を要求することができる。

(1)　意義等

①　国会が立法などを行う場合，その立法の背景となる社会の状況・国民の要求などといった情報がなければ，適切な立法を制定することが困難となる。そこで，憲法は，各議院が国政上必要な情報を自ら入手することができるようにするために，各議院にその主体的な国政調査権を認めたのである。

なお，今日では，国政調査権は，国民主権の実質化という観点から，国民の知る権利に仕えるもの，国民に対する情報の提供，資料の公開といった使命も果たしている。

②　国政調査権とは，両議院が，法律の制定や予算の議決など，その憲法上の権限はもとより，広く国政，特に行政に対する監督・統制の権限を実効的に行使するために必要な調査を行う権限をいう。

(2)　法的性格

＜論点＞

国政調査権の法的性格については，①補助的権能説と②独立権能説の争いがあり，いずれの見解を採るかにより，国政調査権の範囲と限界につき相違をもたらすことになる。

①　補助的権能説（判例・通説）

国政調査権は，各議院に与えられた権能（立法権・予算審議権・行政監督権など）を実効的に行使するために認められた補助的な権能であるとする見解。

この説は，憲法41条の「国権の最高機関」の意味を，国会が主権者である国民に最も近い立場にあるという点に着目した政治的美称であって，他の機関を統括する地位にはない（政治的美称説）ことを根拠とする。

判例も，国政調査権は議院に与えられた補助的権能であるとの立場に立

っている（東京地判昭55.7.24；ロッキード事件日商岩井ルート）。

② 独立権能説

　国政調査権は，各議院が国政全般を統括するために認められた独立の権能であるとする見解。

　この説は，憲法41条の「国権の最高機関」の規定に法的意味を認め，国会が国政全般を統括する地位（統括機関説）にあることを根拠とする。

　この説に対しては，権力分立の原則（憲§41，65，76Ⅰ）を採る憲法の下では，国会にはこのような優越的地位は認められておらず，その最高機関としての地位も国政全体を統括するものではないとの批判がある。

(3) 範囲と限界

　独立権能説によれば，国政調査権の対象範囲には基本的に制約は存在しないため，国政に関する一切が調査対象となる。

　これに対して，補助的権能説によれば，国会の権能と関係のない事項や国会の権能の範囲外にあるものには，国政調査権は及ばないことになる。もっとも，国会の権能（立法権・予算審議権・行政監督権など）はきわめて多種多様であり，しかも，議院の権能に属する事項に合理的に関連する事項には，国政調査権が及ぶと考えられるから，国政調査権の範囲はほぼ国政全般にわたることになる。ただし，補助的権能説によれば，調査の目的は，立法，予算審議，行政監督など，議院の憲法上の権能を実効的に行使するためのものであるから，その範囲と限界が画されなければならず，また，調査の対象・方法にも，権力分立（憲§41，65，76Ⅰ）と人権尊重の原理から以下の制約がある。

① 行政権との関係

　国会は国の唯一の立法機関（憲§41）として広汎な立法権を保持することや，議院内閣制（憲§66Ⅲ，67，68，69等）のもとで国会は行政に対する監督統制権を有し，また内閣の責任を問うことができることから，行政権の作用については広く国政調査の対象となる（札幌高判昭36.8.12）。 **H26-2-1**

　ただし，行政権の主体は内閣であるから，行政機関の行う処分の合法性・妥当性については調査できるが，具体的な処分の執行や取消しを命ずること，処分の執行を停止させることは認められない。

　また，公務員の職務執行上の秘密に関する事項には，原則として調査権は及ばない（例外として，国会法104条は，秘密を理由として記録等の提出を拒否する権利を行政権に認めていない）。

② 検察行政との関係

㋐ 検察事務それ自体は行政作用の一種であり，原則として国政調査の対象となるが，検察行政は裁判と密接に関連することから，司法権の独立に類する配慮が必要である。

したがって，ⓐ起訴・不起訴について検察権の行使に政治的圧力を加えることを「目的」とする調査，ⓑ起訴事件に直接関連のある捜査および公訴提起・追行の内容を「対象」とする調査，ⓒ捜査の続行に重大な支障をきたすような「方法」による調査などは許されない。

㋑ 議院が，現に検察権の対象となっている事実を並行して調査する，いわゆる「並行調査」は許されるかが問題となる。

議院が，検察権とは違う目的（例えば，政治家の政治責任追及）で並行して調査することは，原則として許されるとするのが判例（東京地判昭55.7.24；ロッキード事件日商岩井ルート）・通説である。

> **理由** ➡ 検察権への侵害の単なる危険があるというだけで，並行調査を否定すると，政治責任追及などの国政調査権の重要な役割が果たし得なくなるからである。

③ 司法権との関係

司法権も国政の一部であるから，国政調査権は及ぶが，司法権の独立（憲§76Ⅲ，77，80Ⅰ等）の要請から，国政調査権の行使には重大な制約がある。

㋐ 議院が，現に裁判所に係属中の事件について，並行調査する場合，裁判とはまったく別の目的であるなら許されるとするのが判例（東京地判昭31.7.23；二重煙突事件）・通説である。

しかし，訴訟係属中の担当裁判官を証人喚問するような行為は，司法権の独立に反し許されない。

㋑ 判決確定後は，司法権の独立に対する影響が少ないので，議院は，原則として，国政調査権を行うことができる。

しかし，具体的な裁判内容についてその当否を判断するような国政調査は，類似の事件の裁判に事実上の影響を及ぼし，裁判官の職権の独立（憲§76Ⅲ）を害するおそれがあることから，国政調査権の権限を超え，許されない。

④　人権との関係

　基本的人権を侵害するような国政調査は許されないことは当然である。なお，このことは，独立権能説に立っても同様である。

　したがって，証人として喚問し，思想の露顕を求めるような質問をすることは，憲法19条の思想および良心の自由，憲法38条の黙秘権の侵害に当たり当然許されないことから，当該証人は，証言を拒絶することができる。

　また，憲法62条は，「証人の出頭及び証言並びに記録の提出を要求することができる」と定めているだけで，捜索や押収，逮捕などの刑事手続上の強制力の行使の点については定めていないから，憲法上，国政調査権の行使の方法として，住居侵入，捜索や押収，逮捕などの強制力の行使をすることは認められない（札幌高判昭30.8.23）。

第３章
内　閣

第1節　内閣の地位

Topics・独立行政委員会については平成31年に学説（推論）問題として出題
　　　　　されたので，一通り見ておけば足りる。
　　　　・議院内閣制（立法権と行政権の関係）については，平成24年に出題
　　　　　されたので，一通り見ておけば足りる。

1　内閣と行政権

> **第65条**　行政権は，内閣に属する。

(1)　意義等

　本条は，行政権の主体が内閣であることを示すと同時に，憲法41条，76条
１項と相まって，憲法が三権分立制を採用することを示したものである。

(2)　行政権の概念

　行政権には，形式的意味の行政（行政機関の行う作用）と実質的意味の行
政があるが，ここでは実質的意味の行政が問題となる。実質的意味の行政に
ついては，争いがあるが，通説は，すべての国家作用のうちから，立法作用
と司法作用を除いた残りの作用をいうとする（控除説）。

　「内閣に属する」とは，行政権の行使に関与する行政各部の機関が，内閣
の統轄の下に置かれなければならないことをいう。

　この点に関して，内閣から独立して職権を行使する独立行政委員会の合憲
性が問題となる。

(3)　独立行政委員会
＜論点＞

　独立行政委員会とは，特定の行政についての内閣から独立的な地位にお
いて職務を行うことを認められている合議制の行政機関をいう。

　現行法上，人事院，公正取引委員会など多数あるが，このような独立行
政委員会には，内閣総理大臣の指揮，監督権は及ばないとされている。そ

こで，このような独立行政委員会を認めることは，「行政権は，内閣に属する」と規定されている憲法65条に反しないかが問題となる。

現在，この独立行政委員会の存在を違憲とする説はほとんどないが，合憲の理由付けについては学説の対立がある。

① 合憲説Ⅰ

憲法65条は，すべての行政権の行使を多かれ少なかれ内閣のコントロールの下に置くことを要求するが，独立行政委員会は，何らかの意味で内閣のコントロールの下にあるから，違憲ではないとする見解。

[理由] ➡㋐ 「行政権は，内閣に属する」（憲§65）との文言に忠実な解釈である。

㋑ 内閣は，最小限度，独立行政委員会の委員任命権や予算権を有していれば，これによって独立行政委員会を自己のコントロールの下に置くことができる。 [H31-3-イ]

[批判] ➡ 内閣は，最高裁判所の長たる裁判官の指名権（憲§6Ⅱ），その他の裁判官の任命権（憲§79Ⅰ，80Ⅰ本文），および裁判所を含む国政全般についての予算作成権（憲§73⑤）を有していることから，裁判所も独立行政委員会と同様に内閣の下にあるということになってしまい，三権分立制（憲§41，65，76Ⅰ）に反する。 [H31-3-ア]

② 合憲説Ⅱ

憲法65条は，必ずしもすべての行政を内閣のコントロールの下に置くことを要求するものではないから，違憲ではないとする見解。

[理由] ➡㋐ 憲法41条が国会を「唯一」の立法機関とし，国会以外に立法機関がなく，また，憲法76条1項が「すべて」司法権を裁判所に属させて，裁判所以外に司法権を行使する機関がないことを宣言したのに対して，憲法65条は単に「行政権は，内閣に属する。」と規定し，「唯一」とか「すべて」というような限定する字句を用いていない。 [H31-3-ウ]

㋑ 独立行政委員会の行う職務は非政治的作用としての性質を有するものであり，党派的な影響力を排除して，独立公正に，その権限を行使することが期待されている。

㋒ 憲法第65条は行政への民主的コントロールを最終的に求めているものであり，仮に内閣のコントロールが十分に及ばなくとも，国会が直接にコントロールできるならば憲法上許容される。 [H31-3-エ]

[批判] ➡ 内閣は，独立行政委員会の活動について国会に対して連帯責任を負わないことになり，国会による内閣を通じての下級行政機関に対する民主的統制を確保しようとする憲法66条３項の趣旨に反するおそれがある。

③　合憲説Ⅲ

H31-3-オ　独立行政委員会の職務の特殊性に鑑みて，内閣のコントロールを排除することこそが憲法の趣旨に沿うものであるとする見解。

[理由] ➡ 行政分野の中には，例えば，公正取引委員会や中央労働委員会などの行う職務は非政治的作用としての性質上，内閣によるコントロールに適しないものがあり，それらに関しては，内閣から独立した機関に行わせても憲法65条に反しない。

H24-2

2　議院内閣制

⑴　意義等

立法権と行政権の関係については，両者を厳格に分離する大統領制と，両者を一応分離しつつも行政権の成立および存続の基盤が立法権の信任を基礎とする議院内閣制の二つの代表的モデルがある。

大統領制の場合は，任期途中に大統領が議会に不信任とされて辞職することもなく，また，議会が大統領により解散されることもない。

これに対して，議院内閣制の場合は，立法権と行政権相互の関係が破綻したときはそれを回復する手段として，不信任制度，内閣総辞職制度，解散制度を備えているのが通常である。

⑵　本　質

<論点>

議院内閣制の本質的要素として，①議会と内閣とが一応分離していること（憲§41，65），②内閣が議会に対して連帯責任を負うこと（憲§66Ⅲ），が挙げられるが，それ以外に，③内閣が議会の解散権を有することもその要素に加えるかについて，次の２つの説の対立がある。

①　責任本質説（通説）

議院内閣制は，内閣の成立と存続が議会の信任に依拠している点に本質があり，内閣が議会の解散権を有することは議院内閣制の本質的要素ではないとする見解。

[理由] ➡㋐　国の議院内閣制には会議制に近いもの，大統領制の要素を加味

したものなど様々な形態があるが，それらに共通する要素である内閣の議会に対する責任を議院内閣制の本質的要素とすべきである。

㋑　国会に内閣の成立と存続を左右するほどの優位を認める結果，権力分立は歪められることになるが，その代わりに，国民→国会→内閣という直線的連結が民主主義の実現に適することになる。

②　均衡本質説

議院内閣制は，議会と内閣が抑制・均衡している点に本質があり，内閣が議会の解散権を有することは議院内閣制の本質的要素であるとする見解。

[理由] ➡㋐　内閣に憲法69条のような条件のついていない解散権を認めることが，政治をより民主的に機能させる可能性がある。

㋑　議院内閣制を国家権力の厳格な分離を要求する権力分立制の一形態として位置づけて，その本質を考えるべきである。

(3)　日本国憲法における議院内閣制

①　国務大臣の議院への出席（憲§63）
②　内閣の国会に対する連帯責任（憲§66Ⅲ）
③　国会による内閣総理大臣の指名（憲§67Ⅰ前段）
④　内閣総理大臣，他の国務大臣の資格（憲§67Ⅰ前段，68Ⅰ但書）
⑤　衆議院の内閣不信任決議権（憲§69）
⑥　内閣の総辞職（憲§70）
⑦　内閣総理大臣の国会への議案の提出，国務の報告（憲§72）

第2節　内閣の組織と権能

Topics ・内閣の組織と権能については，条文を中心に整理しておくことが大事である。

１　内閣の組織

1　内閣の構成員

> **第66条**　内閣は，法律の定めるところにより，その首長たる内閣総理大臣及びその他の国務大臣でこれを組織する。
> 2　内閣総理大臣その他の国務大臣は，文民でなければならない。

(1)　内閣の構成

　　内閣は，内閣総理大臣およびその他の国務大臣によって構成される。

　　そして，内閣総理大臣およびその他の国務大臣は，内閣の構成員（閣僚）であるとともに，内閣府および各省の長（主任の大臣）として行政事務を分担管理する（憲§73，内閣§3Ⅰ）。

　　ただし，これとは別に，行政事務を分担管理しない大臣（無任所大臣）も認められている（内閣§3Ⅱ）。

(2)　構成員の要件

　①　国会議員であること

　　㋐　内閣総理大臣は，国会の指名を受けた時点で，国会議員でなければならない（憲§67Ⅰ）。

　　　内閣総理大臣が国会議員でなければならないことは，選任要件であるとともに，在職要件でもあるとされている（通説）。

　　　したがって，内閣総理大臣が，辞職，除名，当選訴訟，資格争訟などの結果，国会議員の資格を失った場合には，当然に内閣総理大臣としての地位も失うことになる。

　　　ただし，衆議院の解散または任期満了によって国会議員の資格を失った場合には，あらたに内閣総理大臣が任命されるまで，内閣総理大臣の地位は失わない（憲§70，71）と解されている（通説）。

　　㋑　内閣総理大臣以外の国務大臣は，その過半数が国会議員でなければならない（憲§68Ⅰ但書）。

この要件は，内閣の成立および存続要件であり，各国務大臣の成立・存続要件ではない。

したがって，特定の国務大臣が任命後に国会議員としての地位を失っても，その他の国務大臣の過半数が国会議員であれば，その者は，国務大臣としての地位を失うことはなく，その内閣が存続しえなくなるわけではない。

なお，国会議員である国務大臣が国会議員としての地位を失うことによって，国務大臣の過半数が国会議員でなくなった場合は，内閣総理大臣は速やかにこの要件を満たす義務を負う。

② 文民であること

この「文民」とは，㋐現在職業軍人でない者で，かつ，㋑職業軍人の経歴のない者をいう（通説）。

シビリアンコントロール（文民統制）の趣旨を徹底するためには，㋐と㋑の両方を必要とするべきだからである。

2 閣 議

内閣は合議制の機関であり，その構成員の合議によって意思決定を行う。そして，内閣が合議のために行う会議，または議決のことを「閣議」という。

閣議のあり方については，内閣の自主的運営に委ねられていて，他律的な拘束になじまないとされている。したがって，内閣の意思形成過程に瑕疵があっても，司法審査の対象とはならない。

3 内閣総理大臣

(1) 地 位

内閣総理大臣は，合議体である内閣の構成員ではあるが，同時に，内閣の「首長」（憲§66Ⅰ）という特別の地位を占め，内閣の内部において，他の国務大臣の上位にあり，内閣の組織および運営の責任者としての地位を有する。

① 指 名

第67条 内閣総理大臣は，国会議員の中から国会の議決で，これを指名する。この指名は，他のすべての案件に先だつて，これを行ふ。 R3-3-ウ

本条１項が国会に内閣総理大臣の指名権を付与したのは，国会（立法府）による内閣（行政府）を統制するためであり，議院内閣制の具体的な現わ

れである。

　なお，国会による内閣総理大臣の指名手続は，天皇の任命によって完結する（憲§61Ⅰ）。

　② 指名の手続（衆議院の優越）

R3-3-ウ
H27-2-イ

> **第67条**
> 2 　衆議院と参議院とが異なつた指名の議決をした場合に，法律の定めるところにより，両議院の協議会を開いても意見が一致しないとき，又は衆議院が指名の議決をした後，国会休会中の期間を除いて10日以内に，参議院が，指名の議決をしないときは，衆議院の議決を国会の議決とする。

　　各議院が内閣総理大臣の指名の議決を行い，その内容が一致すると国会の指名が成立するが，その内容が一致しないときは，衆議院の指名の議決が国会の議決とされる（衆議院の優越）。

　　なお，内閣総理大臣の指名の場合は，予算の場合と異なり，衆議院に先議権は認められない。

(2) 内閣総理大臣の権限

　　憲法は，行政権の最高責任機関である内閣の一体性と統一性を確保するために，内閣総理大臣に内閣の「首長」（統率者）としての強大な地位を認め（憲§66Ⅰ），以下のような権限を与えている。

　① 国務大臣の任免権（憲§68）
　② 内閣の代表権および行政各部の指揮監督権（憲§72）
　③ 法律および政令への連署（憲§74）
　④ 国務大臣の訴追同意権（憲§75）

(3) 国務大臣の任免権（内閣総理大臣の権限①）

R3-3-エ

> **第68条**　内閣総理大臣は，国務大臣を任命する。但し，その過半数は，国会議員の中から選ばれなければならない。
> 2 　内閣総理大臣は，任意に国務大臣を罷免することができる。

　① 意義等

　　本条は，首長である内閣総理大臣の統率下に内閣の一体性を確保するとともに，国会と内閣の人的結合を強化し，国会に対する連帯責任を明確化

し，議院内閣制を保障するために，内閣総理大臣が国務大臣の任免権を有することと，国務大臣の過半数は国会議員の中から選ばれなければならないことの2点を定めている。

② 任命手続
　国務大臣は，内閣総理大臣が任命し（憲68Ⅰ本文），天皇がこれを認証する（憲§7⑤）。
　国務大臣の任命権は内閣総理大臣の専権に属するから，閣議に諮る必要はない。
　任命される国務大臣の過半数は国会議員（参議院議員でもよい）でなければならない（この場合の国務大臣は，狭義の国務大臣を指し，内閣総理大臣を含まない）。

③ 国務大臣の要件
　国務大臣の要件については，前述した内閣の「構成員の要件」を参照のこと。

④ 国務大臣の罷免
　国務大臣の罷免も内閣総理大臣が行い（憲§68Ⅱ），天皇がこれを認証する（憲§7⑤）。 H16-1-3
　この内閣総理大臣の国務大臣罷免権は，任命権と同じく内閣総理大臣の専権であり，何ら制約はなく，閣議に諮る必要もない。
　また，衆議院で国務大臣に対する不信任の決議がされた場合も，当の国務大臣を罷免しなければならないという法的効果を生ずるものではない。

⑷ **内閣の代表権および行政各部の指揮監督権（内閣総理大臣の権限②）**

> **第72条**　内閣総理大臣は，内閣を代表して議案を国会に提出し，一般国務及び外交関係について国会に報告し，並びに行政各部を指揮監督する。

① 意義等
　本条には，㋐国会への議案提出権，㋑一般国務および外交関係についての国会への報告権，㋒行政各部の指揮監督権の3つがあげられているが，内閣総理大臣は，広く一般代表権を有するから，その職務権限も広く行政各部に及ぶ。

281

② 判　例

判例は，内閣総理大臣が行政各部に対し指揮監督権を行使するためには，閣議にかけて決定した方針が存在することを要するが，閣議にかけて決定した方針が存在しない場合においても，内閣総理大臣の地位および権限に照らすと，流動的で多様な行政需要に遅滞なく対応するため，内閣総理大臣は，少なくとも，内閣の明示の意思に反しない限り，行政各部に対し，随時，その所掌事務について一定の方向で処理するよう指導，助言等の指示を与える権限を有するものと解するのが相当であるとして，内閣総理大臣の職務権限を広く認めている（最判平7.2.22；ロッキード事件丸紅ルート）。

R3-3-オ

⑸ **法律および政令への連署（内閣総理大臣の権限③）**

H27-2-エ

> **第74条**　法律及び政令には，すべて主任の国務大臣が署名し，内閣総理大臣が連署することを必要とする。

① 意義等

本条は，既に成立している法律および政令に対する主任の国務大臣の署名および内閣の代表者である内閣総理大臣の連署を要求することによって，法律についてはその執行の責任を，政令についてはその制定および執行の責任を明らかにしようとしたものである。

② 署名・連署を欠く法律および政令の効力

法律は国会の議決だけで成立し（憲§59Ⅰ），政令は内閣の決定だけで成立する（憲§73⑥本文）以上，署名・連署を欠いても，法律および政令の効力には影響を及ぼさない。

⑹ **国務大臣の訴追同意権（内閣総理大臣の権限④）**

H27-2-ウ

> **第75条**　国務大臣は，その在任中，内閣総理大臣の同意がなければ，訴追されない。但し，これがため，訴追の権利は，害されない。

① 意義等

本条は，国務大臣に対する検察当局による不当な訴追を防ぐと同時に，合議機関としての内閣の一体性を確保して内閣の職責をまっとうさせ，さらには内閣の首長である内閣総理大臣の権能を強化しようとするものであ

る。

② 「訴追」の意味

訴追とは，公訴の提起をいい，逮捕・勾留などの身体の拘束を含まない（東京高判昭34.12.26）。

③ 「内閣総理大臣の同意」の意味

内閣総理大臣の同意とは，国務大臣を訴追するという検察当局の行為を肯定する意思表示をいう。

検察当局の訴追に対して同意をするか拒絶するかは内閣総理大臣の裁量に委ねられていて，追認を拒絶しても法的問題は生じない（通説）。

④ 「訴追の権利は，害されない」の意味

訴追の権利は害されないとは，国務大臣を訴追できなかった場合でも，その犯罪の公訴の時効期間は影響を受けない（公訴時効が停止する）ことをいう。したがって，国務大臣が辞職すると訴追が可能となる。

4　内閣の総辞職

内閣の総辞職とは，内閣総理大臣および国務大臣のすべてが，その職を辞することをいう。

内閣は，自発的に総辞職することもできるが，以下の３つの事由が生じたときは，総辞職をしなければならない。

⑴　内閣不信任後10日以内に衆議院が解散されなかったとき

> **第69条**　内閣は，衆議院で不信任の決議案を可決し，又は信任の決議案を否決したときは，10日以内に衆議院が解散されない限り，総辞職をしなければならない。

`H27-2-ア`

本条は，内閣の存続は衆議院の信任に依存しているので，その信任を失ったときにはその地位にとどまることができないため，衆議院を解散しない限り，内閣は総辞職しなければならないとしたのである。

本条の効果が生じるのは，衆議院が内閣不信任の意思表示の表明（決議）をした場合である。なお，参議院でも内閣不信任決議をすることは可能であるが，単なる政治的責任を生じさせるにすぎない。

⑵　**内閣総理大臣が欠けたとき**

> **第70条**　内閣総理大臣が欠けたとき，……内閣は，総辞職をしなければならない。

　　内閣総理大臣は，内閣の「首長」（憲§66Ⅰ）であり，内閣の統一性・一体性の中核であること，および，国会の指名に基づく国会の信任を受けた内閣総理大臣（憲§67）が欠けることにより，内閣の信任の基礎を失うからである。

　　内閣総理大臣が「欠けたとき」とは，具体的に，以下の場合がある。
① 　死亡の場合（病気や一時的な行方不明の場合は含まない。）
② 　国会議員でなくなった場合
　㋐　資格争訟の裁判による議員資格の喪失（憲§55）
　㋑　懲罰による除名（憲§58Ⅱ）

H16-1-2

　　※　なお，衆議院の解散によって国会議員の地位を失った場合は含まない。この場合は，衆議院議員総選挙の後に初めて国会の召集があったときに，内閣は総辞職をすることになる（憲§70）。
③ 　日本国籍の喪失・亡命の場合
④ 　辞職の場合（通説）

⑶　**衆議院議員総選挙の後に初めて国会の召集があったとき**

> **第70条**　……。衆議院議員総選挙の後に初めて国会の召集があつたときは，内閣は，総辞職をしなければならない。

　　衆議院議員総選挙によって，内閣総理大臣を指名した衆議院の構成そのものが変わった以上，内閣はその信任を失い，その地位にとどまることができないからである。
　　なお，内閣が衆議院の解散を選択しても（憲§69），結局のところ，憲法70条によって，内閣は衆議院議員総選挙の後に初めて開かれる国会において，総辞職しなければならないことになる。

5　総辞職後の内閣の職務

> **第71条**　前二条（第69条，第70条）の場合には，内閣は，あらたに内閣総理大臣が任命されるまで引き続きその職務を行ふ。

(1)　意義等

　　本条は，憲法69条，70条により総辞職した内閣が直ちに職務を離れると，最高行政機関が存在しないことになり，国政に重大な障害をもたらすおそれがあることから，総辞職後の内閣は，あらたに内閣総理大臣が任命されるまで，引き続きその職務を行うことにしたのである。

(2)　総辞職後の内閣の存立期間

　　総辞職後の内閣は，あらたに内閣総理大臣が任命されるまで，引き続きその職務を行う。

　　総辞職後の内閣の職務は「あらたに内閣総理大臣が任命」された時点で終了するので，新しい内閣総理大臣の任命後，その他の国務大臣を任命するまでの間は，新しい内閣総理大臣は，1人で内閣を組織することになる。

(3)　総辞職後の内閣の職務の範囲

　　総辞職後の内閣の職務の範囲には，憲法上の制約はないが，その内容は日常的な事務処理に限られると解されている（通説）。

　　したがって，例えば，総辞職後の内閣によって衆議院を解散することは許されない。既に退任することが確定している内閣が，国民に信を問うために衆議院を解散することは，その性格と矛盾するからである。

２　内閣の権能

1　憲法73条の権能

> **第73条**　内閣は，他の一般行政事務の外，左の事務を行ふ。
> 　一　法律を誠実に執行し，国務を総理すること。
> 　二　外交関係を処理すること。
> 　三　条約を締結すること。但し，事前に，時宜によつては事後に，国会の承認を経ることを必要とする。
> 　四　法律の定める基準に従ひ，官吏に関する事務を掌理すること。
> 　五　予算を作成して国会に提出すること。
> 　六　この憲法及び法律の規定を実施するために，政令を制定すること。但し，政令には，特にその法律の委任がある場合を除いては，罰則を設けることができない。
> 　七　大赦，特赦，減刑，刑の執行の免除及び復権を決定すること。

(1)　意義等

　　「行政権は，内閣に属する」（憲§65）ことから，内閣は，原則として一切の行政事務を行うが，憲法73条はそのうち特に重要な7つの事項を例示的に列挙している。

(2)　法律の誠実な執行と国務の総理（憲§73①）

①　法律による行政（法治行政）の原則の下では，内閣は，国会の制定した法律を誠実に執行する義務を負う。他方で，内閣の構成員である国務大臣は憲法を尊重し擁護する義務を負う（憲§99）。そこで，内閣は，国会の制定した法律を違憲と判断した場合でも，その法律を誠実に執行する義務を負うのかが問題となる。

　　㋐　内閣自身が法律を違憲と判断した場合
　　　　内閣には，国会の制定した法律が違憲かどうかを判断する権限はなく，「国権の最高機関」（憲§41）とされた国会が当然に合憲であると判断して制定した法律である以上，内閣は法律の執行義務を免れることはできない（通説）。

　　㋑　最高裁判所が法律を違憲と判断した場合
　　　　最高裁判所の違憲判決の効力について，当該訴訟事件の当事者間に限って無効となるとする個別的効力説（通説）によれば，違憲と判断された法律が一般的に無効となるわけではないので，内閣の法律の執行義務は当然には否定されないが，内閣は当該法律の執行を差し控えるべきであるとされている（通説）。
　　　　なお，違憲判決の効力については，「本編第4章第5節7違憲判決の効力」を参照のこと。

(3)　外交関係の処理（憲§73②）

　　外交関係の処理とは，憲法73条3号に規定されている条約の締結を除く一切の外交関係の処理をいう。
　　具体的には，外交交渉，外交使節の任免，外交文書の作成などである。

(4)　条約の締結（憲§73③）

①　意義等
　　条約の締結は「外交関係の処理」（憲§73②）に含まれるが，それは，国家の運命，国民の権利義務に重大な影響を及ぼすものであるから，内閣

に条約締結権を与え，その承認権は国民の民主的コントロールの及ぶ国会
に帰属させるものとしたものである。

② 「条約」

条約とは，広く文書による国家間の合意をいう。

条約，協約，覚書など名称の有無は問わない。ただし，既存の条約を執 **H29-3-イ**
行するために必要な技術的・細目的な協定は，憲法73条3号の条約に当た
らないため，当該協定を締結するに際して国会の承認を経る必要はなく，
同条2号により内閣限りで処理することができる。

③ 条約締結権

条約を締結することは，内閣の権能である（憲§73③本文）。

条約締結行為は，通常の場合，内閣から全権委任状を与えられた者（全
権大使）が相手国と交渉し，「署名」（調印）した後，内閣の「批准」（成
立した条約を審査し，それに同意を与え，その効力を最終的に確定する行
為），批准書の交換によって確定する。なお，批准には天皇の認証を必要
とする（憲§7⑧）。

④ 条約承認手続

条約が成立するためには，国会による事前または事後の承認が必要であ **H29-3-ア**
る（憲§73③但書）。

国会による条約の承認は事前でなければならないわけではないが，条約
の締結に国会の民主的コントロールを及ぼすという憲法73条3号但書の趣
旨からは，事前の承認が望ましいとされている。

なお，国会の不承認条約の効力および条約修正権の有無については，「本
編第2章第3節■5条約承認権」を参照のこと。

⑸ **官吏に対する事務の掌理（憲§73④）**

官吏とは，地方公共団体の公務員（吏員），国会議員と職員，裁判所の裁
判官と職員を除いた，内閣が原則的に任免権を有する公務員をいう（通説）。

⑹ **予算の作成・国会への提出（憲§73⑤）**

予算とは，一会計年度における国の歳入および歳出に関わる財政行為の準
則をいう。

予算の作成権者および発案権者は内閣であるが，それを議案として内閣を
代表して国会に提出するのは内閣総理大臣である（憲§72）。

　　なお，予算に関しては「本編第5章5予算」を参照のこと。

(7)　政令の制定（憲§73⑥）

　① 　意義等

　　　政令は，内閣の定める命令（行政機関の制定する法規範）であり，命令の中で最高の形式的効力を有する。憲法73条6号は，内閣にこの政令を制定する権限を与えたものである。

　② 　種　類

　　㋐ 　執行命令

　　　　憲法73条6号本文は，「この憲法及び法律の規定を実施するために」と規定し，内閣が，執行命令の性質を有する政令を定めることを明文で認めている。

　　㋑ 　委任命令

　　　　委任命令（法律の委任に基づき，その範囲内で法律の所管事項を定める命令）の性質を有する政令の制定が可能かどうかについては，憲法は明確に定めていない。

　　　　しかし，ⓐ現代国家では専門的・技術的な処理や迅速な処理を必要とする行政活動が増大していること，ⓑ憲法73条6号但書が「政令には，特にその法律の委任がある場合を除いては，罰則を設けることができない」と規定していることから，憲法は委任命令の制定を当然の前提にしているものと解される。

　　　　なお，憲法は国会を「唯一の立法機関」（単独立法の原則：憲§41）としていることから，法律に代わる緊急勅令（明憲§8）や法律とは無関係の独立命令（明憲§9）は，許されない。

　　㋒ 　委任の限界

　　　ⓐ 　委任命令を行うにあたって，一般的・包括的な白紙委任は禁止され，個別的・具体的な委任のみが許される（最判昭25.2.1）。

　　　　| 理　由 | ➡ | 一般的・包括的な白紙委任命令を認めることになれば，国会を国の唯一の立法機関（憲§41）とした趣旨が有名無実化することになりかねないからである。|

　　　ⓑ 　判　例

　　　　　判例は，被勾留者と14歳未満の者との接見を禁止した(旧)監獄法施

行規則120条・124条の規定は，法律によらず被勾留者の接見の自由を著しく制限するものであるから，(旧)監獄法50条の委任の範囲を超え，無効であるとする（最判平3.7.9)。

[エ]　再委任の肯否

立法の委任を受けた機関が，その事項をさらに他に委任（再委任）することができるかという点については，憲法に規定がなく問題となるが，判例は，犯罪の構成要件の再委任も，委任する法律の趣旨に反しない限り，憲法上許されるとする（最判昭33.7.9)。

(8)　恩赦の決定（憲§73⑦）

内閣は，大赦，特赦，減刑，刑の執行の免除および復権を決定することができる。

恩赦とは，訴訟法上の手続によらずに，行政権によって国家の刑罰権の全部または一部を消滅させることをいう。

恩赦は，内閣が決定し，天皇がこれを認証する（憲§７⑥)。

2　憲法73条以外の権能

憲法73条が定める以外の内閣の権能としては，次のようなものがある。

① 天皇の国事行為に関する助言と承認（憲§３，７柱書）
② 国会の臨時会の招集の決定（憲§53)，参議院の緊急集会の召集（憲§54Ⅱ但書）
③ 衆議院の解散（憲§69)
④ 最高裁判所の長たる裁判官の指名（憲§６Ⅱ)，長たる裁判官以外の裁判官の任命（憲§79Ⅰ)，下級裁判所の裁判官の任命（憲§80Ⅰ)
⑤ 予備費の支出（憲§87)
⑥ 決算・会計検査院の検査報告書の国会への提出（憲§90Ⅰ)
⑦ 国会および国民への財政状況の報告（憲§91)

第3節　内閣の責任と衆議院の解散権

Topics・内閣の責任等は令和3年に，衆議院の解散権の憲法上の根拠について
　　　　は平成24年，18年に出題されているので，一応読んでおけば足りる。

① 内閣の責任

R3-3-ア

> **第66条**
>
> 3　内閣は，行政権の行使について，国会に対し連帯して責任を負ふ。

1　責任の範囲と相手方

(1)　意義等

本条は，内閣が行政権全般について，国民の代表機関である国会（憲§
43）に対して連帯して責任を負うものとして，内閣を国会のコントロールの
下におくことにより，民主的な責任行政を果たさせようとしたものである。
また，本条は，議院内閣制の根拠規定の1つでもある。

(2)　責任の範囲

内閣は，行政権の行使について責任を負うが，この場合の「行政権」とは，
憲法によって内閣に帰属するとされた権能（形式的意味の行政）のすべてを
いう（通説）。

したがって，内閣は，天皇の国事行為に対する内閣の助言と承認行為（憲
§3，7柱書）についても，国会に対して責任を負うことになる。

(3)　責任の相手方

内閣は，「国会」に対し責任を負う。この場合の「国会」とは，衆参両議
院を意味し，内閣は，各議院に対して責任を負うことになる（多数説）。

2　責任の性質

憲法66条3項は，責任の原因（要件），内容（効果）とも何ら規定されてい
ないことから，内閣の国会に対する「責任」は，法的責任ではなく政治的責任
であると解される（通説）。

3　責任追及の方法

　各議院の責任の追及の方法としては，質疑，質問，国政調査（憲§62），衆議院による内閣不信任決議（憲§69）がある。

　なお，衆議院による内閣不信任決議（憲§69）がされた場合は，内閣は衆議院の解散か総辞職をしなければならないとする法的効果を伴う。

4　責任の態様

⑴　内閣の連帯責任

　内閣は，国会に対して「連帯して」責任を負う。

　合議体としての内閣は，内閣総理大臣のもとに一体となって政治を行うことから，その責任も一体として負うことにしたものである。

⑵　国務大臣の単独責任

　憲法66条3項は，各国務大臣が所管事項について不当な行為などを行った場合に，単独責任を負うことを否定する趣旨ではないと解されている。

　ただし，個別の国務大臣に対する衆議院の不信任決議は，憲法69条の定め <u>H27-2-ア</u> る法的効果を生じさせるものではなく，また，不信任決議された国務大臣の辞職を法的に義務づけるものでもない。

② 衆議院の解散権

> **第69条**　内閣は，衆議院で不信任の決議案を可決し，又は信任の決議案を否決 <u>R3-3-イ</u> したときは，10日以内に衆議院が解散されない限り，総辞職をしなければならない。

1　意義等

　本条は，内閣は衆議院の信任を通して国民の信任の上に存在することから，衆議院において内閣の不信任の決議案が可決され，または信任の決議案が否決されれば，内閣はその存立の基礎を失うため，①自ら総辞職するか，または，②衆議院を解散して総選挙により国民の判断を求めるか，内閣にその選択権を認めたものである。

2　解散の意味・機能

(1)　解散の意味

解散とは，議員の任期満了前に議員全員の身分を失わせる行為をいう。解散は会期中に行われるのが通例であるが，会期外に行うことも可能である。

(2)　解散の機能

国会と内閣の間で意見の対立が生じたときに解散によってその解決を図るという機能（紛争解決機能）が期待でき，重要な国政上の争点が生じたときなどに解散・総選挙を行うことにより改めて民意を問う機能(民意反映機能)が期待できる。

3　解散権行使の主体

解散権行使の主体に関しては，①衆議院自身の解散決議によって自律的に解散できるとする見解（**自律的解散説**）と②内閣が衆議院を解散することができるとする見解（**他律的解散説**）がある。

しかし，自律的解散説に対しては，㋐憲法上明文の規定がないこと，㋑憲法54条，69条が「解散される」という受身の文言となっていること，㋒議会の多数派の国会議員によって少数派の国会議員の地位が奪われてしまい妥当ではないとの批判がある。

4　解散権の根拠

＜論点＞

衆議院の解散権行使の主体を内閣と解した場合（他律的解散説），さらに，その根拠について，憲法69条に限定するとする見解（憲法69条限定説）と憲法69条に限定しないとする見解（憲法69条非限定説）の対立がある。

(1)　憲法69条限定説

[H18-1-イ]

内閣の衆議院解散権の根拠を憲法69条の場合に限定することによって，内閣による衆議院解散権の濫用を防止しようとする見解。

[批判] ➡① **解散権を行使できる場合が著しく限定され，**重要な国政上の争点が生じたときなどに解散・総選挙を行うことにより**改めて民意を問うことが困難となり，国民主権の趣旨から妥当でない。**

② **憲法69条は，**衆議院で不信任決議案の可決または信任決議案の否決があった場合，内閣のとるべき方法として，㋐総辞職，㋑衆議院の解散という２つの選択肢を定めた規定にすぎず，**不信任された場合にしか解散してはならないことを定めた規定ではない。**

(2)　憲法69条非限定説

　　この説は，衆議院の解散制度は選挙によって国民の意思を問い，それを衆　`H18-1-エ`
議院に反映させようとする制度であるから，国民の意思を問う必要があるの
は憲法69条の場合に限られないとする。

　　そして，衆議院の解散の根拠としては，①憲法7条，②憲法65条，③制度
そのものとする見解がある。

① 　憲法7条説
　　㋐　憲法7条に列挙された天皇の国事行為は，本来実質的なものであり，
　　　　内閣は天皇への助言と承認を通じて衆議院を解散することができるとす
　　　　る見解（通説・実例）。

　　　　　批判 ➡ 　憲法4条1項によって，天皇は，「国政に関する権能を有しない」
　　　　　　　　　とされているのであるから，本来的に名目的および儀礼的な行為
　　　　　　　　　しか行えないはずであり，天皇による衆議院の解散それ自体が政
　　　　　　　　　治的なものであることを前提に，内閣が解散権の実質的決定権を
　　　　　　　　　有するとするのは，天皇を象徴的地位（憲§1）におしとどめた
　　　　　　　　　憲法の解釈として妥当でない。

　　㋑　天皇は国政に関する権能を有しないことから，天皇が国事行為として　`H18-1-ア`
　　　　行う衆議院の解散は形式的かつ儀礼的なものであり，衆議院の実質的解
　　　　散権は天皇に助言と承認を行う内閣が有するとする見解。

　　　　　批判 ➡ 　天皇が行う衆議院の解散が形式的かつ儀礼的なものにすぎない
　　　　　　　　　のに，天皇に助言と承認を行う内閣に衆議院の実質的解散権があ
　　　　　　　　　るとするのは不自然である。

② 　憲法65条説
　　　行政の概念について，立法作用および司法作用を除いた国家作用をいう　`H18-1-ウ`
　　とする行政控除説を前提として，解散は立法作用でも司法作用でもないた
　　め「行政」に属し，憲法65条は「行政権」が内閣に属すると定めているこ
　　とから，衆議院の解散権の実質は内閣に属するとする見解。

　　　　批判 ➡ 　例えば，アメリカの大統領は行政権者であるが，議会の解散権は
　　　　　　　　有しないというように，内閣が行政権を有するからといって当然に
　　　　　　　　衆議院を解散することができる根拠とはならない。

③ 　制度説
　　　議院内閣制（行政府が解散権をもつことを議院内閣制の本質とする均衡

本質説）または権力分立制（権力の抑制・均衡）そのものを根拠に，内閣は衆議院を解散できるとする見解。

批判 ➡ 歴史的に見ても，憲法が議院内閣制または権力分立制を採っているからといって，当然に内閣は解散権を有するものではない。

(3) **判　例**

　下級審は，衆議院の解散の効力が争われた事件について，憲法7条3号は解散権の所在とその行使の仕方を定めたものであるとして，憲法7条3号を理由とする解散を合憲としている（東京高判昭29.9.22；苫米地事件）。ただし，最高裁は，「統治行為」論でその判断を避けた。

(4) **まとめ（衆議院の解散権行使の主体を内閣と解した場合）**

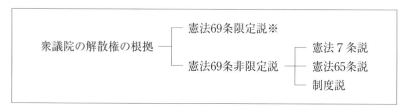

H18-1-オ　※　なお，内閣の解散権を憲法69条の場合に限定した上で，国会は国権の最高機関（憲§41）であることを根拠に，衆議院自身の解散決議による自律的解散を認める見解がある（自律的解散説）。

第4章
裁判所

第1節　司法権の意義・帰属

Topics・特別裁判所の意義・例外を確認しておくこと，行政機関は前審として
なら裁判を行うことができることに注意することが大切である。

第76条　すべて司法権は，最高裁判所及び法律の定めるところにより設置する
下級裁判所に属する。
2　特別裁判所は，これを設置することができない。行政機関は，終審として
裁判を行ふことができない。

1　意義等
(1)　趣　旨
　本条項は，立法権（憲§41），行政権（憲§65）に対応する司法権の存在
とそれを裁判所に帰属させることを明らかにするとともに，三権分立の原則
を採ることを定めている。

(2)　「司法権」の意義
　司法権とは，具体的な争訟について法を適用し宣言することによって，こ
れを裁定する国家作用（実質的意味の司法権）をいう（最判昭27.10.8；警察
予備隊違憲訴訟）。
　具体的な争訟については具体的事件性ともいわれ，司法権の概念の本質的
要素であるが，この点については，「本編第4章第2節**1**2法律上の争訟」
を参照のこと。
　これに対して，形式的意味の司法権とは，憲法により裁判所に与えられた
権限をいい，その中には，実質的意味の立法権（最高裁判所の規則制定権）
や実質的意味の行政権（司法行政権）も含まれる。

2　司法権の帰属

(1)　一元的な司法権

①　原　則

　　憲法76条1項は，「すべて司法権は，最高裁判所及び法律の定めるところにより設置する下級裁判所に属する」と規定して，司法権が，最高裁判所およびその系列下の下級裁判所に一元的に帰属することを明らかにしている。

②　例　外

　　次の2つは憲法自身が定める例外であり，その裁判の結論に不服があっても，通常の裁判所に訴えることができないと解されている。

H28-3-イ
H16-1-1
H15-3-2

　　㋐　各議院による議員の資格争訟の裁判（憲§55）
　　㋑　国会による裁判官の弾劾裁判（憲§64）
　　　なお，この弾劾裁判を行う弾劾裁判所（憲§64）は，特別裁判所（憲§76Ⅱ前段）に当たる。

(2)　特別裁判所の禁止（憲§76Ⅱ前段）

①　意義等

　　特別裁判所の設置は，法の下の平等（憲§14Ⅰ）に反し，国民等の裁判所における裁判を受ける権利（憲§32）を奪うことになり，また，法解釈の統一性を害することから，憲法はこれを明文で禁止している。

②　「特別裁判所」の意味

　　特別裁判所とは，特殊の身分の人や特殊の性質の事件について裁判するために，通常の裁判所の組織系列外に設けられた特別の裁判機関をいう。例えば，明治憲法下の軍法会議や皇室裁判会議などがこれに当たる。

　　ただし，特殊の身分の人や特殊の性質の事件のみを扱う裁判所であっても，通常の裁判所の組織系列に属する裁判所であれば，特別裁判所とはならない。

　　したがって，家庭裁判所は，主として家庭事件・少年事件という特殊な性質の事件を扱う裁判所であるが，通常裁判所の組織系列に属する下級裁判所として設置されたものであり，憲法76条2項前段にいう特別裁判所に当たらない（最判昭31.5.30）。

(3)　行政機関による終審裁判の禁止（憲§76Ⅱ後段）

　　行政機関が，裁判を行うことは憲法76条2項前段の趣旨に反して許されな

いが，特殊な専門的・技術的な行政分野については，行政機関のほうが正確に事実認定を行うことを期待できるため，特に，憲法は，同条2項後段で，例外的に行政機関が前審として裁判を行うことを許容したのである。

したがって，公正取引委員会の審決，人事院の裁決などのように，行政機関は前審としてなら裁判を行うことができるが，それらの行政機関による判断に不服があるときには，通常の裁判所に出訴の道が開かれていることが前提となる。 `H15-3-4`

また，一定の場合には行政機関の不服審査を経なければ，裁判所への出訴が認められないとすること（審査請求前置主義）も，許されるとされている（最判昭26.8.1）。

(4)　一般市民の裁判への参加

一般市民が裁判に直接参加する制度として，一般市民だけが評議する陪審制と一般市民と裁判官が一緒になって評議する裁判員制度がある。

① 陪審制

陪審制とは，司法に対して国民が参加する制度をいう。

陪審制には，一般国民から選任された陪審員が，正式起訴をするか否かを決定する大陪審と，審理に参加し評決する小陪審とがある（わが国では起訴は検察官の専権であるから（刑訴§247），もっぱら小陪審が問題になる）。

陪審制の合憲性については争いがあるところであるが，通説は，裁判官が陪審の評決に拘束されないものである限り，合憲であるとしている。

② 裁判員制度

㋐ 意　義

裁判員制度とは，原則として，選挙人名簿の中から無作為に抽出した裁判員（6名）と裁判官（3名）からなる合議体が，共に重大犯罪の裁判を担当し，有罪・無罪の決定と刑の量定を行う制度をいう。

㋑ 目　的

裁判員制度の導入の目的は，ⓐ裁判への国民参加による司法に対する国民の理解の増進とその信頼の向上と，ⓑ裁判の遅れを解消することの2点にある。

第2節　司法権の範囲と限界

Topics・司法権の範囲・限界については令和２年と平成26年に，法律上の争
　　　　訟については19年に出題されているため，再出題の可能性は高くな
　　　　いので一応読んでおけば足りる。

❶　司法権の範囲

1　事件の種類

　　憲法76条１項の司法権には，民事事件・刑事事件の裁判のほかに，行政事件
の裁判も含まれる。

　　理由　➡① 　憲法76条２項が，特別裁判所の設置を禁止し，行政機関による終審
　　　　　　　　裁判所を禁止している。

　　　　　　② 　憲法81条が，行政機関などが行う「処分」の違憲性の審査権限を裁
　　　　　　　　判所に与えている。

2　法律上の争訟

　　法律上の争訟は司法権の概念の本質的要素であり，また，裁判所法３条１項
は，「裁判所は，日本国憲法に特別の定めのある場合を除いて一切の法律上の
争訟を裁判し，その他法律において特に定める権限を有する」と規定している
が，「法律上の争訟」の意味が明らかでなく問題となる。

　　この点，「法律上の争訟」とは，①当事者間の権利・義務の存否ないし具体
的な法律関係の存否に関する紛争（事件性の要件１）であって，かつ，②それ
が法令の適用により終局的に解決できる紛争（事件性の要件２）をいうと解さ
れている（最判昭56.4.7；「板まんだら」事件）。

　　そして，法律上の争訟の要件（事件性の要件）を欠く場合，裁判所は審査権
を行使することができないことになる。

(1)　事件性の要件１

　　当事者間の権利・義務の存否ないし具体的な法律関係の存否に関する紛争
であること

　　警察予備隊違憲訴訟（最判昭27.10.8）

　　旧日本社会党の代表者が，自衛隊の前身である警察予備隊の設置・維
持に関する国の一切の行為は，憲法９条に照らし違憲無効であるとして，
直接，裁判所に出訴した事件。

【判旨】

　わが裁判所が現行の制度として与えられているのは司法権を行う権限であり，そして司法権が発動するためには具体的な争訟事件が提起されることを必要とする。**具体的な争訟事件が提起されないのに将来を予想して憲法および法律命令等の解釈に対し存在する疑義論争に関し抽象的な判断を下すような権限を行い得るものではない。** H19-2-オ

(2)　事件性の要件２

　具体的な権利義務ないし法律関係に関する紛争であっても，法令の適用により終局的に解決できる紛争であること

① 　単なる事実の存否，個人の主観的意見の当否，学問上・技術上の論争などの場合

　　技術士国家試験事件（最判昭41.2.8）

　　技術士国家試験に不合格となったXが，不合格処分の取消しを求めて争った事件。

【判旨】

　国家試験の合否判定は，学問上または技術上の知識，能力，意見等の優劣・当否の判断を内容とする行為であるので，その試験実施機関の最終判断に委ねられるべきものであって，裁判所は，その判断の当否を審査し具体的に法令を適用して，その争いを解決調整できるものではない。 H26-3-ア H19-2-ア

② 　信仰の対象の価値または宗教上の教義に関する争いの場合

　　「板まんだら」事件（最判昭56.4.7）

　　正本堂の建立資金のために寄付を行った元創価学会の会員が，正本堂に安置する本尊である「板まんだら」は偽物であるとして，寄付金の返還を求めて争った事件。

【判旨】

　本件訴訟は，具体的な権利義務ないし法律関係に関する紛争の形式をとっており，その結果信仰の対象の価値または宗教上の教義に関する判断は請求の当否を決するについての前提問題であるにとどまるものとされてはいるが，**本件訴訟の帰すうを左右する必要不可欠のものと認められ，また，本件訴訟の争点および当事者の主張立証もその判断に関する**

ものがその核心となっていると認められることからすれば，結局本件訴訟は，その実質において法令の適用による終局的な解決の不可能なものであって，裁判所法3条1項にいう法律上の争訟にあたらない。

蓮華寺事件（最判平元.9.8）

日蓮正宗蓮華寺の住職であり代表役員等でもあったXは，創価学会を巡る同宗内部の対立過程でした言説が同宗の教義等に反する異説とされ，日蓮正宗管長Yから擯斥処分（僧籍剥奪）を受けて住職の地位および代表役員等の地位も失った。そこで，Xは，Yに対して代表役員等の地位確認を求め，Yは，Xに対して寺院建物の明渡しを求めて争った事件。

【判旨】

宗教法人の代表役員等の地位の前提として宗教上の地位の存否を審理判断する必要がある場合，教団の手続準則で教義・信仰に関係しないものに従い選解任がなされたかを判断できるときには裁判所は審判できるが，宗教上の判断も必要になるときには審判できない。

H26-3-イ

当事者間の具体的な権利義務ないし法律関係に関する訴訟であっても，宗教団体内部においてされた懲戒処分の効力が請求の当否を決する前提問題となっており，その効力の有無が当事者間の紛争の本質的争点をなすとともに，それが宗教上の教義，信仰の内容に深くかかわっているため，当該教義，信仰の内容に立ち入ることなくしてその効力の有無を判断することができず，しかも，その判断が訴訟の帰趨を左右する必要不可欠のものである場合には，当該訴訟は，その実質において法令の適用による終局的解決に適しないものとして，裁判所法3条にいう「法律上の争訟」にあたらない。

⋯コメント

その後においても，判例は，特定の者が宗教団体の宗教活動上の地位にあることに基づいて宗教法人である当該宗教団体の代表役員の地位にあることが争われている訴訟において，その者の宗教活動上の地位の存否を審理，判断するにつき，当該宗教団体の教義ないし信仰の内容に立ち入って審理，判断することが必要不可欠である場合には，上記の者の代表役員の地位の存否の確認を求める訴えは，裁判所法3条にいう「法律上の争訟」に当たらない（最判平5.9.7；日蓮正宗管長事件）として，消極的な態度をとっている。

R2-3-ウ

もっとも，判例は，宗教法人において檀信徒名簿が備え付けられていて檀

徒であることが当該法人の代表役員を補佐する機関である総代に選任される
ための要件とされ，総代による意見の表明を通じて檀徒の意見が反映される
体制となっており，檀徒による当該法人の維持経営の妨害行為が除名処分事
由とされているという判示の事実関係の下においては，当該法人における檀
徒の地位は，具体的な権利義務ないし法律関係を含む法律上の地位というこ
とができるとしている（最判平7.7.18）。

②　司法権の限界

1　総　説

　ある紛争が，「法律上の争訟」としての性格を有し，裁判所が適法・違法の
判断を下すことができるときでも，特別の事情から，司法審査権を及ぼすこと
が適当でない場合がある。これを「司法権の限界」という。

2　憲法上の限界

(1)　憲法の明文上の限界

R2-3-オ
H28-3-イ
H16-1-1
H15-3-2

　①　各議院による議員の資格争訟の裁判（憲§55本文）

　②　国会による裁判官の弾劾裁判（憲§64）

(2)　憲法の解釈上の限界

　①　自律権

　②　自由裁量行為

　③　統治行為

　④　団体の内部事項に関する行為

3　自律権

(1)　意義等

　自律権とは，国会（各議院）や内閣が，各自の内部事項について，自主的
に決定できる権能をいう。

　各機関の自律権に関する事項については，その自主性を尊重して，たとえ，
それが違法であっても，裁判所の司法審査権は及ばない。

(2)　判　例

警察法改正無効事件（最判昭37.3.7）

　国会審議の際に議場混乱のまま新警察法が可決されたことから，その

> 成立手続が違憲であるとして争われた事件。

【判旨】

H25-3-ウ
H19-2-エ
　警察法は，両院において議決を経たものとされ適法な手続によって公布されている以上，裁判所は両院の自主性を尊重すべく同法制定の議事手続に関する事実（会期延長決議が適法に成立したか否かという事実）を審理してその有効無効を判断すべきではない。

4　自由裁量行為

　立法機関や行政機関の自由裁量に委ねられた行為は，その当・不当の問題とはなっても，適法か違法かは問題とならないため，一般には司法審査権は及ばない。

　ただし，自由裁量行為であっても，裁量権の逸脱・濫用があった場合には，司法審査権が及ぶとされている（最判昭57.7.7；堀木訴訟）。

5　統治行為

(1)　意　義

H25-3-ウ
　統治行為とは，直接国家統治の基本に関する高度に政治性のある国家行為で，法律上の争訟として裁判所による法的判断が可能であっても，事柄の性質上，司法審査の対象から除外されるものをいう（最判昭35.6.8；苫米地事件）。

　統治行為を認めるか否かについては争いがある。この点，明文の規定が存在しないにもかかわらず，重大な憲法問題はすべて統治行為とされて裁判所の司法審査権が及ばないとするならば，裁判所に司法審査権を与えた趣旨が失われかねないとして，統治行為を否定する見解もあるが，これを肯定するのが判例・通説である。

(2)　根　拠

　統治行為を肯定した場合，その根拠については次の3つの見解がある。

　すなわち，①統治行為に対して司法審査を行うことによる混乱を回避するために裁判所が自制すべきであるとする見解（自制説），②高度の政治性を帯びた行為は，国民によって直接選挙されていない裁判所の審査の範囲外にあり，その当否は国会や内閣の判断に委ねられているとする見解（内在的制約説），③自制と内在的制約の両方を統治行為の根拠であるとする見解（折衷説）があるが，③の折衷説が通説である。

　なお，判例は，「司法権の憲法上の本質に内在する制約と理解すべきである」として，内在的制約説を採っている（最判昭35.6.8；苫米地事件）。

(3)　**判　例**
　　苦米地事件（最判昭35.6.8）

> 　衆議院の「抜き打ち解散」によって議員資格を失った衆議院議員（苦米地）が，憲法7条に基づく解散は違憲であり，内閣の助言と承認が適法にされなかったとして，国に対して議員資格の確認と任期満了までの歳費を請求して争った事件。

【判旨】
　　わが憲法の三権分立の制度の下においても，司法権の行使についておのずからある限度の制約は免れないのであって，あらゆる国家行為が無制限に司法審査の対象となるものと即断すべきでない。
　　直接国家統治の基本に関する高度に政治性のある国家行為のごときはたとえそれが法律上の争訟となり，これに対する有効無効の判断が法律上可能である場合であっても，かかる国家行為は裁判所の審査権の外にあり，その判断は主権者たる国民に対して政治的責任を負うところの政府，国会等の政治部門の政治的判断に任され，最終的には国民の政治判断に委ねられているものと解すべきである。衆議院の解散は，極めて政治性の高い国家統治の基本に関する行為であって，その法律上の有効無効を審査することは司法裁判所の権限の外にある。

`H26-3-オ`
`H25-3-ウ`
`H19-2-ウ`

　　(⋯)コメント
　　　本判決は，統治行為論を正面から認めたものである。
　　　なお，日米安全保障条約の合憲性が争われた「砂川事件」（最判昭34.12.16）でも，最高裁は，これとほぼ同旨の判示をし，原則として同条約は司法審査の対象外であるとする（締結手続と内容を問わない）。しかし，「一見極めて明白に違憲無効」な場合には司法審査が可能であるとしているので，純粋な統治行為論を採ったものではないとされている。

6　団体の内部事項に関する行為
(1)　**総　説**
　　地方議会，大学，政党，労働組合など自律的な法規範をもつ組織・団体などの部分社会の内部規律に関する事項に関する紛争については，その自治的措置に任せ，裁判所の司法審査は及ばない（最判昭63.12.20等）。
　　ただし，重要な権利の制限が問題となっている場合や，一般市民法秩序と直接関連する場合などには，裁判所の司法審査が及ぶ（最判昭52.3.15）。

(2) **地方議会の決議と司法審査**

地方議会議員の出席停止処分取消等請求事件（最判令2.11.25）

> 岩沼市議会の議員であったXが，市議会から科された23日間の出席停止の懲罰が，違憲・違法である等として争った事件。

【判旨】

普通地方公共団体の議会の議員は，憲法上の住民自治の原則を具現化するため，住民の代表としてその意思を当該普通地方公共団体の意思決定に反映させるべく活動する責務を負うものであり，議員に対して議会への出席停止の懲罰が科されると，当該議員はその期間，会議および委員会への出席が停止され，議事に参与して議決に加わるなどの議員としての中核的な活動をすることができず，住民の負託を受けた議員としての責務を十分に果たすことができなくなる。このような出席停止の懲罰の性質や議員活動に対する制約の程度に照らすと，これが議員の権利行使の一時的制限にすぎないものとして，その適否が専ら議会の自主的，自律的な解決に委ねられるべきであるということはできない。したがって，普通地方公共団体の議会の議員に対する出席停止の懲罰の適否は，司法審査の対象となるというべきである。

💬コメント

本件最高裁判例により，村会議員の出席停止処分については司法審査の対象とならないとされていた判例（最判昭35.10.19）が変更された。なお，地方議会議員の除名処分についても，裁判所の司法審査の対象となる（最決昭28.1.26）。

(3) **大学の単位認定と司法審査**

富山大学単位不認定事件（最判昭52.3.15）

> 大学側がA教授に対して授業担当停止措置を行ったために，A教授の授業を履修していた学生Xらが単位を取得することができなくなったとして，大学側の授業担当停止措置を争った事件。

【判旨】

大学は，国公立であると私立であるとを問わず，学生の教育と学術の研究とを目的とする教育の研究施設であってその設置目的を達成するために必要な諸事項については，自律的，包括的な権能を有し，一般市民社会と

は異なる特殊な部分社会を形成しているのであるから，一般市民法秩序と R2-3-イ
直接関係を有しない内部的な問題は司法審査の対象から除かれるべきもの H28-3-ア
である。大学における授業科目の単位授与行為は，ほかにそれが一般市民 H19-2-イ
法秩序と直接の関係を有するものであることを肯認するに足りる特段の事
情のない限り，大学の自主的，自律的な判断に委ねられ，司法審査の対象
とはならない。

⋯コメント

　　なお，大学の「専攻科修了不認定行為」に関して，本判決は，国公立の
大学が専攻科修了の認定をしないことは，実質的にみて，一般市民としての
学生の国公立大学の利用を拒否することにほかならず，学生が一般市民とし
て有する公の施設を利用する権利を侵害するものであり，専攻科修了の認定，
不認定に関する争いは，司法審査の対象になるとする。

(4)　政党と党員の関係と司法審査

共産党 袴田事件（最判昭63.12.20）

> 　　共産党の幹部Ｘ（袴田）は，反党的表現活動等を理由に除名処分を受
> けた。そこで，Ｘは，この除名処分が党規約に違反し，手続的にも実体
> 的にも無効であるとして争った事件。

【判旨】

　　政党の結社としての自主性にかんがみると，政党の内部的自律権に属す R2-3-ア
る行為は，法律に特別の定めのない限り尊重すべきであるから，政党が組 H26-3-エ
織内の自律的運営として党員に対してした除名その他の処分の当否につい
ては，原則として自律的な解決に委ねるのを相当とし，政党が党員に対し
てした処分が一般市民法秩序と直接の関係を有しない内部的な問題にとど
まる限り，裁判所の審判権は及ばない。

⋯コメント

　　なお，本判決は，党員の除名処分が一般市民としての権利利益を侵害する
場合であっても，その処分の当否は，当該政党の自律的に定めた規範が公序
良俗に反するなどの特段の事情のない限り，当該規範に照らし，規範を有し
ないときは条理に基づき，適正な手続に則ってされたか否かによって決すべ
きであり，本件審査もその点に限られるとする。

第3節　司法権の独立

Topics・司法権の独立については平成23年に出題されているが，再出題の可能性が高いので，確認しておくことが重要である。

1　総　説
⑴　意　義
　　司法権の独立とは，裁判官がその職務を行うにあたって，憲法および法律以外の何ものにも拘束されず，独立して職権を行使すること（裁判官の職権行使の独立），および，全体としての裁判所（司法府）が，他の国家機関から独立して自主的に活動すること（司法府の独立）をいう。

⑵　趣　旨
　　①司法権は，非政治的権力であり，政治性の強い立法権・行政権から侵害される危険性が大きいこと，②司法権は，裁判を通じて国民の権利を保護することを職責としているので，政治的権力の干渉を排除し，特に少数者の保護を図る必要があることから，裁判の公正を確保するために司法権の独立を保障したものである。

2　内　容
　　司法権の独立の内容としては，⑴裁判官の職権行使の独立と，⑵司法府の独立（広義の司法権の独立）がある。
　　すなわち，裁判官の職権行使の独立（憲§76Ⅲ）が司法権の独立の中核をなし，職権行使の独立を実質的に担保するために裁判官の身分を保障する（憲§78前段）とともに，司法部門が他の権力から独立して自主的に活動できるようにするために司法府の独立（憲§77，80Ⅰ）が要請される。

3　裁判官の職権行使の独立

> **第76条**
> 3　すべて裁判官は，その良心に従ひ独立してその職権を行ひ，この憲法及び法律にのみ拘束される。

⑴　意　義
H23-3-イ
　　裁判官の職権行使の独立とは，裁判官が，憲法および法律以外の国家機関や政治的勢力などからの影響を受けることなく独立して職権を行使すること

をいう。

(2)　裁判官の良心 H23-3-ウ

裁判官の「良心」の意味については，客観的良心説と主観的良心説があるが，判例の見解は必ずしも明確ではない（最判昭23.11.17，同昭23.12.15）。

①　客観的良心説

個人的・主観的な良心ではなく，客観的に存在する法を発見し，それに従うべきであるという裁判官の職業倫理的な良心とする見解。

②　主観的良心説

憲法19条の「良心」と同じく，個々の裁判官の個人的主観的な良心とする見解

(3)　範囲と限界

「憲法及び法律にのみ拘束される」とは，裁判官が法以外のなにものによっても拘束されないことをいう。

この場合の「法律」とは，実質的意味の法律（客観的法規範）をいうので，形式的意味の法律（国会の議決を経て制定される法規範）のほか，条例，命令，規則，慣習法，条理を含む。

「独立してその職権を行ひ」とは，他の何人の指示・命令を受けずに，自らの判断に基づいて裁判に関する職権を行使することをいう。

したがって，立法権や行政権はもとより，司法部内の指示・命令もまた排除される。

さらに，単に他の指示・命令に拘束されないというだけでなく，事実上，他の機関から裁判について重大な影響を受けないという要請をも含んでいる。

したがって，裁判官の自由な判断形成に対して，事実上重大な影響を及ぼす行為も，裁判官の職権の独立を侵害するので許されない。

なお，裁判員法が規定する評決制度の下で，裁判官が時に自らの意見と異なる結論に従わざるを得ない場合があるとしても，それは憲法に適合する法律に拘束される結果であるから，憲法76条3項に違反しない（最判平23.11.16）。

裁判官の職権行使の独立を脅かすものとして，①司法外部と②司法内部からの脅威・干渉がある。

① 司法外部からの脅威・干渉
　　㋐ 国政調査権（憲§62）
　　　　議院の国政調査権の行使が，具体的な判決内容の当否や公判廷における裁判長の訴訟指揮の仕方などに関する批判に及ぶときには，裁判官の職権の独立を侵害するものといえる。

　　　ⓐ 浦和事件
　　　　　参議院がその国政調査権（憲§62）にもとづいて具体的な事件の判決の当否を調査の対象にしたことが，裁判官の職権の独立（司法権の独立)を侵害するとして，最高裁判所が参議院に対して強く抗議した。

　　　ⓑ 吹田黙禱事件
　　　　　大阪地裁における吹田騒擾（騒乱）事件の公判廷で，被告人らが朝鮮休戦成立への拍手・戦死者への黙禱を制止しなかった裁判長の訴訟指揮権を国会の裁判官訴追委員会が問題にして調査に乗り出したことが，司法権の独立を侵害するとして，最高裁判所が裁判官訴追委員会に対して強く抗議した。

　　　　　なお，国政調査権については，「本編第2章第3節**2**議院の権能」を参照のこと。

　　㋑ 国民の裁判批判
H23-3-エ
　　　　国民が行う裁判批判は，表現の自由（憲§21Ⅰ）の一環として認められるので，それが健全な形のものである限り，直ちに裁判官の職権の独立を侵害するものとはいえない。

② 司法内部からの脅威・干渉
　　　司法内部からの脅威・干渉との関係では，上級裁判所の監督権のあり方が問題となる。
　　　一般的な司法行政上の監督権を超えて個別裁判への脅威・干渉といえる場合には，裁判官の職権の独立を侵害するものとなる。

　　㋐ 吹田黙禱事件
　　　　最高裁判所が「法廷の威信について」という通達を出して，吹田騒擾（騒乱）事件の公判廷で，被告に黙禱を許可した裁判長の訴訟指揮権を間接的に批判したことが，裁判官の職権行使の独立を侵害するのではな

いかが問題となった。

　　④　平賀書簡事件

　　　　札幌地裁に係属中の長沼ナイキ訴訟に関して，札幌地裁所長（平賀健太）が，事件担当の裁判長（福島重雄）に対して，自衛隊の違憲判断は避けるべきである旨の「書簡」を送ったことが，裁判官の職権行使の独立を侵害するのではないかが問題となった。

4　裁判官の身分保障

　　裁判官の職権行使の独立を制度上実効あるものにするためには，裁判官に特別の身分保障を与えることが必要である。

　　そこで，憲法は，⑴罷免（憲§78前段，79ⅡⅢ），⑵懲戒処分（憲§78後段），⑶報酬（憲§79Ⅵ，80Ⅱ）について，特に規定している。

⑴　裁判官の罷免

> **第78条**　裁判官は，裁判により，心身の故障のために職務を執ることができないと決定された場合を除いては，公の弾劾によらなければ罷免されない。……。

　　①　意義等

　　　　本条に掲げられた事由以外には，裁判官の罷免を認めず，裁判官が安心して裁判に専念できるようにして，裁判官の職権行使の独立を確保するものである。

　　　　裁判官の「罷免」とは，裁判官に対して，その意思に反してその地位を失わせることをいう。

　　②　罷免事由

　　　㋐　裁判により，心身の故障のために職務を執ることができないと決定された場合（**分限裁判による罷免**）　　`H23-3-オ`　`H16-1-5`

　　　　　「心身の故障のために職務を執ることができない」とは，裁判官の職務を遂行することができない程度の精神上の能力の喪失または身体の故障で，それが一時的でなく，相当長期にわたって継続することが確実に予想されるものをいう。

　　　㋑　公の弾劾による場合（**弾劾裁判による罷免**）　　`H23-3-オ`

　　　　　「公の弾劾」とは，一定の官職にあるものに対して，直接国民もしく

は国民の意思を代表する国家機関が責任を追及し，それに基づいて公の手続によって当該公務員を罷免する制度をいう。

　　裁判官に対する公の弾劾は，国会内に設けられ，国会から独立した弾劾裁判所の裁判によって行われる（憲§64Ⅰ）。

　㋒　国民審査による場合

　　最高裁判所の裁判官は，上記㋐㋑の場合のほかに，国民審査によっても罷免される（憲§79ⅡⅢ）（後述の本節4「⑷最高裁判所裁判官の国民審査」を参照のこと）。

⑵　裁判官の懲戒処分

H16-1-5
> **第78条**　……。裁判官の懲戒処分は，行政機関がこれを行ふことはできない。

　①　意義等

　　本条後段は，行政権の不当な介入によって司法権の独立（裁判官の職権行使の独立）が侵害されるのを防止するために，裁判官の懲戒処分は裁判所自身によって行われなければならないとするものである。

　　「裁判官の懲戒処分」とは，裁判官としての身分関係の秩序を維持するために，裁判官の義務違反に対して科される制裁をいう。

　②　処分機関

　　本条後段は，「行政機関がこれを行ふことはできない」と規定しているが，行政機関だけでなく，立法機関による裁判官の懲戒処分も行うことは許されないと解される。

　　理由 ➡　不当な介入による司法権の独立が侵害される危険を生ずるのは，立法機関による場合も異ならないからである。

　③　懲戒処分の種類

　　裁判官の懲戒処分は，「戒告」と「1万円以下の過料」のみである（裁判官分限§2）。

H23-3-オ
　　裁判官の罷免は，憲法上，前述した⑴裁判官の罷免事由の㋐～㋒の3つの場合（憲§78，79ⅡⅢ）に限定されているから，懲戒処分により裁判官を罷免することは許されない。

(3)　裁判官の報酬

第79条

6　最高裁判所の裁判官は，すべて定期に相当額の報酬を受ける。この報酬は，在任中，これを減額することができない。

第80条

2　下級裁判所の裁判官は，すべて定期に相当額の報酬を受ける。この報酬は，在任中，これを減額することができない。

　各本条項は，裁判官が，経済的な不安を抱くことなく職務に専念できるようにすることによって，経済的側面から裁判官の身分保障を図ったものである。

　したがって，病気などにより一定期間職務を行えなくても報酬を減額することは許されない。

　また，懲戒処分として報酬を減額することも許されない（通説）。ただし，懲戒処分としての過料（1万円以下）は，裁判官の非行に対する懲戒罰であり，結果的に裁判官の収入減となっても，報酬の減額そのものではないから，憲法79条6項，80条2項に違反しない（最決昭25.6.24）。

(4)　最高裁判所裁判官の国民審査

第79条

2　最高裁判所の裁判官の任命は，その任命後初めて行われる衆議院議員総選挙の際国民の審査に付し，その後10年を経過した後初めて行われる衆議院議員総選挙の際更に審査に付し，その後も同様とする。

3　前項の場合において，投票者の多数が裁判官の罷免を可とするときは，その裁判官は，罷免される。

`H16-1-4`

①　意義等

　最高裁判所裁判官の国民審査制度は，最高裁判所が憲法の終局的な判断権をもつことから（憲§81），内閣（形式的には天皇）による最高裁判所裁判官の任命行為に対して，国民にその判断の機会を与えることによって，国民主権の下での司法の民主化を実現しようとするものである。

② 法的性質

＜論点＞

国民審査の法的性質については，㋐解職制度としての性質を有するのか，㋑任命行為の完成ないし任命の効力の確定としての性質を有するのか，さらには，㋒両者の性質を併有するのかについて争いがある。

㋐ 解職制度説（最判昭27.2.20）

国民審査は最高裁判所裁判官に対する一種の国民解職（リコール）の制度であるとする見解。

[理由] ➡ 憲法79条３項が，「その裁判官は，罷免される」と定めている。

[批判] ➡ 任命後間もない時期に最初の国民審査が行われた場合，裁判官の業績を評価して，適格か不適格の判断をして解職することは困難である。

㋑ 任命行為説

国民審査は内閣（形式的には天皇）による最高裁判所裁判官の任命行為を審査，確定および完結させるものであるとする見解。

[理由] ➡ 憲法79条２項が「最高裁判所裁判官の任命は，……国民の審査に付し」と規定している。

[批判] ➡ 国民審査が行われる前は最高裁判所裁判官の任命が確定も完結もしていないことになるが，実際には任命を受けたその裁判官は国民審査が行われるまでの間も裁判官として裁判を行っており，国民審査が行われるまでの間の最高裁判所裁判官の地位を合理的に説明できない。

㋒ 折衷説

任命後の最初の国民審査は，通常，最高裁判所裁判官としての業績に関する資料が不足していることから内閣の任命行為に対する事後審査であるが，その後に行われる10年ごとの国民審査は，過去の職務の遂行から判断する解職としての性質を有するとする見解。

[理由] ➡㋐ 解職制度説の理由
㋑ 任命行為説の理由

[批判] ➡ 任命行為説に対する批判

③　投票方式と棄権の自由

　　国民審査の方法は，現行法上，罷免を可とすべき裁判官に×印を付し，そうでない裁判官には無記入という方法によっている（○印は付けない）。そこで，罷免の可否について不明の者の票は，罷免を可としない票に加えることになるので，棄権の自由が妨げられることになり，憲法19条（思想および良心の自由）に反しないかが問題となる。

　　判例は，国民審査を解職の制度であると解して，罷免するほうがいいか悪いか分からない者は，積極的に「罷免を可とする」という意思をもたないものだから，×印のないものを「罷免を可とするものではない」との効果を生じさせることは，何らその意思に反する効果を発生せしめるものではなく，思想の自由や良心の自由を制限するものではないとする（最判昭27.2.20）。

　　なお，学説上，現行の投票方法については，解職制度説からは解職の制度趣旨に違反しないとするのに対して，任命行為説，折衷説からは違憲の疑いが強いとされている。

④　罷免の効果

　　投票者の多数によって罷免を可とされた最高裁判所裁判官は，当然にその地位を失うことになる。　**H16-1-4**

⑤　判　例

　　在外日本人国民審査権確認訴訟―違憲判決（最判令4.5.25）

　　国外に居住していている日本国民Xは，衆議院議員総選挙の際に最高裁判所の裁判官に関する国民審査権の行使が認められなかったことが憲法15条1項，79条2項，3項に違反するとして争った事件。

【判旨】

　　最高裁判所の裁判官の任命に関する国民の審査（「国民審査」）に係る審査権が国民主権の原理に基づき憲法に明記された主権者の権能の一内容である点において選挙権と同様の性質を有することに加え，憲法が衆議院議員総選挙の際に国民審査を行うこととしていることにも照らせば，**憲法は，選挙権と同様に，国民に対して審査権を行使する機会を平等に保障している**ものと解するのが相当である。憲法の以上の趣旨に鑑みれば，国民の審査権またはその行使を制限することは原則として許されず，審査権またはその行使を制限するためには，その

　　　　ような制限をすることがやむを得ないと認められる事由がなければな
　　　　らないというべきである。そして，そのような制限をすることなしに
　　　　は国民審査の公正を確保しつつ審査権の行使を認めることが事実上不
　　　　可能ないし著しく困難であると認められる場合でない限り，上記のや
　　　　むを得ない事由があるとはいえず，このような事由なしに審査権の行
　　　　使を制限することは，憲法15条１項，79条２項，３項に違反するとい
　　　　わざるを得ない。

5　司法府の独立

(1)　意　義

　　　　司法府の独立とは，司法府（裁判所）が行政府（内閣）および立法府（国
　　　会）から独立して，自主的に活動できることをいう。

　　　　この司法府の独立も，裁判官の職権行使の独立を実効あるものにするため
　　　に認められたものである。

(2)　司法府の独立を保障する制度

　H23-3-ア　　　①　最高裁判所の規則制定権（憲§77Ⅰ）
　　　　　　　　②　最高裁判所を中心とする司法行政権（憲§77Ⅰ，第６章の趣旨）
　H23-3-ア　　　③　最高裁判所による下級裁判所裁判官の指名権（憲§80Ⅰ）

第4節　裁判所の構成と権限

Topics
- 裁判の公開については平成28年と20年に，法律と規則制定権の関係については平成21年に出題されているが，それ以降は出題されていないので，要注意である。
- 下級裁判所の裁判官の再任については，学説（推論）問題として出題される可能性が高いのでしっかり押さえておくことが大切である。

1　裁判所の構成

裁判所は，「最高裁判所及び法律の定めるところにより設置する下級裁判所」（憲§76Ⅰ）によって構成されている。

下級裁判所には，高等裁判所，地方裁判所，家庭裁判所，簡易裁判所の４種類の裁判所がある（裁判所§２）。

憲法は，訴訟手続を慎重に行い，司法権の適正な運用を図るために，下級裁判所の判断に不服のある者は，上級の裁判所に上訴できるという審級制度を採っている。

審級制度としては，第一審，控訴審，上告審の三審制が採られているが，三審制そのものは，憲法上の要請ではない（最判昭23.3.10，最判昭23.7.29）。

2　最高裁判所

⑴　構成・任命等

①　構　成

最高裁判所は，その長たる裁判官（最高裁判所長官）および法律の定める員数のその他の裁判官（最高裁判所判事）でこれを構成する（憲§79Ⅰ）。

②　指名・任命等

㋐　最高裁判所の長官たる裁判官は，内閣が指名し，天皇が任命する（憲§６Ⅱ）。 H15-3-1

㋑　その他の最高裁判所裁判官は，内閣が任命し，天皇が認証する（憲§79Ⅰ，７⑤）。 H15-3-1

これらの規定は，最高裁判所が憲法についての最終的な解釈権を有することから，内閣に最高裁判所の裁判官の実質的選任権を帰属させることにより，裁判所との抑制・均衡を図ったものである。

③　定　年

> **第79条**
> **5**　最高裁判所の裁判官は，法律の定める年齢に達した時に退官する。

憲法上，最高裁判所の裁判官には任期の定めはないが，70歳の定年退官がある（裁判所§50）。

(2)　権　能

最高裁判所は，司法権の頂点に位置する機関として，最終の裁判権のほかに，司法権の自主性を尊重するために認められた種々の権能を有する。

憲法で認められる権能には，次のものがある。

①　裁判権（憲§76）

最高裁判所は，「上告」事件および「訴訟法において特に定めのある抗告」事件について，法令の解釈を統一し，違憲の疑いのある法令等につき，最終的な判断を下す権能を有する（憲§81条参照）。

②　規則制定権（憲§77）

③　下級裁判所裁判官の指名権（憲§80Ⅰ）

(3)　裁判所の規則制定権

> **第77条**　最高裁判所は，訴訟に関する手続，弁護士，裁判所の内部規律及び司法事務処理に関する事項について，規則を定める権限を有する。
> **3**　最高裁判所は，下級裁判所に関する規則を定める権限を，下級裁判所に委任することができる。

①　意義等

本条１項は，権力分立の観点から，政治部門からの干渉を排除して裁判所の自主独立性を確保するとともに，技術的見地から裁判所の専門性を尊重して，最高裁判所に規則制定権を認めたものであり，国会中心立法の原則（憲§41）の例外である。

②　法律と裁判所規則の関係

＜論点＞

㋐　憲法77条１項の裁判所規則の所管事項について，法律でこれを定めることができるかが問題となる。

　　判例は，法律により刑事に関する訴訟手続を規定することは憲法77
　条１項に違反しないとする（最判昭30.4.22，同昭33.7.10）。

㋑　裁判所規則の所管事項について，法律でこれを定めることができる
　とすると，両者が矛盾抵触した場合，どちらが優先するかが問題とな
　る。

　ⓐ　法律優先説
　　　法律と裁判所規則が矛盾するときは，矛盾する限度で裁判所規則
　　の効力が否定されるとする見解。
　　理由　➡①　法律は，国権の最高機関であり国の唯一の立法機関であ　　`H21-3-1`
　　　　　　　る国会（憲§41）によって制定されることから，規則より
　　　　　　　も強い形式的効力をもつ。
　　　　　　②　憲法31条は，「法律の定める手続」によらなければ刑罰　　`H21-3-5`
　　　　　　　を科せられないとして，刑事手続について特別の定めをし
　　　　　　　ている。

　ⓑ　規則優先説
　　　法律と裁判所規則が矛盾するときは，矛盾する限度で法律の効力
　　が否定されるとする見解。
　　理由　➡①　法律が裁判所規則に優先するとすれば，憲法77条１項が
　　　　　　　　特に裁判所に規則制定権を保障して司法権の独立を図ろう
　　　　　　　　とした趣旨が害される結果となる。
　　　　　　②　裁判の実務に精通している裁判所が，その手続に関して　　`H21-3-2`
　　　　　　　　最も適切な定めをすることができる。

　ⓒ　同位説
　　　法律と裁判所規則が矛盾するときには，「後法は前法を廃する」　　`H21-3-3`
　　との一般原則により，後に成立したものが有効となる。
　　理由　➡　憲法は，法律と裁判所規則が矛盾抵触したときにそのいず　　`H21-3-4`
　　　　　　　れが優先するかについて特に規定していない以上，一般原則
　　　　　　　に従うべきである。

③　規則制定権の委任
　　裁判所規則は最高裁判所がこれを制定するのが原則であるが（憲§77
　Ⅰ），最高裁判所は，下級裁判所に関する規則を定める権限を下級裁判所

に委任することができる（同Ⅲ）。

3　下級裁判所

(1)　意　義

下級裁判所とは，最高裁判所の下にあって司法権を行使する裁判所をいう。

最高裁判所の下にあるとは，審級制に服することを意味するだけであって，指揮・命令に服することを意味するものではない。

(2)　任命手続

H28-3-ウ
H23-3-ア
H15-3-1

> **第80条**　下級裁判所の裁判官は，最高裁判所の指名した者の名簿によつて，内閣でこれを任命する。……。

下級裁判所裁判官の任命権を内閣に与えながら，その任命権を最高裁判所の指名の枠内にとどめたのは，内閣に任命権を認めて三権の抑制均衡を図り司法の独善を排除する一方で，司法の自主性を尊重して司法権の独立が害されるのを防ぐ趣旨である。

(3)　任　期

> **第80条**　……その裁判官は，任期を10年とし，再任されることができる。……。

下級裁判所裁判官については，最高裁判所の裁判官の場合と異なり，「任期を10年」と定めて，任期制を採用している（憲§80Ⅰ本文後段）。

(4)　再　任

＜論点＞

憲法80条1項本文後段の「再任されることができる」との意味については，以下の見解の対立がある。

①　自由裁量説

下級裁判所裁判官は任命の日から10年を経過すれば当然に退官し，再任は新任と全く同じであり，指名権者は自由な裁量によって再任するか不再任とするかを決定できるとする見解。

[理由]　➡㋐　**憲法80条1項本文後段が，**予め定められた公務員の身分が存続する期間を意味する**「任期」との文言を用いている。**

㋑　裁判官の身分保障からくる裁判官の独善化の弊害を除去し，不適任者を排除する必要がある。

[批判] ➡ 下級裁判所裁判官の再任を指名権者の自由裁量とすると，裁判官の身分保障が著しく不安定なものとなり，裁判官の身分保障を厚く保護しようとした憲法78条の趣旨を失わせることになる。

② 羈束（きそく）裁量説

下級裁判所裁判官は任命の日から10年を経過すれば当然に退官し，法的には再任は新任と同様の性格のものではあるが，著しい成績不良などの特段の事情のない限り，再任が原則であるとする見解。

[理由] ➡㋐　自由裁量説の理由㋐・㋑。

㋑　憲法78条が罷免事由を限定して，裁判官の身分保障を万全なものにしようとした憲法の趣旨に沿う。

㋒　国民の裁判を受ける権利（憲§32）を実質的に保障するためには，裁判官の職権行使の独立（憲§76Ⅲ）が図られなければならない。

[批判] ➡ 「特段の事情」を広く解すると実質的には自由裁量説にかなり近いものとなり，これを厳格に解すると身分継続説に近いものとなってしまい，判断基準が不明確である。

③ 身分継続説

憲法78条に規定されているような身分保障の例外に該当しない限り，10年の任期経過後も裁判官の身分は継続するのを原則とし，ただ10年ごとにその適格性を判断することができるにすぎないとする見解。

[理由] ➡㋐　羈束裁量説の理由㋑・㋒。

㋑　憲法80条１項本文後段は，「再任されることができる」として，裁判官を主体としてその地位を定めるという形で規定しており，これは，再任については，裁判官としての身分の継続を保障し当然に再任され，ただ，自らの意思で再任を拒否することができるとしたものということができる。

㋒　最高裁判所裁判官に対する国民審査制は，罷免されるまでは裁判官の地位は失われないとする解職の制度であると解されており，下級裁判所裁判官の任期について定める憲法80条１項本文後段もこれと同じ趣旨であると解すべきである。

批判 ➡ ㋐　裁判官の独善化の弊害を除去し，不適任者を排除することが困難となる。

㋑　憲法80条1項の「任期」という文言からは，かなり無理がある。

(5) 定 年

　　下級裁判所の裁判官は，「法律の定める年齢に達した時には退官する」（憲§80Ⅰ但書）。

　　簡易裁判所判事の定年は70年，その他の下級裁判所の裁判官の定年は65年とされている（裁判所§50）。

4　裁判の公開

> **第82条**　裁判の対審及び判決は，公開法廷でこれを行ふ。

(1) 意義等

　　本条1項は，裁判を一般に公開して裁判が公正に行われることを制度として保障し，ひいては裁判に対する国民の信頼を確保しようとするものである（最判平元.3.8；レペタ事件）。

　　憲法は，裁判を受ける権利（憲§32），刑事被告人の公平・迅速な公開裁判を受ける権利（憲§37Ⅰ）を保障しているが，憲法82条は，刑事事件に限らず，裁判手続の一般的な原則として，裁判の公開を定めている。

(2) 「裁判」の意味
① 民事裁判の場合

　　　「裁判」とは，当事者の意思にかかわらず，終局的に，事実を確定し，当事者の主張する権利義務の存否を確定することを目的とする裁判（性質上純然たる訴訟事件；最決昭35.7.6）をいい，裁判を受ける権利を保障した憲法32条の「裁判」と同一の意味である。

H20-2-ウ
H20-2-エ

　　　したがって，国家が後見的な立場から私的関係を助成・監督し，法律関係を形成する非訟事件手続，夫婦同居義務（最決昭40.6.30），遺産分割による処分（最決昭41.3.2），夫婦間の協力扶助に関する処分（最決昭40.6.30）などの家事審判手続については，裁判の公開の対審および判決を経なくても憲法82条1項に反しない。

　　　　訴訟事件：法律上の実質的権利義務の存否を確定するような性質の事件
　　　　　　　　　（最決昭40.6.30）。

　　　　非訟事件：当事者間の権利義務に関する紛争を前提とせず，紛争の予防

のために裁判所が一定の法律関係を形成する性質の事件。

② 刑事裁判の場合

憲法82条は，刑罰権の存否ならびに範囲を定める手続について，公開の法廷における対審および判決によるべき旨を定めたものである（最決昭42.7.5）。そして，再審を開始するか否かを定める刑事訴訟法の手続（刑訴§446以下）は，刑罰権の存否ならびに範囲を定める手続ではないので，公開の法廷における対審の手続によらなくても，本条に違反しない（同判例）。 **H28-3-エ**

(3) 「対審」の意味

「対審」とは，裁判官の面前で当事者が口頭でそれぞれの主張を述べることをいう。

対審のことを，民事訴訟と行政事件訴訟においては口頭弁論手続，刑事訴訟においては公判手続という。

(4) 「公開」の意味

① 「公開」とは，訴訟関係人に裁判に立ち会う権利を認めるだけでなく，広く国民一般に裁判を公開することをいう。

具体的には，国民の裁判の傍聴の自由と裁判報道の自由を意味する。

この裁判の傍聴の自由は，裁判の公開の原則から派生する憲法上の権利として保障されるかが問題となる。

判例は，憲法82条1項の裁判の公開を制度的保障と捉え，裁判の傍聴をその反射的利益にすぎないとして，その権利性を否定する（最判平元.3.8；レペタ事件）。なお，判旨については，次の②を参照のこと。

② 傍聴人のメモの採取

一般傍聴人が法廷内でメモを採る行為が，憲法82条1項で保障されているかが問題となる。

レペタ事件（最判平元.3.8）

【判旨】

憲法82条1項の規定の趣旨は，裁判を一般に公開して裁判が公正に行われることを制度として保障し，ひいては裁判に対する国民の信頼を確保しようとすることにある。 **H20-2-イ**

裁判の公開が制度として保障されることに伴い，各人は，裁判を傍聴することができることとなるが，この規定は，各人が裁判所に対して傍

聴することを権利として要求できることまでを認めたものでないことは
もとより，傍聴人に対して法廷においてメモを取ることを権利として保
障しているものでないことも，いうまでもない。

(⋯)コメント

　事案および憲法21条との関係については，「第2編第3章第3節**3** 2報道
の自由」を参照のこと。

(5)　公開の制限

　裁判所の設備等の都合上，傍聴人の数を制限し，あるいは法廷の秩序を維
持するために特定の者に退廷を命じたり，入場を禁じたりすることは，裁判
の公開原則に違反しない。

　また，公判廷における審判の秩序を乱し，被告人その他訴訟関係人の正当
な利益を不当に害することは許されないことから，公判廷における写真撮
影・録音・放送の許可等を裁判所の裁量に委ねたとしても，裁判の公開原則
に違反しない（最判昭33.2.17；「北海タイムス」事件）。

(6)　公開の停止（非公開）

> **第82条**
>
> **H28-3-オ** 　2　裁判所が，裁判官の全員一致で，公の秩序又は善良の風俗を害する虞があ
> ると決した場合には，対審は，公開しないでこれを行ふことができる。……。

H15-3-3 　　　　裁判の対審の公開を停止するには，裁判官の全員一致で決定することを必
要とし，また，**判決は必ず公開しなければならず，例外は認められない。**

(7)　対審の絶対的公開の場合

> **第82条**
>
> **H28-3-オ**
> **H20-2-ア** 　2　……但し，政治犯罪，出版に関する犯罪又はこの憲法第3章で保障する国
> 民の権利が問題となつてゐる事件の対審は，常にこれを公開しなければなら
> ない。

　本条2項但書は，政治犯罪，出版に関する犯罪，この憲法第3章で保障す
る国民の権利が問題となっている事件については，不公正な裁判がおこなわ
れるおそれが強いことから，裁判の公正を保障し，国民の信頼を確保するた
めに，対審を常に公開しなければならないとしたのである。

　したがって，公開することによって公序良俗を害するおそれがあっても，「対審」は，絶対に公開しなければならない。

(8)　訴訟記録

　政治犯罪，出版に関する犯罪，または基本的人権に関する事件についての訴訟記録については，裁判所は閲覧に適しないとして閲覧を禁止することはできない（刑訴§53ⅠⅢ）として，訴訟記録の原則的公開を定めている。

　しかし，刑事確定記録の閲覧請求不許可処分が憲法21条，82条に違反しな **H20-2-オ** いかが争われた事件において，判例は，憲法21条，82条の規定は刑事確定記録の閲覧を権利として要求できることまでを認めたものではないとする（最決平2.2.16）。

第5節　違憲審査制

Topics・違憲判決の効力については，平成19年に学説（推論）問題として出題されているが，違憲判決の法的性格については，まだ出題されていないため，要注意であり，しっかり理解しておくことが重要である。

> **第81条**　最高裁判所は，一切の法律，命令，規則又は処分が憲法に適合するかしないかを決定する権限を有する終審裁判所である。

1　意義等

本条は，憲法違反の国家行為（法律，命令，処分など）によって，基本的人権や憲法の最高法規性（憲§98Ⅰ等）などが侵害されるおそれがあることから，当該行為を無効としてそれを除去するために，（最高）裁判所に違憲審査権を認めて，「憲法の番人」としての役割を果たさせることにしたものである。

2　法的性格
⑴　違憲審査制の類型
＜論点＞

違憲審査制とは，国家行為（法律，命令，処分など）が憲法に適合するかどうかを特定の国家機関，とりわけ裁判所が審理判断する制度をいう。

裁判所が，具体的な争訟事件の裁判に際して，その解決に必要な限りで，適用法令等の違憲審査権を有するという点では争いがないが，それに加えて，一般的・抽象的に法令等の違憲審査権も有するか否かという点については，主に，①付随的（具体的）違憲審査制説と，②抽象的違憲審査制説との争いがある。

① 付随的違憲審査制説（判例，通説）

憲法81条は，裁判所が具体的な法律上の争訟事件を処理するために必要な限度で憲法上の判断を行う権限を裁判所に与えたものであるとする見解（最判昭27.10.8；警察予備隊違憲訴訟）。

　理由　➡㋐ 憲法81条は，「第6章　司法」の章に定められていることから，同条の違憲審査制は，憲法76条の司法権，すなわち具体的紛争の解決を前提にしていると解すべきである。

　　　　㋑ 憲法は，付随的違憲審査制を採るアメリカの憲法の影響を受け

て制定されたものである。

② 抽象的違憲審査制説

憲法81条は，具体的な争訟事件とは無関係に，一般的・抽象的に法令の違憲性を審査し決定する権限も，裁判所に与えたものであるとする見解。

[理由] ➡㋐ 付随的違憲審査制は憲法76条から導き出せる権限であり，憲法81条が別に定められているのは，抽象的違憲審査制を規定したものと解される。

㋑ 憲法81条は，裁判所に抽象的違憲審査制を認めることによって，憲法解釈の統一性を図ったものと解される。

[批判] ➡㋐ 裁判所に抽象的違憲審査制を付与することは，法律を一般的に無効とすることが可能となり，それは一種の消極的立法作用となることから，権力分立の原則（憲§41，65，76Ⅰ）に違反するおそれがある。

㋑ 憲法81条が司法権とは別個の抽象的違憲審査制を定めたものであるなら，憲法上，提訴権者の範囲，裁判手続の大綱，違憲判決の効力などの規定が存在しなければならないが，そのような明文規定がない。

(2) 判　例

警察予備隊違憲訴訟（最判昭27.10.8）

【判旨】

わが裁判所は，具体的な争訟事件が提起されないのに将来を予想して憲法および法律命令等の解釈に対し存在する疑義論争に関し抽象的な判断を下すような権限を行い得るものではない。 [H19-2-オ]

最高裁判所が法律命令等の抽象的な無効宣言をなす権限を有するものとするならば，最高裁判所はすべての国権の上に位する機関たる観を呈し，三権独立し，その間に均衡を保ち，相互に侵さざる民主政治の根本原理に背馳するにいたるおそれがある。

(…)コメント

事案等については「本編第４章第２節[1] ２法律上の争訟」を参照のこと。

3 主　体

憲法81条は，違憲審査権の主体を「最高裁判所」としているが，最高裁判所 [H25-3-ア] [H15-3-5]

のみならず**「下級裁判所」も違憲審査権の主体となることができる**（最判昭25.2.1，同昭27.10.8）。

ただし，最高裁判所が違憲審査についての「終審裁判所」（憲§81）と規定されているので，下級裁判所は，法令等の違憲問題を終審として審査することは認められず，前審として行うことができるにすぎない。

4　対　象

⑴　「一切の法律，命令，規則又は処分」

憲法81条は，違憲審査の対象として，「一切の法律，命令，規則又は処分」を規定している。

[H25-3-イ] 「処分」には，行政機関の行為，立法機関の行為に加えて，裁判所の判決も含まれる（最判昭23.7.8）。また，地方公共団体の条例については，「法律」に準ずるものと解されている。

⑵　条約と違憲審査

①　学　説

＜論点＞

憲法81条は条約について規定していないことから，条約が違憲審査の対象となるかが問題となる。

その前提として，条約の国内法としての効力と憲法の効力の優劣関係を検討する必要がある。なぜなら，条約優位説からは，憲法は条約の下位規範となり，条約は違憲審査の対象とはならないからである（否定説）。これに対して，憲法優位説からは，条約は違憲審査の対象となるとする見解（肯定説）と，違憲審査の対象とはならないとする見解（否定説）がある。ここでは，憲法優位説を前提に議論を進める（憲法と条約の優劣関係については，「本編第７章[2] 3⑸条約と憲法」を参照のこと）。

㋐　肯定説

[理由] ➡ⓐ　条約の国内法的効力は，**憲法81条の「法律」に準ずる**ものと解される。

ⓑ　条約に裁判所の違憲審査が及ばないとすれば，違憲の条約によって，**国民の人権が侵害されたり，憲法が空洞化される**おそれがある。

ⓒ　裁判所が条約を違憲と判断しても，それは**条約の国内法的効力を否定するだけ**であり，国際法上の条約の効力を否定するものではない。

④ 否定説

理由 → ⓐ 憲法81条に「条約」が列挙されていないのは，条約を違憲　H17-2-4
審査の対象から排除する趣旨と解される。

ⓑ 憲法の最高法規性を定める憲法98条１項に「条約」の列挙　H17-2-2
がなく，むしろ，２項において条約の誠実遵守を強調してい
る。

ⓒ 条約は国家間の合意という特質をもつことから，一国の意　H17-2-5
思だけで条約を違憲としてその効力を失わせることはできな
い。

ⓓ 条約は，きわめて政治的な内容を含むものであり，裁判所
が条約の違憲審査を行うと，政治的な紛争に巻き込まれて，
司法が政治化する危険がある。

批判 → ⓐ 条約が違憲審査の対象とならないとすると，憲法に違反す　H25-3-エ
る内容の条約が締結されたときは，当該条約によって実質的
に憲法が改正されたことになり，硬性憲法の建前に反するこ
とになる。

ⓑ 憲法81条が条約を除いているのは，条約が国家間の合意
という特殊性を考慮した結果にすぎず，条約の違憲審査を
否定したものとはいえない。

② 判　例

判例は，日米安保条約のようなわが国の存立の基礎に極めて重大な関係
をもつ高度の政治性を有する条約には，一見極めて明白に違憲無効である
と認められない限り，裁判所の司法（違憲）審査権は及ばないとする（最
判昭34.12.16；砂川事件）。

したがって，この判例からすると，高度の政治性を有しない条約や，高
度の政治性を有する条約であっても，「一見極めて明白に違憲無効」であ
ると認められるときには，裁判所の違憲審査権が及ぶことになると解され
る。

(3) 立法の不作為と違憲審査

① 総　説

国会は国の唯一の立法機関（憲§41）であり，立法をいつどのように行
うかは国会に委ねられた事柄である。しかし，憲法上，立法することが要
請されていると解されるにもかかわらず，その立法が行われないときは，

国会のそのような不作為（消極的行為）が違憲審査の対象となるかが問題となる。

② 判　例

  ㋐　在宅投票制度廃止事件（最判昭60.11.21）

> 　国会が在宅投票制を廃止し，その後も当該制度を復活するための立法を行わなかったために，寝たきりの生活を送るようになっていたXが，選挙権の行使ができなくなり精神的苦痛を受けたとして国家賠償を請求して争った事件。

【判旨】

R2-3-エ
　国会議員は，立法すること自体については原則として国民全体に対する関係で政治的責任を負うにとどまり，個別の国民の権利に対応した関係での法的責任を負うものではなく，国会議員の立法行為（不作為も含む）は，立法の内容が憲法の一義的な文言に違反しているにもかかわらず国会があえてその立法をしたというがごとき，容易に想定し難いような例外的な場合でない限り，国家賠償法1条1項の適用上，違法の評価を受けない。

(⋯)コメント
　本判決は，「容易に想定し難いような例外的な場合」という厳格な要件を定め，立法の不作為を国家賠償請求訴訟で争う途を閉ざした。

  ㋑　在外日本人選挙権剥奪事件（最判平17.9.14）

> 　在外国民（国外に居住していて国内の市町村の区域内に住所を有していない日本国民）は，選挙名簿に登録されず，その結果，投票することができないとされていた改正前の公職選挙法は，選挙権の行使の機会を奪うものであり，憲法14条1項，15条1項等に反すること，および投票することができないことにより損害を被ったとしてXらが国家賠償を求めて争った事件。

【判旨】
　国会議員の立法行為または立法不作為が国家賠償法1条1項の適用上違法となるかどうかは，国会議員の立法過程における行動が個別の国民に対して負う職務上の法的義務に違背したかどうかの問題であっ

て，当該立法の内容または立法不作為の違憲性の問題とは区別される
べきであり，仮に当該立法の内容または立法不作為が憲法の規定に違
反するものであるとしても，そのゆえに国会議員の立法行為または立
法不作為が直ちに違法の評価を受けるものではない。

　しかしながら，立法の内容または立法不作為が国民に憲法上保障さ
れている権利を違法に侵害するものであることが明白な場合や，国民
に憲法上保障されている権利行使の機会を確保するために所要の立法
措置を執ることが必要不可欠であり，それが明白であるにもかかわら
ず，国会が正当な理由なく長期にわたってこれを怠る場合などには，
例外的に，国会議員の立法行為または立法不作為は，国家賠償法1条
1項の規定の適用上，違法の評価を受けるというべきである。

`H31-2-オ`
`H21-2-イ`

　在外国民であったＸらも国政選挙において投票をする機会を与えら
れることを憲法上保障されていたのであり，この権利行使の機会を確
保するためには，在外選挙制度を設けるなどの立法措置を執ることが
必要不可欠であったにもかかわらず，10年以上の長きにわたって何ら
の立法措置も執られなかったのであるから，このような著しい不作為
は上記の例外的な場合に当たり，国家賠償請求はこれを認容すべきで
ある。

(⋯)コメント

　　本判決は，前記最判昭60.11.21（在宅投票制度廃止事件）で触れていた
　「容易に想定しがたい場合」でないにもかかわらず，立法不作為の違憲性
　を認めた点に意義がある。

ⓥ　在外日本人国民審査権確認訴訟―違憲判決（最判令4.5.25）

　在外審査制度を創設することについては，在外国民による国民審査の
ための期間を十分に確保し難いといった運用上の技術的な困難があるこ
とを否定することができないが，国民審査の公正を確保しつつ，在外国
民の審査権の行使を可能にするための立法措置をとることが，事実上不
可能ないし著しく困難であるとは解されない。そうすると，在外国民の
審査権の行使を可能にするための立法措置が何らとられていないことに
ついて，やむを得ない事由があるとは到底いうことができない。遅くと
も平成29年国民審査の当時においては，在外審査制度を創設する立法措
置をとることが必要不可欠であり，それが明白であるにもかかわらず，
国会が正当な理由なく長期にわたってこれを怠ったものといえる。そう
すると，本件立法不作為は，平成29年国民審査の当時において，国家賠
償法1条1項の適用上違法の評価を受けるものというべきである。

──コメント

　　本件事案等については，「本章第3節4(4)⑤判例」を参照のこと。

(4) 自律権と違憲審査

H25-3-ウ

　　判例は，自律権につき，裁判所の違憲審査権（司法審査権）は及ばないとする（最判昭37.3.7；警察法改正無効事件）。

　　なお，詳しくは，「本編第4章第2節❷5統治行為」を参照のこと。

(5) 統治行為と違憲審査

H26-3-オ
H25-3-ウ
H19-2-ウ

　　判例は，統治行為につき，裁判所の違憲審査権（司法審査権）は及ばないとする（最判昭35.6.8；苫米地事件）。ただし，「一見極めて明白に違憲無効」な場合は，司法審査が可能であるとする判例もある（最判昭34.12.16；砂川事件）。

　　なお，詳しくは，「本編第4章第2節❷5統治行為」を参照のこと。

5 憲法問題の審理と判断

(1) 司法消極主義と司法積極主義

　　裁判所の違憲審査権の行使に関する基本態度としては，①司法消極主義と②司法積極主義がある。

　　司法消極主義とは，裁判所が，立法府および行政府の措置をできるだけ尊重し，それが極めて明白な場合のみ，違憲を宣言するという立場をいう。

　　司法積極主義とは，裁判所が積極的に違憲審査権を行使する立場をいう。

　　司法消極主義は，司法の自己抑止という見地から，憲法訴訟の様々な場面で援用されるが，司法消極主義の前提となる民主政の過程に瑕疵が生じている場合や，重要な人権が問題となる場合などには，むしろ裁判所による積極的な違憲審査が必要となる。

(2) 憲法判断回避の準則

　　憲法判断回避の準則とは，裁判所の違憲判断は事件の解決にとって必要な場合に限られるべきであって，それをしないでも結論が出せる場合には，憲法判断はすべきでないとする準則をいう。

　　この準則は司法消極主義の1つの現れであり，地裁レベルの判例ではこれを認めたものがある（札幌地判昭42.3.29；恵庭事件）。

⑶　合憲限定解釈

①　意　義

合憲限定解釈とは，法律の解釈として複数の解釈が可能な場合には，憲 `H25-3-オ` 法の規定と精神に適合する解釈が採られなければならないことをいう。これも司法消極主義の1つの表れである。

理　由　➡㋐　民主主義の下では，国民を代表する国会の制定した法律は一応合憲と推定すべきである。

㋑　法的混乱を招く違憲判断は，なるべく避けるべきである。

㋒　法律の解釈はできるだけ憲法の精神と調和するようにされるべきである。

②　判　例

判例は，この合憲限定解釈を一般的に否定も肯定もせず，事例ごとに判断をしている。

㋐　まず，全逓東京中郵事件（最判昭41.10.26）や，都教組事件（最判昭44.4.2）では，この合憲限定解釈の方法が採用された。

㋑　しかし，全農林警職法事件では，「違法な争議行為とそうでないものとを区別し，さらに違法な争議行為のうち，違法性の強いもののあおり行為のみを刑事制裁の対象とするような限定解釈（二重のしぼり論）は，不明確な解釈であり，憲法31条に違反する疑いすらある」として，国家公務員法が争議行為を一律に禁止することを合憲とする（最判昭48.4.25）。

㋒　他方，札幌税関検査事件では，解釈により，規制の対象となるものとそうでないものとが明確に区別され，かつ合憲的に規制しうるもののみがその規制の対象となることが明らかな場合であって，一般国民の理解において，具体的な場合にその表現物が規制の対象となるかどうかの判断が可能であるような基準を，その規定から読み取ることができる場合には，限定解釈は可能であるとする（最判昭59.12.12）。

㋓　また，福岡県青少年保護条例事件でも，「淫行（いんこう）」の意味につき，合憲 `R2-2-ア` 限定解釈を施している（最判昭60.10.23）。

6　違憲判断の方法

(1)　法令違憲

法令違憲とは，当該法令の規定そのものを違憲とする判断方法である。

(2)　適用違憲

適用違憲とは，法令自体を違憲とするのではなく，法令が当該事件に適用される限りにおいて違憲であるとする判断方法をいう。

7　違憲判決の効力

(1)　違憲判決の効力

＜論点＞

裁判所が，ある法令を違憲とした場合，その法令の効力はどうなるかが違憲判決の効力の問題である。

この点については，大きく分けて，①個別的効力説と，②一般的効力説が対立する。

①　個別的効力説（通説）

裁判所によって違憲とされた法令は，当該訴訟においてのみ無効とされるにとどまり，法令自体が効力を失うものではないとする見解。

H19-3-ウ　[理由] ➡㋐　わが国の違憲審査制は司法作用であり，具体的事件の裁判に付随して，その解決に必要な範囲においてのみ行使されるものであるから（**付随的違憲審査制**），**違憲の判断も当該訴訟当事者限りのもの**と解すべきである。

H19-3-エ　㋑　法律を一般的に無効とすることは，**一種の消極的立法作用となり**，国会を唯一の立法機関とする**憲法41条と抵触する**（②一般的効力説に対する批判）。

H19-3-オ　㋒　憲法上，国会は違憲とされた法令を速やかに改廃し，また，政府はその執行を控えるなどの措置を採ることにより，内閣は違憲とされた「法律を誠実に執行」（憲§73①）する義務を負うことなく，不都合な結果を回避できる（②一般的効力説㋑に対する反論）。

②　一般的効力説

裁判所によって違憲とされた法令は，当該訴訟において無効とされるだけでなく，一般的にその効力を失うとする見解。

H19-3-ア　[理由] ➡㋐　**憲法98条1項**に宣言されているように，裁判所により違憲と

された以上は，その法律は当然に無効となる。

④　違憲判決に個別的効力しか認めないとすると，同じ法律が， `H19-3-イ`
ある事件の場合には違憲無効となり，他の事件の場合には合憲
有効となり，法的安定性・予見性を欠き，また不公平さを生じ
させて法の下の平等（憲§14Ⅰ）に反する（①個別的効力説に
対する批判）。

(2)　違憲審査制の法的性格と違憲判決の効力の関係

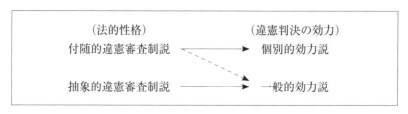

（法的性格）　　　　　　（違憲判決の効力）
付随的違憲審査制説　　　　　　　個別的効力説

抽象的違憲審査制説　　　　　　　一般的効力説

　付随的違憲審査制説は，具体的な争訟事件を解決するために，法令の合憲・
違憲を判断する見解であるから，個別的効力説を採ることになる。

　もっとも，付随的違憲審査制説に立っても，憲法98条１項が憲法に反する
法律などは「その効力を有しない」（無効）としていることなどを根拠として，
一般的効力説を採る見解もある。

　これに対して，抽象的違憲審査制説は，一般的・抽象的に法令の合憲・違
憲を判断する見解であるから，一般的効力説を採ることになる。

第5章
財　政

Topics・平成20年に予算の法的性質に関する学説（推論）問題が，平成29年，18年に財政に関する問題が出題されているが，それ以降出題されていないので，要注意である。

1　財政処理の基本原則（財政立憲主義・財政国会中心主義）

> **第83条**　国の財政を処理する権限は，国会の議決に基いて，これを行使しなければならない。

(1)　意義等

　　財政は，国民から金銭を租税として徴収し，集められた金銭を使用する点で，国民の経済生活に直接影響を与えることから，収入・支出の双方にわたって民主的コントロールを及ぼすために国会の議決を経なければならないとしたものである。これを財政立憲主義または財政国会中心主義という。

　　憲法は，財政処理の基本原則として財政立憲主義の原則（憲§83）を採ることを明らかにしている。そして，それを具体化するものとして，歳入面では，その中心である租税について租税法律主義（憲§84）を定め，歳出面では，国費の支出に対する国会の議決（憲§85）を求め，また，歳入・歳出については，予算という形式での国会の議決（憲§86〜88）を求め，執行後は，決算として国会に提出し（憲§90），内閣に国会・国民に対する国の財政状況の報告義務（憲§91）を課している。

(2)　「財政」の意味

　　「財政」とは，国家が国政を運営するために必要な資金を調達し，管理し，使用する作用をいう。

(3)　「国会の議決」の意味

　　「国会の議決」とは，厳密な意味での国会の議決を指すのではなく，「国会の意思に基づいて」または「国会の決定するところに基づいて」という意味である。

⑷　憲法83条と地方公共団体

憲法83条は国の財政について定めた原則であるが，地方公共団体の財政にも当然に準用され，国会は地方公共団体の財政基準を定めることができる。ただし，「地方自治の本旨」（憲§92）に反する個別的・具体的な基準を定めることはできない。

2　租税法律主義

> **第84条**　あらたに租税を課し，又は現行の租税を変更するには，法律又は法律の定める条件によることを必要とする。

⑴　意義等

国は国民に対して，直接的に租税の負担を求めるものであるから（憲§30），本条は，必ず国民の同意（法律の制定）を得なければならないとして，憲法83条の一般原則を財政収入の面について具体化したものであり，租税法律主義の原則を定める。これは，「代表なければ課税なし」という政治原理に由来する。

⑵　「租税」の意味

租税とは，国または地方公共団体が，課税権に基づき，その経費に充てるための資金を調達する目的をもって，特別の給付に対する反対給付としてではなく，一定の要件に該当するすべての者に対して課する金銭給付をいう（最判平18.3.1；旭川市国民健康保険料条例訴訟）。

文言上は「租税」のみに限っているが，租税という名称にこだわらず，負担金，手数料，国の独占事業の料金など，国民の財産に対する強制的な負担となる金銭についても，本条の趣旨により国会の議決が必要である（通説）。

⑶　内　容

租税法律主義の主な内容としては，①課税要件法定主義，②課税要件明確主義がある。

①　課税要件法定主義

課税要件法定主義とは，納税義務者，課税物件，課税標準，税率などの　**H29-2-オ**　課税要件と，租税の賦課・徴収の手続が，法律または法律の定める条件によることを必要とする原則をいう（最判昭30.3.23）。

②　課税要件明確主義

　　課税要件明確主義とは，課税要件および賦課・徴収を定める手続は誰でもその内容を理解できるように，明確に定められなければならないとの原則をいう（仙台高秋田支判昭57.7.23）。

(4)　「法律又は法律の定める条件によること」

　　租税は，「法律」または「法律の定める条件」に基づいて新設または改廃されなければならないことから，以下の場合，租税法律主義に違反しないかが問題となる。

①　条約による課税

　　条約に基づいて課税（関税）することは，租税法律主義に違反しないと解される（通説）。

> **理由** ➡ ⓐ 憲法は，国際協調主義（前文，憲§98Ⅱ），条約の誠実遵守義務（憲§98Ⅱ）を規定している。
> 　　　　 ⓑ 条約締結に際しての国会の承認の要求（憲§73③但書）により民主的統制が担保されている。
> 　　　　 ⓒ 条約は法律より上位の規範である。

②　命令による課税

　　急激に変化する経済状況に迅速かつ能率的に対応するためには，課税の具体的な定めを命令に委任することが必要であるから，税率等を命令に委任しても，租税法律主義には違反しないと解されている（名古屋地判平13.5.23，通説）。

　　ただし，租税法律主義の原則に照らせば，命令への委任は，法律自体から委任の目的，内容，程度等が明らかにされていることを必要とし，概括的・白紙的委任は許されない（同判例）。

③　条例による課税

H18-2-1

　　地方公共団体は，条例により地方税を課すことができるか，さらには独自の課税権を有するかが，租税法律主義との関係で問題となる。

　　この点については，「本編第6章**2**3地方公共団体の権能」を参照のこと。

④　行政通達による課税

　　通達とは，上級行政庁が法律の解釈や運用方針等を統一するために，下級行政庁に対して行う命令・指令をいい，法律ではない。そこで，法律が

課税対象品目としていたが，長年非課税とされていた物品を通達を改正して課税することは，租税法律主義に反しないかが問題となる。

　判例は，課税がたまたま通達を機縁として行われたものであっても，通達の内容が法の正しい解釈に合致するものである以上，当該課税処分は法の根拠に基づく処分と解することができるから，租税法律主義に反しないとする（最判昭33.3.28；パチンコ球遊器事件）。

(5) 租税類似の公課

旭川市国民健康保険料条例訴訟（最判平18.3.1）

> 　平成6年4月12日に旭川市を保険者とする国民健康保険の一般被保険者の資格を取得した世帯主であるXは，平成6年度から同8年度までの各年度分の国民健康保険の保険料について，旭川市から賦課処分を受け，また，旭川市長から所定の減免事由に該当しないとして減免しない旨の通知を受けたことから，旭川市に対し上記各賦課処分の取消しおよび無効確認を，旭川市長に対し上記各減免非該当処分の取消しおよび無効確認をそれぞれ求めて争った事件。

【判旨】

　国または地方公共団体が，課税権に基づき，その経費に充てるための資金を調達する目的をもって，特別の給付に対する反対給付としてでなく，一定の要件に該当するすべての者に対して課する金銭給付は，その形式のいかんにかかわらず，憲法84条に規定する租税に当たる。保険料は，これと異なり，被保険者において保険給付を受け得ることに対する反対給付として徴収されるものであり，憲法84条の規定が直接に適用されることはないというべきである。

　もっとも，憲法84条は，国民に対して義務を課しまたは権利を制限するには法律の根拠を要するという法原則を租税について厳格化した形で明文化したものであり，国，地方公共団体等が賦課徴収する租税以外の公課であっても，その性質に応じて，法律または法律の範囲内で制定された条例によって適正な規律がされるべきものと解すべきである。そして，租税以外の公課であっても，賦課徴収の強制の度合い等の点において租税に類似する性質を有するものについては，憲法84条の趣旨が及ぶと解すべきである。

　保険料は，賦課徴収の強制の度合いにおいては租税に類似する性質を有するものであるから，これについても憲法84条の趣旨が及ぶと解すべき

であるが，その使途は，国民健康保険事業に要する費用に限定されている
のであって，国民健康保険法81条の委任に基づき条例において賦課要件が
どの程度明確に定められるべきかは，賦課徴収の強制の度合いのほか，社
会保険としての国民健康保険の目的，特質等をも総合考慮して判断する必
要がある。

3　国費の支出および国の債務負担

> **第85条**　国費を支出し，又は国が債務を負担するには，国会の議決に基くこと
> を必要とする。

(1)　意義等

本条は，憲法83条（財政立憲主義）を受けて，これを国費の支出の面から
具体化したものである。すなわち，国が国費を支出し，または，債務を負担
することは，最終的に国民の負担となるものであるから，国の財政支出に対
しても国会によるコントロールを及ぼすことにしたのである。

(2)　国費の支出

「国費を支出し」とは，国の各般の需要を充たすために現金を支払うこと
をいう（財政法§2）。

国費の支出に対する「国会の議決」は，予算の形式によって行われる（憲
§86）。

したがって，国費を支出するためには，国会の議決（憲§85）という実質
面と予算（憲§86）という形式面の双方の手続が必要となる。

(3)　国の債務負担

「国が債務を負担する」とは，国が財政需要を充たすために必要な経費を
調達するために債務を負担することをいう。

4　公金支出の禁止
(1)　宗教上の組織・団体に対する公金支出・財産供用の禁止

> **第89条**　公金その他の公の財産は，宗教上の組織若しくは団体の使用，便益若
> しくは維持のため，……これを支出し，又はその利用に供してはならない。

① 意義等

　本条前段は，国または地方公共団体と宗教上の組織・団体等の財政的な関係を断ち切ることによって，憲法20条（信教の自由）と相まって，政教分離，信教の自由を財政面から確保しようとしたものである。

② 「宗教上の組織若しくは団体」の意義

　「宗教上の組織若しくは団体」とは，特定の宗教の信仰，礼拝または普 H22-2-エ 及などの宗教的活動を行うことを本来の目的とする組織ないし団体をいう（狭義説）（最判平5.2.16；箕面忠魂碑訴訟）。

　したがって，例えば，戦没者遺族の相互扶助・福祉向上と英霊の顕彰を主たる目的として設立され，活動している団体である戦没者遺族会は，「宗教上の組織若しくは団体」にあたらない（同判例）。

③ 公金の支出・財産供用の禁止

　宗教団体に，国有の建物を使用させる（使用），有利な条件で公金を貸し付ける（便益），その存立を援助する（維持）ために，補助金を給付することは許されない。

　しかし，本条前段は，宗教団体を他の一般の団体よりも不利益に扱うべきことを要請するものではないので，誰もが享受できる利益は，宗教上の組織・団体にも付与しなければならない。

④ 判　例

　国有地売却事件（最判昭33.12.24）

　国有地である寺院等の境内地その他の付属地を無償貸付中の寺院等に譲与または時価の半額で売り払うことを定めた「社寺等に無償で貸し付けてある国有財産の処分に関する法律」が，憲法89条前段に違反するとして争われた事件。

【判旨】

　「社寺等に無償で貸し付けてある国有財産の処分に関する法律」が，国有地である寺院等の境内地その他の付属地を無償貸付中の寺院等に譲与または時価の半額で売り払うことにしたのは，明治初年に寺院等から無償で取上げて国有とした財産を，その寺院等に返還するという処置を講じたものであって，かかる沿革上の理由に基づく国有財産関係の整理は，憲法89条前段の趣旨に違反するものとはいえない。

⑵　公の支配に属しない慈善，教育，博愛の事業に対する公金の支出・財産供用の禁止

H29-2-エ

> **第89条**　公金その他の公の財産は，……公の支配に属しない慈善，教育若しくは博愛の事業に対し，これを支出し，又はその利用に供してはならない。

①　意義等

本条後段により，財政処理に関して，「公の支配」に属しない慈善，教育，博愛の事業への公金支出・財産供与が禁止されることになるが，その趣旨が必ずしも明らかでなく争いがある。そして，その趣旨は，後述の「公の支配」の意味に影響を及ぼす。

㋐　自主性確保説

憲法89条後段は，私的な慈善，教育等の事業への不当な公権力の支配が及ぶことを防止し，事業の自主性を確保するという趣旨であるとする見解。

㋑　公費濫用防止説（東京高判平2.1.29）

憲法89条後段は，公の支配に属しない教育事業に公の財産が支出または利用された場合には，教育の名の下に，公教育の趣旨，目的に合致しない教育活動に公の財産が支出されたり，利用されたりするおそれがあり，ひいては公の財産が濫費される可能性があることから，これを防止するという趣旨であるとする見解。

②　「公の支配」の意味

本条後段は，「公の支配に属しない」事業に対する公金支出・財産供用を禁じているので，「公の支配」の意味が問題となる。

そして，この「公の支配」の意味については，自主性確保説からは厳格説が，公費濫用防止説からは緩和説が採られる。

㋐　厳格説

「公の支配」とは，国または地方公共団体が，その事業の予算を定め，その執行を監督し，さらに人事に関与するなど，その事業の根本的方向に重大な影響を及ぼすことができる権力を有することをいうとする見解。

④　緩和説（東京高判平2.1.29；通説）

　　「公の支配」とは，財政的に助成をする限度において，その助成が不当に利用されることのないようにするために必要な国または地方公共団体による一定の監督が及んでいることをいうとする見解。

　　すなわち，国または地方公共団体等の公権力が当該教育事業の運営，存立に影響を及ぼすことにより，その事業が公の利益に沿わない場合にはこれを是正しうる途が確保され，公の財産が濫費されることを防止し得ることをもって足り，必ずしも，当該事業の人事，予算等に公権力が直接的に関与することを必要としない。

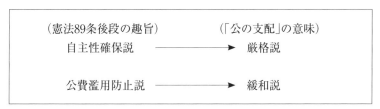

③　私学助成

　　私立学校や社会福祉事業への助成を認めながら，私立学校や社会福祉事業の自主性を尊重し，微温的・名目的な監督しか認めていない，現行の私学助成法や社会福祉事業法の合憲性が問題となる。

　　厳格説によれば，私学助成法や社会福祉事業法は憲法89条後段に違反することになるのに対して，緩和説によれば，本条後段に違反しないことになる。

④　無認可幼児教室への助成

　　幼児教室助成違憲訴訟（東京高判平2.1.29）

> 　　Y町は，住民らが設立した無認可の幼児教室を援助するために，町の援助金交付規則（補助金受給者が，状況報告義務や計画遂行義務を履行しない場合は，町は交付決定を取り消し，返還を命じることができる。）に基づき，町所有の土地と建物を無償で使用させるとともに，毎年補助金を支出した。これに対して，住民Xらが，私立学校法・私学助成法に基づかない私的教育事業への助成は憲法89条後段に違反するとして争った事件。

【判旨】

　　（憲法89条後段の規制の趣旨について公費濫用防止説に立ち，また公の支配に服する程度について緩和説に立つことを前提として，）憲法89条は，当該助成を受けた教育事業が「公の支配」に服していることを規定しているが，その規制が法律によることまで求めるものではない。

　　本件教室についての町の関与が，予算，人事等に直接及ばないものの，本件教室は，町の公立施設に準じた施設として，町の関与を受けているものということができ，その関与により，本件教室の事業が公の利益に沿わない場合にはこれを是正しうる途が確保され，公の財産の濫費を避けることができるものというべきであるから，その関与をもって憲法89条にいう「公の支配」に服するということができる。

⋯⋯ コメント

　　本判決を不服としてXらは上告したが，最高裁は原審の判断を正当として上告を棄却した（最判平5.5.27）。

　　「公の支配」の意味を厳格に解する立場（厳格説）からは，本件のようなY町の無認可幼児教室に対する助成は憲法89条後段に違反することになる。これに対して，「公の支配」の意味を緩やかに解する立場（緩和説）からは争いがあり，法律による規制を受けない教育事業は「公の支配」の要件を満たさないとする見解もあるが，本件判例は，そのような場合でも「公の支配」の要件を満たすとする。

　　また，本件判例は，「教育の事業」とは，人の精神的または肉体的な育成を目指して人を教え，導くことを目的とする組織的，継続的な活動をいうとして，本件教室の事業は教育の事業にあたるとする。

5　予　算

> **第86条**　内閣は，毎会計年度の予算を作成し，国会に提出して，その審議を受け議決を経なければならない。

⑴　意義等

　　本条は，憲法83条に定める財政立憲主義の基本原則を受けて，内閣が毎年，予算を作成して，国会の審議および議決を経るものとし，国会が予算についての最終の決定権をもつことを明らかにする。

H18-2-2

　　予算は，内閣がこれを作成し，国会に提出するが（憲§73⑤，86），予算先議権は衆議院に認められている（憲§60Ⅰ）。

⑵ 予算の意味

予算とは，一会計年度における国の歳入歳出に関する財政行為の準則をいう（後述の「本章５⑸②㋑予算国法形式説」からの定義）。

⑶ 予算の法的性格

＜論点＞

予算の法的性格に関しては，予算行政説，予算国法形式説，予算法律説の３説が対立する。

① 予算行政説

予算はあくまで行政行為（財政計画）であって，議会に対する意思表示にすぎず，国会の議決も国会の承認の意思表示にすぎないとして，予算の法規範性を否定する見解。

[批判] ➡ 予算に対する国会の民主的コントロールを弱めるものであり，財政立憲主義（憲§83）の原則に反する。 [H20-3-ア]

② 予算国法形式説（通説）

予算は法律や行政作用とは異なる「予算」という独自の法形式であるとする見解。

[理由] ➡㋐ 予算は国家機関のみを規律し，一般国民の行為を規律しない。 [H29-2-ウ]

㋑ 予算の効力は一会計年度に限られる。 [H20-3-ウ]

㋒ 予算は通常の法律とは異なる議決手続によって成立する（憲§59，60）。

㋓ 予算については，法律とは異なり，衆議院に先議権（憲§60Ⅰ）があり，また衆議院の再可決は認められていない（同Ⅱ参照）。

㋔ 予算については，法律とは異なり，署名・連署や公布手続も設けられていない（憲§74，７①参照）。

③ 予算法律説

予算は法律の一種であるとする見解。

[理由] ➡㋐ 国家機関のみを規律するということは，予算に限られず，多くの行政組織法にも見られる。

㋑ 法律にも期間が限定された限時法がある。

㋒ 予算の議決について，一般の法律とは異なる手続を定める憲法60条は，憲法59条１項の「この憲法に特別の定のある場合」にあたる。

[批判] ➡ 法律よりも緩和された議事手続で成立する予算（憲§59Ⅱ，60Ⅱ）に，法律と同等の効力を認めることは妥当ではない。

(4) 予算と法律の不一致

予算国法形式説をとった場合は，法律と予算の提出権者・議決方法等が異なることから，両者に食い違いが生じる可能性がある。そこで，その場合，どのように対応すべきかが問題となる。

① 予算は成立したが，その執行を命ずる法律が未成立の場合

H20-3-オ　内閣は，財政支出ができないため，法律案を国会に提出し，その議決を求めるしかないが，国会にはそれを成立させる義務はない。

② 法律は成立したが，その執行に必要な予算がない場合

H20-3-イ　内閣は「法律を誠実に執行」（憲§73①）しなければならないことから，補正予算を組む，経費を流用する，予備費を支出するなどの予算措置を講じる義務を負うことになる。

H20-3-オ　なお，予算法律説をとった場合は，予算が予算法（法律）として成立すれば，内閣は予算法を執行する義務を負うことになり（憲§73①），予算の執行を命ずる法律が成立していなくても，内閣は財政行為を行うことができ，法律と予算（法）の不一致は生じないことになる。

H18-2-3

(5) 予算の修正権

<論点>

憲法は予算発案権を内閣に専属させていることから（憲§73⑤，86），国会による予算の修正が認められるか，また限界はないのかが問題となる。

① 予算の減額修正

H20-3-エ　予算の減額修正については，国会は自由に行うことができる。

[理由] ➡㋐ 現行憲法には，明治憲法と異なり，予算の減額修正を制約する条項はない。

㋑ 国会は内閣の予算の発案を否決することができる以上，予算を減額修正しても内閣の予算発案権を積極的に侵害することにならないので，国会の予算議決権の当然の内容として認められる。

② 予算の増額修正

㋐ 予算行政説

予算行政説は，予算を行政行為と解し，内閣の予算発案権をより重視し，国会による増額修正は，新たな発案であるから，内閣の予算発案権を積極的に侵害する行為であり認められないことになる。

㋑ 予算国法形式説

予算国法形式説は，一定の制限付きで増額修正を認める。すなわち，国会を財政処理の最高議決機関とする憲法の精神からみて，ある程度の国会の増額修正は可能と考えるべきであるが，他方，憲法は予算発案権を内閣に専属せしめている（憲§86）のであるから，この建前を根本から覆し，予算の同一性を損なうような大修正は認められないとする。

なお，同じ予算国法形式説に立っても，国会を財政処理の最高議決機関とする現行憲法の精神を重視すべきであるとして，無制限の増額修正を認める見解も有力になっている。

㋒ 予算法律説

予算法律説の立場からは，法律の議決は国会の専権事項（憲§41）であるから，当然に無制限の増額修正が認められることになる。 `H20-3-エ`

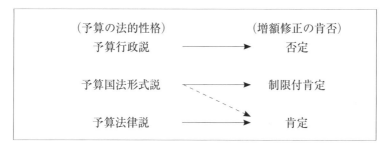

6　予備費

第87条　予見し難い予算の不足に充てるため，国会の議決に基いて予備費を設け，内閣の責任でこれを支出することができる。
2　すべて予備費の支出については，内閣は，事後に国会の承諾を得なければならない。 `H29-2-イ`

(1)　予備費の設定と支出

　　本条1項は，会計年度中に予算の不測の事態が生じて，予算外の国費を支出しなければならない場合（予算超過支出・予算外支出），予算の不足が生じるが，そのような不測の事態に対処するために予備費の制度を設けたものである。

　　予備費は，「予見し難い予算の不足に充てるため」に設けられるが，その設定は義務的なものではないから，予備費をまったく計上しないことも可能である。

　　国会の議決を経た予備費は，内閣の責任で支出される。

(2)　国会の事後承諾

①　意義等

　　予備費を設ける際の国会の議決は，一定の金額を予備費として計上することを承認したにとどまり，予備費の具体的経費への使用を認めたものではないので，本条2項は，事後的にではあるが，国会の承諾を得なければならないとしたのである。

②　承諾の効果

　　予備費の支出について，「国会の承諾」が得られたときは，内閣の政治責任が解除される。

　　ただし，「国会の承諾」が得られなかったときでも，内閣の政治責任の問題が生ずるにとどまり，既にされた支出行為の法的効力になんら影響を及ぼすものではなく，支出そのものは有効である。

7　決　算

H29-ア-2

> **第90条**　国の収入支出の決算は，すべて毎年会計検査院がこれを検査し，内閣は，次の年度に，その検査報告とともに，これを国会に提出しなければならない。
> 2　会計検査院の組織及び権限は，法律でこれを定める。

(1)　意義等

　　本条1項は，国会の議決した予算に基づき現実に行われた収入・支出が適正であったか否かを事後的に審査することにより，国の財政行為に対する監督を強化しようとするものである。

(2)　「決算」の意味

　　決算とは，一会計年度における国の収入支出の実績を示す確定的な計数を
　内容とする国家行為の一形式をいう。

　　決算は，予算と異なり，法規範としての性格を有しない。

(3)　決算の手続

　　決算は，財務大臣が作成し，閣議の決定によって成立し，その成立した決
　算は，内閣がこれを会計検査院に送付する。そして，会計検査院が検査，確
　認した後，内閣は会計検査院の検査報告とともに，決算を国会に提出し，そ
　の審査を受ける。

　　「国会に提出しなければならない」とは，単に国会に提出すればいいとの意 ▐ H29-2-ア ▍
　味ではなく，国会（各議院）は，提出された決算を審査し，これを是認する
　かどうかを議決する権限を有することを意味する。

(4)　国会の決算審査

　　国会の決算審査は，予算執行の任にあたった内閣の政治責任を明らかにし，
　違法または不当な支出があればその責任を追及することができるようにした
　ものである。

　　したがって，国会による決算の審査結果が是認されなかったとしても，既 ▐ H18-2-5 ▍
　にされた支出行為の法的効力は影響を受けない。

(5)　会計監査院

　　会計検査院は，決算検査を行うために設けられた憲法上の必要的機関であ
　るが，その組織・権限の規律を法律に委ねられている（憲§90Ⅱ）。

　　会計検査院は，その職務の性質上，内閣に対して独立の地位を有すること
　が必要であることから，内閣とは別個に規定されたものである。

8　財政状況報告

> **第91条**　内閣は，国会及び国民に対し，定期に，少なくとも毎年1回，国の財政
> 状況について報告しなければならない。

　　本条は，国会の財政監督権を強化し，また，国民の国政批判の資料とするた
　めに，内閣が国会および国民に対して，国の財政状況について公開しなければ
　ならないとしたのである（財政状況公開の原則）。

　　国の財政状況の報告義務を負うのは内閣であるが，内閣総理大臣が内閣を代
　表して報告を行うのが原則である（憲§72）。

第6章
地方自治

Topics・地方自治に関しては，平成30年，27年，24年，22年に出題されているが，再出題の可能性が高いので，条文と重要な判例を中心に整理しておくことが大切である。

1　地方自治の保障

1　意　義

　統治制度は，①国民主権原理（民主主義）と，②権力分立原理（自由主義）に基づいて組織されているが，地方自治は，それぞれの地域社会で，①「民主主義の学校」としての役割（住民自治；民主主義）を果たすと同時に，②中央の統一権力の強大化を抑えて，権力を地方に分散させるという重要な意義（団体自治；自由主義）を有している。

　このような地方自治の重要性にかんがみて，憲法は，特に第8章で「地方自治」の章を新たに設けて，地方自治制度を保障している。

2　法的性質

H22-3-②

　地方自治権の法的性質については，①地方公共団体の有する前国家的な固有の権利であるとする固有権説と，②国家の統治権から伝来したものであるとする伝来説（承認説），③憲法によって制度的に保障され，法律によって地方自治の本質・内容を廃止したり制限したりすることはできないとする制度的保障説（通説）がある。

　判例は，「憲法は地方自治の制度を制度として保障している」として，制度的保障説に立っている（福岡地判昭55.6.5；大牟田市電気税訴訟）。

法的性質　—　①固有権利
　　　　　　—　②伝来説（承認説）
　　　　　　—　③制度的保障説

3 地方自治の本旨

> **第92条** 地方公共団体の組織及び運営に関する事項は，地方自治の本旨に基いて，法律でこれを定める。

(1) 意義等

本条は，地方自治に関する総則規定であり，地方自治を担う団体として「地方公共団体」が設置されること，地方自治は「地方自治の本旨」に基づいて行われなければならないことを明らかにしたものである。

したがって，地方自治の本旨からは，地方公共団体そのものを廃止したり，地方議会を諮問機関としたりすることは違憲となる。

(2) 「地方自治の本旨」の内容

地方自治の本旨については，憲法上明記されていないが，①住民自治（憲§93）と②団体自治（憲§94）の2つからなると解されている。

① 住民自治

住民自治とは，住民の意思と責任の下に地域の政治や行政が行われなければならないことをいう。 H27-3-①

住民自治の原則は，憲法93条で地方議会の設置および執行機関の直接公選制を定め，憲法95条で地方自治特別法の住民投票（団体自治の原理も含む）を定めることよって具体化されている。 H27-3-③

② 団体自治

団体自治とは，国から独立した団体が自らの意思と責任の下に地域の政治や行政が行われなければならないことをいう。 H27-3-② H22-3-①

団体自治の原則は，憲法94条で地方公共団体の権能（財産の管理，事務の処理，行政の執行，条例の制定）を定め，憲法95条で地方自治特別法の住民投票を定めることによって具体化されている。 H27-3-④

② 地方公共団体とその機関

1 地方公共団体の意義

(1) 総　説

憲法92条から95条までに挙げられている「地方公共団体」の意義について憲法上明示されていない。

H27-3-⑤
H22-3-③
　　　　この点，判例は，「地方公共団体」といい得るためには，単に法律で地方公共団体として取り扱われているということだけでは足らず，事実上住民が経済的文化的に密接な共同生活を営み，共同体意識をもっているという社会的基盤が存在し，沿革的にみても，また現実の行政の上においても，相当程度の自主立法権，自主行政権，自主財政権等地方自治の基本的権能を付与された地域団体であることを必要とする（最判昭38.3.27）。

(2)　二段階制の保障の有無
＜論点＞
　　　　地方自治法は，普通地方公共団体として市町村と都道府県を規定している（地自§1の3）。

　　　　市町村は，住民との関係が直接的であり，住民の共同体意識もそこに強く現れていることから，憲法上の地方公共団体に該当すると解されているが，市町村のほかに都道府県というような二段階制が憲法上も要請されているのかが問題となる。

H22-3-④
　　　　この点，二段階制は憲法上の要請ではなく，立法裁量の問題であるとする見解もあるが，通説は，地方自治が憲法によって保障されるに至った歴史的背景を尊重する立場から，地方公共団体の二段階制は憲法上の要請であるとする（二段階制保障説）。

(3)　道州制採用の是非
　　　　現行の都道府県を統廃合して道州制を採用した場合，憲法に違反しないかが問題となる。

　　　　この点，二段階制は憲法上の要請ではないとする見解からは，道州制を採用しても憲法に違反しないことになる。

　　　　これに対して，二段階制保障説からは，その二段階制の中身をどのように解するかによって異なった結論となる。すなわち，①憲法は市町村と都道府県という固定した二段階性を保障していると解する見解からは，道州制を採用することは違憲となるが，②市町村のほかに，都道府県制を維持するか，道州制を採用して地方行政の広域化を図るかは立法政策の問題であるとする見解からは，道州制を採用しても憲法に違反しないことになる。

(4)　特別区
　　　　地方自治法は，「特別区」（東京都23区）を地方公共団体としているが（地自§1の3Ⅲ），憲法上も地方公共団体として保障されるのかが問題となる。もし，特別区が憲法93条2項により保障される地方公共団体に当たるとすれ

ば，地方自治法を改正して，特別区の区長公選制を廃止することは憲法違反
となる。

判例は，前述した「地方公共団体」の意義を説明した後に，この基準に照
らすと，東京都特別区は，憲法93条2項の地方公共団体と認めることはでき H27-3-⑤
ないのであり，特別区の区長公選制を廃止し，区議会選任制に変えたとして
も，それは立法政策の問題にほかならず，憲法93条2項に違反するものでは
ないとする（最判昭38.3.27）。

2　地方公共団体の機関

> **第93条**　地方公共団体には，法律の定めるところにより，その議事機関として
> 議会を設置する。
> 2　地方公共団体の長，その議会の議員及び法律の定めるその他の吏員は，そ
> の地方公共団体の住民が，直接これを選挙する。

(1)　意義等

本条各項は，地方公共団体の主要な組織について定めるとともに，それが
住民の直接選挙によって民主的に構成されるべきことを要求して，住民自治
の理念を実現させるものである。

(2)　地方議会

①　地方公共団体の議会は，住民を代表する議決機関であり，条例を制定す
る立法機関である点で，国会（憲§43Ⅰ）と類似する性格を有する。もっ
とも，執行機関の長との関係では，独立・対等の関係に立ち，地方公共団
体の最高機関ではない。

また，地方公共団体の議会は，国会に認められるような議員の不逮捕特
権や免責特権などの自律権を有しない。

判例も，地方議会議員の発言については，憲法上国会議員に保障されて
いる免責特権は及ばないとする（最判昭42.5.24）。

②　議会の内容は法律で定められるが，例えば，議会を諮問機関とするよう
な法律を制定することは，憲法92条，93条に違反し，許されない。

ただし，条例で，議会を設置する代わりに「選挙権を有する者の総会」（町
村総会）を設けても，憲法に違反しないと解されている。なお，地方自治
法94条もこれを認めている。

理由 ➡　選挙権者によって構成される町村総会は，住民の意思を直接に代

表するものであり，議会と比べて，憲法93条１項の住民自治の理念に，より一層適合するといえるからである。

(3) 地方議会の議員

地方公共団体の議会の議員は，その地方公共団体の住民の直接選挙で選ばれる（憲§93Ⅱ）。

(4) 地方公共団体の長

地方公共団体の長は，地方公共団体を代表する独任制執行機関であり，住民の直接選挙で選ばれる（憲§93Ⅱ；大統領制型）。

したがって，地方公共団体の長（市町村長）を都道府県知事の任命制とすることは憲法に違反する。

(5) その他の吏員

本条２項は，地方公共団体の長，議員以外の「その他の吏員」を住民が直接これを選ぶと規定している。

これは，法律で住民によって直接選挙される公務員を設けることができるという意味であり，必ずそのような公務員を設けなければならないとする意味ではないと解されている。

(6) 住　民

本条２項の「住民」とは，地方公共団体の区域内に住所を有する日本国民を意味し，在留外国人はこれに含まれない（最判平7.2.28）。

H25-1-エ
H21-1-⑤

したがって，憲法上，在留外国人には，地方公共団体における選挙権は保障されないことになる。

ただし，在留外国人のうちでも永住者等であってその居住する地方公共団体と特段に緊密な関係をもつに至った者について，地方公共団体の長，その議会の議員等に対する選挙権を付与する立法措置を講ずることは，憲法上禁止されていないと解されている（同判例）。詳しくは，「第２編第１章第２節３(3)④参政権」を参照のこと。

3　地方公共団体の権能

> **第94条**　地方公共団体は，その財産を管理し，事務を処理し，及び行政を執行する権能を有し，法律の範囲内で条例を制定することができる。

(1)　意義等

　　憲法92条の団体自治の原理に基づき，地方公共団体は地域の政治に必要な権限を当然に認められており，本条は，その権限のうちの自主行政権と自主立法権（条例制定権）に関する重要な事項を例示的に規定したものである。

　　したがって，法令によってこれらの諸権能を奪うことは，憲法に違反し許されない。

(2)　自主行政権

　　本条は，地方公共団体が自主的にすることができる権能ないし事務として，「財産の管理，事務の処理，行政の執行」を列挙している。

　　「財産の管理」とは，財産を取得し，利用し，これを処分することをいう。

　　「事務の処理」とは，地方公共団体の事務のうちの非権力的な事務を処理することをいう。

　　「行政の執行」とは，課税権，警察権など，住民に対して公権力を伴う行政を執行することをいう。

(3)　自主立法権（条例制定権）

①　意　義

　　条例とは，地方公共団体がその自治権に基づいて制定する自主立法をいう。

　　本条の「条例」には，地方議会により制定される自主立法である狭義の「条例」のほかに，地方公共団体の長や，教育委員会・公安委員会等の制定する「規則」も含まれると解されている（通説）。

②　根　拠

　　条例制定権の根拠については，条例制定権は国家権力に由来するものであるから，条例の基礎は法律にあり，条例は法律（地自§14Ⅰ）の授権に基づいて制定することができるとする見解と，憲法94条の「法律の範囲内で条例を制定することができる」との規定は，条例制定権の範囲だけではなく，条例制定権自体の根拠が憲法にあることを示しているとする見解（憲法94条説；多数説）などがある。

　　判例は，地方公共団体の制定する条例は，憲法が特に民主主義政治組織 **H22-3-⑤** の欠くべからざる構成として保障する地方自治の本旨に基づき（憲§92），直接憲法94条により法律の範囲内において制定する権能を認めた自治立法に外ならないとする（最判昭37.5.30；大阪市売春勧誘等取締条例事件）。

　　　したがって，条例の制定には，制定事項が地方公共団体の事務（自治事務）に属するものである限り，たとえ，住民の基本権を制約するものであっても，法律の授権・委任を必要としない。

③　条例制定権の限界
　㋐　性質上の限界
　　　条例は，地方公共団体が自治権に基づいて制定する自主立法であるから，条例制定の対象となり得る事項は，地方公共団体の事務に属する事項に限られ，しかも，その範囲を超えることはできない。
　　　したがって，国が独占している司法，外交，国防，刑罰などに関する専属的事務については，条例を制定することはできない。

　㋑　法令上の限界
　　　憲法94条は，「法律の範囲内で条例を制定することができる」とする。そこで，地方公共団体が，国の法令で定める規制基準よりも厳格な基準を定める「上乗せ条例」や，法令の規制対象以外の事項について規制する「横出し条例」を制定することが，「法律の範囲内」といえるか，また，その判断基準が問題となる。
　　　この点，判例は，次のように判示する（最判昭50.9.10；徳島市公安条例事件）。

H30-3-ア
H27-3-⑥
　　　条例が国の法令に違反するかどうかは，両者の対象事項と規定文言を対比するのみではなく，それぞれの趣旨，目的，内容および効果を比較し，両者の間に矛盾抵触があるかどうかによってこれを決しなければならない。

H30-3-イ
　　　例えば，ある事項について国の法令中にこれを規律する明文の規定がない場合でも，当該法令全体からみて，その規定の欠如が特に当該事項についていかなる規制をも施すことなく放置すべきものとする趣旨であると解されるときは，これについて規律を設ける条例の規定は国の法令に違反することとなりうる。

H30-3-ア
　　　逆に，特定事項についてこれを規律する国の法令と条例とが併存する場合でも，①後者が前者とは別の目的に基づく規律を意図するものであり，その適用によって前者の規定の意図する目的と効果をなんら阻害す
H30-3-ア
H31-3-ウ
ることがないときや，②両者が同一の目的に出たものであっても，国の法令が必ずしもその規定によって全国的に一律に同一内容の規制を施す
H30-3-エ
趣旨ではなく，それぞれの普通地方公共団体において，その地方の実情に応じて，別段の規制を施すことを容認する趣旨であると解されるとき

は，国の法令と条例との間にはなんらの矛盾抵触はなく，**条例が国の法令に違反する問題は生じない**とする。

㋒　法律留保事項による限界

憲法は一定の事項を法律によって定めるべきことを求めているが（法律留保事項），そのような事項についても条例を制定することができるかが問題となる。

ⓐ　条例による財産権の規制

<論点>

憲法29条２項は，「財産権の内容は，……法律でこれを定める」と規定しているので，条例で財産権を規制することができるのかが問題となる。

(α)　否定説

財産権の規制は，必ず法律で行わなければならず，条例で規制するためには法律の個別委任が必要であるとする見解。

[理由] ➡①　憲法29条２項は，明文で「**法律でこれを定める**」と規定している。

②　**財産権は**，その多くが全国的な取引の対象となるから，その内容や制限は，**統一的に法律で定めるのが妥当**である。

(β)　肯定説

財産権の規制は，法律の個別的委任なしに，条例で規制することができるとする見解。

[理由] ➡①　**条例は**，地方公共団体がその自治権に基づいて制定する自主立法であるから，**法律に準ずるものである**。

②　地方公共団体がその**地方の実情に応じて財産権を規制する必要性が高い**。

(γ)　判　例

判例は，ため池の破損，決壊の原因となるため池の堤とうの使用行為は，憲法，民法の保障する財産権の埒外（らちがい）にあるものというべく，従って，これらの行為を条例をもって禁止，処罰しても憲法および法律に抵触またはこれを逸脱するものとはいえないとす

る（最判昭38.6.26：奈良県ため池条例事件）。

H24-3　　　ⓑ　条例による罰則

　　＜論点＞

　　　地方自治法14条3項は，条例に違反した者に対して2年以下の懲役等を科する旨の規定を設けることができるとするが，法律によらない刑罰を科すことを禁止する憲法31条，および，法律の委任なくして政令に罰則を設けることを禁止する憲法73条6号但書に違反しないかが問題となる。

　　　ⓐ　憲法直接授権説

　　　　憲法94条の定める条例制定権にはその実効性を保障するための罰則を制定する権能も含まれているとする見解。

　　　　| 理由 | ➡ | 地方自治の保障を前提とする憲法94条の条例制定権は，その実効性を担保するための罰則の制定権を当然に含むものである。 |

　　　　| 批判 | ➡① | 罰則の制定は，本来国家事務であって，地方自治権の範囲内に属しない。 |
　　　　　　　② 罰則制定のための法律による特別の授権を必要としないことから，同様な内容の条例であっても，各地方公共団体によって罰則があったりなかったりする可能性がある結果，条例の適用を受ける地方公共団体の住民以外の者にとっては，不測の損害を被る危険がある。

　　　　| 帰結 | ➡ | 地方自治法14条3項の規定は，単に地方公共団体の権限を確認し，条例によって制定することができる罰則の範囲（上限）を限定するものと解される。 |

　　　ⓑ　一般的・包括的法律授権説

　　　　条例に刑罰を設けるには法律の授権を必要とするが，条例は地方公共団体によって制定される準法律的性格を有するので，条例への罰則の委任は，一般的・包括的で足りるとする見解。

　　　　| 理由 | ➡① | 刑罰権の制定は，本来国家事務であって，憲法94条の条例制定権は当然には罰則設定権を含むものでない。 |
　　　　　　　② 条例は，住民の代表機関である議会の議決によって成

立する自主立法であるから，憲法31条の「法律」に準ず
るものであり，また憲法73条6号但書の「政令」には含
まれない（「政令」の場合は，法律による個別的・具体
的な授権が必要とされる）。

批判 ➡ 憲法73条6号但書による制約に服しないとしながらも，
なお一般的・包括的委任を要するとするのは，住民固有の
利害にかかわる問題につき，国会（国民一般）の意思を地
方議会（住民）の意思に優位させるもので，**住民自身に
よる自己決定という民主主義の原理に反するおそれがある。**

帰結 ➡ 地方自治法14条3項による条例への罰則の委任が一般
的・包括的であっても，憲法31条，73条6号但書違反の問
題は生じない。

ⓨ 限定的法律授権説
　刑罰権の制定には法律の授権が必要であり，憲法73条6号但書
の規定が類推適用されるが，政令とは異なり，条例への罰則の委
任は，その内容が相当程度に具体的であり，限定されていればよ
いとする見解。

理由 ➡① 刑罰権の制定は，**本来国家事務であって，憲法94条の
条例制定権は当然には罰則設定権を含むものでない。**
② 刑罰につき法律の授権が必要なことは，**憲法73条6号
但書で明らかであるが，条例は，住民の代表機関である
議会の議決によって成立する自主立法であり，憲法31条
の「法律」に準ずる**ことから，委任の程度が相当程度に
具体的であり限定されていれば足りる。

批判 ➡ 条例は住民の代表機関である議会の議決によって成立す
る自主立法であり，法律に準ずるとしながらも，法律によ
る条例への罰則の委任は，その内容が相当程度に具体的，
限定的でなければならないとし，また，**憲法73条6号但書
の規定を類推適用するのは矛盾がある。**

帰結 ➡ 地方自治法14条3項による条例への罰則の委任は，一般
的・包括的であって，具体的，限定的なものとはいえない。

　　　ⓓ　判　例

　　　　①憲法31条は，必ずしも刑罰がすべて法律そのもので定められ
　　　なければならないとするものではなく，法律の授権によってそれ
　　　以下の法令によって定めることもできると解すべきで，このこと
　　　は憲法73条6号但書によっても明らかであること，しかも，②条
　　　例は，法律以下の法令といっても，公選の議員をもって組織する
　　　地方公共団体の議会の議決を経て制定される自治立法であって，
　　　行政府の制定する命令等とは性質を異にし，むしろ国民の公選し
　　　た議員をもって組織する国会の議決を経て制定される法律に類す

H30-3-オ
H15-1-4

　　　るものであるから，**条例によって刑罰を定める場合には，法律の
　　　授権が相当な程度に具体的であり，限定されていれば足りる**と解
　　　するのが正当である（最判昭37.5.30；大阪市売春等勧誘取締条例
　　　事件）。

　　ⓒ　条例による課税

　　　　憲法84条は，「あらたに租税を課し，又は現行の租税を変更するには，
　　　法律又は法律の定める条件によることを必要とする」と規定し，租税
　　　法律主義の原則を定めている。そこで，憲法84条の「法律」に条例が
　　　含まれるのかが問題となる。

　　　　普通地方公共団体は，地方自治の本旨に従い，その財産を管理し，
　　　事務を処理し，および行政を執行する権能を有するものであり（憲法
　　　92条，94条），その本旨に従ってこれらを行うためにはその財源を自

H18-2-1

　　　ら調達する権能を有することが必要であることからすると，**普通地方
　　　公共団体は，地方自治の不可欠の要素として，その区域内における当
　　　該普通地方公共団体の役務の提供等を受ける個人または法人に対して
　　　国とは別途に課税権の主体となることが憲法上予定されている**ものと
　　　解される。ただし，**普通地方公共団体が課することができる租税の税
　　　目，課税客体，課税標準，税率その他の事項については，憲法上，租
　　　税法律主義（憲法84条）の原則の下で，法律において地方自治の本旨
　　　を踏まえてその準則を定めることが予定されており，これらの事項に
　　　ついて法律において準則が定められた場合には，普通地方公共団体の
　　　課税権は，これに従ってその範囲内で行使されなければならない**とさ
　　　れている（最判平25.3.21；神奈川県臨時特例企業税事件）。

　④　条例の効力
　　条例は各地方公共団体の自主立法であるから，その効力の及ぶ範囲は，

原則として当該地方公共団体の区域内に限られる。

　ただし，その地方公共団体の地域なら，他の地方公共団体の住民に対してもその効力が及ぶ。

⑤　条例と地域的不平等

　異なる地方公共団体の条例間で，同種の行為に関して異なった規定を設けることは，憲法14条に反しないかが問題となる。

　判例は，憲法が各地方公共団体の条例制定権を認める以上，地域によって差別を生じることは当然に予想されることであるから，かかる差別は憲法みずから容認するところであると解すべきであるとする（最判昭33.10.15；東京都売春等取締条例事件）。

4　地方自治特別法

> 第95条　一の地方公共団体のみに適用される特別法は，法律の定めるところにより，その地方公共団体の住民の投票においてその過半数の同意を得なければ，国会は，これを制定することができない。

(1)　意義等

　本条は，ある特定の地方公共団体だけに適用される特別法は，国会の議決のほかに，特にその地方公共団体の住民の過半数の同意がなければ，制定できないとするもので，憲法41条，59条1項の国会単独立法の原則の例外の1つである。

　地方自治特別法に住民投票を必要とした理由は，①国の特別法による地方公共団体の自治権の侵害の防止，②地方公共団体の個性の尊重，③地方公共団体の平等権の保障，④地方行政による民意の尊重の4点であるが，その中心は，①の点にある。

(2)　「一の地方公共団体」の意味

　「一の地方公共団体」とは，実際に適用される地方公共団体が1つであるという意味ではなく，数にかかわらず「ある特定の地方公共団体」をいう。

(3)　「地方公共団体のみに適用される」の意味

　「地方公共団体のみに適用される」とは，特定の地方公共団体に適用されることを意味し，特定の地域に適用される場合はこれにあたらない。

　また，特定の地方公共団体に適用される法律であっても，その規定する内

容が，国の機関，国の事務，私経済活動に関する法律である場合は，地方自治特別法にあたらない。

　この点で議論になった法律には，北海道開発法がある。北海道開発法は，北海道という地方公共団体を規律する法律ではなく，北海道という地域における国の開発事業について定めるものであり，地方自治特別法にはあたらないとされた。

⑷　**制定手続**

　国会で地方自治特別法が可決された後に，その地方公共団体の住民投票にかけられ，有効投票の過半数の同意が得られたときに，国会の議決が確定し，当該法律が成立することになる。

第7章

憲法保障

Topics ・憲法保障で重要なのは，憲法と条約の優劣関係，憲法改正なので，この点については，しっかり学習しておくことが大切である。

❶ 憲法保障の諸類型

1 意 義

　憲法は，下位の法規範や国家行為によって憲法秩序が侵害されることのないように，さまざまな手段を設けている。この下位の法規範や国家行為により，憲法の最高法規性が侵害されるのを事前に防止し，事後に是正するための装置（仕組）のことを憲法保障という。

　憲法保障には，大別して，憲法自身に定められている保障制度（正規的憲法保障）と超法規的な根拠で認められる保障制度（非常手段的憲法保障）がある。

2 憲法自身に定められている保障制度

(1) 事前の防止制度（予防的憲法保障）

① 憲法の最高法規性（憲§98Ⅰ；間接的保障）

② 公務員の憲法尊重擁護義務（憲§99；間接的保障）

③ 権力分立制の採用（憲§41，65，76Ⅰ；間接的保障）

④ 厳格な憲法改正規定（憲§96；間接的保障）など

(2) 事後的救済制度（事後的憲法保障）

・ 違憲審査制度（憲§81；直接的保障）

3 超法規的な根拠で認められる保障制度

(1) 抵抗権

(2) 国家緊急権

② 憲法自身に定められている保障制度

1 憲法の最高法規性

> **第98条**　この憲法は，国の最高法規であつて，その条規に反する法律，命令，詔勅及び国務に関するその他の行為の全部又は一部は，その効力を有しない。

(1) 意義等

本条1項は，憲法が，国法の体系において最高法規であり，最も強い形式的効力を有することから，国民の代表機関である国会の制定する法律などであっても，その実質的内容が憲法に適合したものでなければ，その効力は無効となることを明らかにしたものである。

(2) 「国の最高法規」の意味

「国の最高法規」とは，憲法が国内法の体系において最も高い地位にあり，最も強い形式的効力を有することをいう（**憲法の形式的最高法規性**）。

これは，硬性憲法（憲法改正に通常の法律の改正の場合より困難な手続を要請している憲法）を定めた憲法96条から当然に導き出される結論を確認する意味をもつにとどまり，それ自体に，独自の積極的意味があるわけではない。

(3) 「国務に関するその他の行為」の意味

「国務に関するその他の行為」とは，法律，命令，詔勅以外の一切の国法形式およびその処分をいう。

したがって，自衛隊基地の建設を目的ないし動機として締結された国と私人との売買契約は，私法上の行為であり，公権力を行使する法規範の定立を伴わないものであるから，「国務に関するその他の行為」に該当しない（最判平元.6.20；百里基地訴訟）。

(4) 「全部又は一部は，その効力を有しない」の意味

「全部又はその一部は，その効力を有しない」とは，憲法の条規に違反する限度において，その全部または一部が当然に無効となることをいう。

このことは憲法の最高法規性の当然の帰結であるが，憲法の条規に違反する法律等が一般的に無効となるのか，個別的（当該事件についてのみ）に無効となるのかは，本条項からは直ちに明らかとなるわけではなく，違憲審査制度（憲§81）との関係によって決定される。詳しくは，「本編第4章第5

節 7 違憲判決の効力」を参照のこと。

2　基本的人権の不可侵と憲法の最高法規性

> **第97条**　この憲法が日本国民に保障する基本的人権は，人類の多年にわたる自由獲得の努力の成果であつて，これらの権利は，過去幾多の試錬に堪へ，現在及び将来の国民に対し，侵すことのできない永久の権利として信託されたものである。

　本条は，憲法が最高法規であるのは，その内容が人間の権利および自由をあらゆる国家権力から不可侵のものと保障するという理念に基づいていることを示して，硬性憲法（憲§96）およびそこから当然に派生する憲法の形式的最高法規性（憲§98Ⅰ）の実質的な根拠を明らかにしたものである（**憲法の実質的最高法規性**）。

3　条約等の遵守と憲法の最高法規性

> **第98条**
> 2　日本国が締結した条約及び確立された国際法規は，これを誠実に遵守することを必要とする。

⑴　意義等

　本条2項は，日本国が締結した条約および確立された国際法規に対する遵守義務を課すことによって，憲法前文の国際協調主義を具体化したものである。

⑵　条　約

　条約とは，文書による国家間の合意であり，国家間の権利義務を定めるものをいう。

⑶　国際法と国内法

　国際法（条約）と国内法（憲法，法律等）の関係については，国際法と国内法は別個独立の法体系を構成するという二元論と国際法と国内法は同一の法体系を構成するという一元論の対立がある。

　二元論に立てば，国際法と国内法の抵触は生じないためその効力の優劣関係は問題とならないのに対して，一元論に立てば，国際法と国内法との抵触

が生じるためその効力の優劣関係が問題となるが，憲法は明確な規定を置いていない。

一元論に立った場合でも，条約にどのような国内法的効力を認めるかが問題となるが，原則として特別の立法措置（変形手続）を経ることなく，条約は公布により，ただちに国内法的効力を有すると解されている（通説）。

⑷　条約と法律

一元論に立ち，しかも公布によって条約が国内法的効力を有するとすると，条約と法律が矛盾抵触した場合に，その優劣が問題となる。

この点，①憲法98条２項が特に条約を「誠実に遵守すること」と規定していること，②憲法73条３号但書が条約の締結に国会の承認が必要としていることから，条約が法律に優位すると解されている（通説）。

⑸　条約と憲法

＜論点＞

一元論に立ち，しかも公布によって条約が国内法的効力を有するとすると，条約と憲法が矛盾抵触した場合に，その優劣が問題となる。

H29-3-オ　なお，条約が裁判所の違憲審査の対象となるという見解を採った場合，裁判所が条約を違憲無効と判断したときでも，条約は外国との合意によって成立するという特殊性を有していることから，違憲判決により条約の国内法としての効力を失い，国内で実施することができなくなるにとどまり，その国際法としての効力まで当然に失われることはない。その結果，内閣は条約の改廃を相手国に求める義務を負うことになる。

①　憲法優位説（通説）

国内法的効力において，条約と憲法の間に抵触がある場合，憲法は条約に優位するとする見解。

[理由] ➡㋐　条約が憲法に優位するものとすれば，憲法改正手続を経ずに実質上の改憲が行われることになり，**厳格な改正規定を定めた憲法96条の趣旨に反する。**

㋑　手続において，内閣による締結および国会の承認で足りる条約（憲§73③）が，その改正には国会の議決および国民投票を必要とする憲法（憲§96Ⅰ）に優位すると解することはできない（手**続の難易は，形式的効力の優劣に対応すると考えるべき**である）。

㋒　**条約締結権は憲法により認められた国家機関の権能**であり，自らの権能の根拠となる憲法に優位できるものではない。

　　　㊤　憲法99条は，国務大臣，国会議員および裁判官に対し憲法の尊
　　　　　重擁護の義務を課している。
　　　㊥　憲法81条の違憲審査権が人権を擁護し憲法の最高法規性を担保
　　　　　するもっとも重要な制度であることからすれば，条約に対する違
　　　　　憲審査を一律に否定することは妥当ではない。

②　条約優位説
　　国内法的効力において，条約と憲法の間に抵触がある場合，条約は憲法
　に優位するとする見解。
　　根 拠　➡㋐　憲法81条に「条約」の列挙がないことは，条約を違憲審査の対
　　　　　　象から排除する趣旨と解される。
　　　　　㋑　憲法の最高法規性を強調する憲法98条１項に「条約」の列挙が
　　　　　　なく，かえって２項において「条約」の遵守義務が定められている。
　　　　　㋒　条約は国家間の合意によって成立するものであり，高度に政治
　　　　　　的な性格を帯びることが多く，裁判所の違憲審査になじまない。
　　　　　㋓　国際協調主義を規定している憲法98条２項は，条約および確立
　　　　　　された国際法規はすべての国家機関，したがって憲法制定権者を
　　　　　　も拘束する趣旨である。

　　批 判　➡㋐　憲法81条や憲法98条１項に「条約」の文字が欠けているからと
　　　　　　いって，憲法に対する条約の優位が論理必然的に導き出されるわ
　　　　　　けではない（条約が国家間の合意であるという特殊性をもつこと
　　　　　　から除外したにすぎない）。
　　　　　㋑　憲法98条２項は，有効に成立した条約の国内法的効力を認め，
　　　　　　その遵守を強調するだけであって，条約と憲法との効力関係を規
　　　　　　定し，憲法に矛盾する条約までも遵守すべきことを強いるもので
　　　　　　はない。

③　判　例
　　判例は，「一見極めて明白に違憲無効であると認められない限りは，裁
　判所の司法審査の範囲外のものである」（最判昭34.12.16；砂川事件）とし
　て，憲法優位説（および条約の違憲審査肯定説）を前提にしていると解さ
　れている。

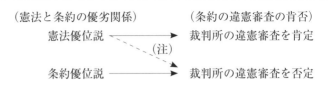

4　憲法尊重擁護義務

> **第99条**　天皇又は摂政及び国務大臣，国会議員，裁判官その他の公務員は，この憲法を尊重し擁護する義務を負ふ。

(1)　意義等

　　本条は，憲法保障（憲法体系の維持・保全）の目的を，天皇をはじめとする国家機関の担い手である公務員に，憲法尊重擁護義務を負わせることによって達成しようとするものである。

　　本条に定める「義務」は，政治的・道徳的なものであって，法的なものではない。

(2)　対　象

　① 　本条が憲法尊重擁護義務を課しているのは，天皇・摂政（憲§1，5），内閣総理大臣を含む国務大臣（憲§66Ⅰ），国会議員（憲§43Ⅰ），裁判官（憲§76Ⅲ），その他の公務員（憲§15）に対してである。

　② 　国民の憲法尊重擁護義務の有無

　　　本条には国民の憲法尊重擁護義務が規定されていないが，それは，憲法制定の主体である国民が，自らの憲法を擁護するのは当然だからであるとする見解や，憲法に対する忠誠の要求の下に，国民（少数派）の自由が侵されることをおそれた結果であるとする見解などがある。

5　憲法の改正

(1)　意義等

　　憲法の改正とは，憲法の定める手続に従って，憲法に変更を加える国家作用をいう。

改正には，成文憲法を全面的に書き改める全面改正，憲法の個別条項に加除・修正・追加を行う部分改正，既存の憲法規定に手を加えずに，新条項を加える増補がある。

これに対して，必ずしも意識的でなく，かつ，憲法の規定の文言に何ら手を加えることなく，事実上その規範の意味の変化をもたらすことを「憲法の変遷」といい，憲法の改正とは区別される。

(2) 憲法の改正手続，その公布

> 第96条　この憲法の改正は，各議院の総議員の３分の２以上の賛成で，国会が，これを発議し，国民に提案してその承認を経なければならない。この承認には，特別の国民投票又は国会の定める選挙の際行はれる投票において，その過半数の賛成を必要とする。
>
> 2　憲法改正について前項の承認を経たときは，天皇は，国民の名で，この憲法と一体を成すものとして，直ちにこれを公布する。

① 意義等

本条１項は，憲法には，憲法の最高法規性（憲§98）を維持するために高度の安定性が求められると同時に，政治・経済・社会の動きに対応できる可変性も求められることから，この両方の要請に応えるために，厳格な憲法改正規定を制定したものである。

② 国会による発議

国会による「発議」とは，国民に提案する憲法改正案を国会が決定することをいい，発案（憲法改正案の提出），審議・議決という過程を経る。

㋐ 発　案

発案権（憲法改正案の提出権）は，国会の各議院の議員に認められているが，内閣にも認められるかは争いがある。

この点，憲法改正は国民主権にとって重大であり，内閣の発案権を示す規定がないことから，法律案の提出権の場合と異なり，内閣には憲法改正の発案権は認められないと解されている（通説）。

㋑ 審議・議決

ⓐ 憲法改正の審議には，法律案の場合のような，衆議院の優越は認められていない。

　　　ⓑ　憲法改正の議決には，各議院の総議員の3分の2以上の賛成が必要
　　　である。

③　国民の承認
　　国会による憲法改正の発議が成立すると，国会は国民に提案してその承
　認を経なければならない。
　　この承認は，「特別の国民投票」または「国会の定める選挙の際に行わ
　れる投票」のいずれかによって行われる。

④　天皇による公布
　　憲法改正について国民の承認を経たときは，「天皇は，国民の名で，こ
　の憲法と一体を成すものとして，直ちにこれを公布する」（憲§96Ⅱ）こ
　とを必要とする。

(3)　憲法改正の限界
＜論点＞
　　憲法96条1項の定める憲法改正手続を踏めば，どのような内容の変更も
　可能であるのか，それとも，改正手続を踏んでもなお変更できない条項・
　事項があるのか，すなわち，憲法改正に限界があるのか否かが問題となる。

①　学　説
　　㋐　憲法改正限界説（通説）
　　　`理由`　➡ⓐ　憲法を作る権力である上位の憲法制定権力は，憲法によって
　　　　　　　作られた権力の1つである下位の憲法改正権を制約することか
　　　　　　　ら，憲法制定権力の意向に反する改正は許されない。
　　　　　　ⓑ　憲法の基本原理に変更が加えられると，憲法の同一性が否定
　　　　　　　されることになり，それは新しい憲法の制定を意味し，憲法改
　　　　　　　正とは認められない。

　　㋑　憲法改正無限界説
　　　`理由`　➡ⓐ　憲法改正権は憲法制定権力と同質であり，制定された憲法の
　　　　　　　枠には拘束されない。
　　　　　　ⓑ　憲法内部に改正の対象となるものとならないものという価値
　　　　　　　の序列は認められない。

② 限界の内容

憲法改正限界説に立った場合，何がその改正の限界（＝根本規範）となるのかが問題となる。

憲法改正の限界の内容としては，㋐基本的人権の保障（憲§11，97等），㋑国民主権（前文1段，憲§1），㋒平和主義（前文1段，憲§9）の3つが挙げられる。これらは個人の尊厳（憲§13）の不可侵と民主制にとって不可欠のものだからである。

なお，憲法改正規定（憲§96）も含まれるか否かについては争いがある。

③ 明治憲法と現行憲法の関係

憲法改正限界説に立つと，天皇主権を定める明治憲法（旧憲法）から国民主権を定める憲法へと改正することは，根本規範の変更であり，改正の限界を超えるものとなるため，法的に許されないことになる。

そこで，憲法改正限界説は，日本が昭和20年8月14日にポツダム宣言を受諾した時点で，明治憲法の天皇主権が否定され，国民主権が成立したのであり，法的な意味での革命が行われたものであるとする（8月革命説，通説）。それにもかかわらず，現行憲法が，明治憲法73条による「改正」という手続をとったのは，明治憲法との形式的連続性をもたせることが実際上の便宜に資するからであるが，その実質は，明治憲法の「廃棄」と新憲法の「制定」である。

3 超法規的な根拠で認められる保障制度

1 抵抗権

(1) 意 義

抵抗権とは，国家権力が個人の尊厳を侵す重大な不法を行い，立憲主義憲法を破壊した場合に，国民が自らの権利・自由を守り，個人の尊厳（憲§13）を確保し，立憲主義憲法秩序の回復を図るため，他に合法的な救済手段が不可能となったとき，実定法上の義務を拒否する抵抗行為をいう。

(2) 「抵抗権」を認めることができるか

この点，①抵抗権が非合法を本質とするものであるから，抵抗権は実定法上の権利とはいえず，自然法上の権利として認められるとする見解と，②抵抗権は憲法に明文で規定されていないが，自然法思想に基づく憲法に内在する実定法上の権利（憲§12前段，97参照）であるとする見解などがある。

2　国家緊急権

(1)　意　義

　　国家緊急権とは，戦争，内乱，大規模な自然災害などの原因により，平時の統治機構と作用をもっては対処できない非常事態，緊急事態において，国家の存立を維持し，憲法秩序の回復を図るために，行政権への国家権力の集中，基本的人権の一時停止などの非常事態措置を講ずることのできる権限をいう。

　　国家緊急権は，一方で，国家の存立と憲法秩序の回復を図るもので憲法保障の一形態といえるが，他方で，行政権への権力の集中や基本的人権の一時停止など立憲主義を破壊する危険をはらむ。

(2)　国家緊急権を認めることができるか

　　この点，①憲法には国家緊急権に関する規定がないこと，立憲主義を破壊する危険をはらむことを理由にこれを否定する見解と，②個人の自由・権利の保障を中核とする憲法秩序の維持・回復を図るため，厳格な要件の下にこれを認める見解がある。

用 語 索 引

用語索引

司法書士スタンダードシステム

司法書士　スタンダード合格テキスト11　憲法　第4版

2013年9月20日　初　版　第1刷発行
2022年9月15日　第4版　第1刷発行

編　著　者　Wセミナー／司法書士講座
発　行　者　猪　野　　　樹
発　行　所　株式会社　早稲田経営出版
　　　　　　〒101-0061
　　　　　　東京都千代田区神田三崎町3-1-5
　　　　　　神田三崎町ビル
　　　　　　電　話　03(5276)9492(営業)
　　　　　　FAX　03(5276)9027
組　　　版　株式会社　エ ス ト ー ル
印　　　刷　今 家 印 刷 株 式 会 社
製　　　本　東 京 美 術 紙 工 協 業 組 合

© Waseda Keiei Syuppan 2022　　　Printed in Japan　　　ISBN 978-4-8471-4958-0
　　　　　　　　　　　　　　　　　　　　　　　　　　　　　N.D.C. 327

Wセミナー 司法書士講座

	9月	10月	11月	12月	1月	2

総合力養成コース
対象:初学者、または基礎知識に不安のある方
20ヵ月、1.5年、1年、速修 総合本科生・本科生
[山本オートマチック] [入門総合本科生]

9月～開講 20ヵ月総合本科生

総合力アップコース
対象:受験経験者、または一通り学習された方
➤ **上級総合本科生**

対象:受験経験者、答練を通してアウトプットの訓練をしたい方
➤ **答練本科生**

対象:受験経験者、または一通り学習された方
➤ **山本プレミアム上級本科生**[山本オートマチック]

択一式対策コース
対象:択一式でアドバンテージを作りたい方
➤ **択一式対策講座**[理論編・実践編]

対象:応用力をつけたい方
➤ **山本プレミアム中上級講座**[山本オートマチック]

記述式対策コース
対象:記述式の考え方を身につけたい方
➤ **オートマチックシステム記述式講座**[山本オートマチック]

対象:記述式の解法を知り、確立させたい方
➤ **記述式対策講座**

法改正対策コース
対象:近時の改正点を押さえたい方
➤ **法改正対策講座**

直前対策コース
対象:本試験の解答テクニックを習得したい方
➤ **本試験テクニカル分析講座**[山本オートマチック]

対象:直前期に出題予想論点の総整理をしたい方
➤ **予想論点セット**(択一予想論点マスター講座+予想論点ファイナルチェック)

対象:本試験レベルの実戦力を養成したい方
➤ **4月答練パック**

模試コース
対象:直前期前に実力を確認したい方
➤ **全国実力Check模試**

対象:本試験と同形式・同時間の模試で本試験の模擬体験をしたい方
➤ **全国公開模試**

Wセミナーなら
身につく合格力

Wセミナーは目的別・レベル別に選べるコースを多数開講!

Wセミナーでは目的別・レベル別に選べるコースを多数開講しています。受験生個々のニーズに合ったコースを選択すれば、合格力をアップすることができます。

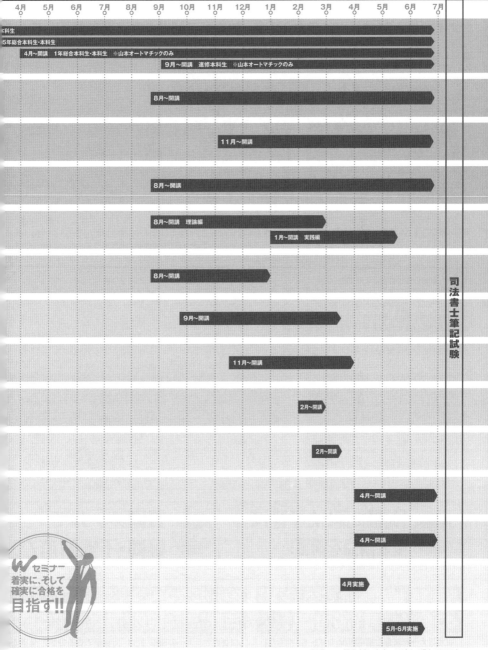

| 4月 | 5月 | 6月 | 7月 | 8月 | 9月 | 10月 | 11月 | 12月 | 1月 | 2月 | 3月 | 4月 | 5月 | 6月 | 7月 |

本科生

5年総合本科生・本科生

4月～開講　1年総合本科生・本科生　※山本オートマチックのみ

9月～開講　速修本科生　※山本オートマチックのみ

8月～開講

11月～開講

8月～開講

8月～開講　理論編

1月～開講　実践編

8月～開講

9月～開講

11月～開講

2月～開講

2月～開講

4月～開講

4月～開講

4月実施

5月・6月実施

司法書士筆記試験

Wセミナー
着実に、そして
確実に合格を
目指す!!

※開講コース・開講時期は年度により変わる場合があります。

Ｗセミナー 答練・模試

タイムリーなカリキュラムで「今、解くべき問題」の演習を実現しました

【11月】　　　　　　　　　　　【1月】　　　　　　　　　　　【2月】　　　　　　　　3

過去問学習のペースメーカー！

11月 開講（全6回）

総合力底上げ答練

＜出題数＞
択一式	全210問（各回35問）
記述式	全12問（各回2問）

年内は過去問を学習する受験生が多いので、それに合わせて"過去問学習のペースメーカー"になるように工夫されたタイムリーな答練です。各問題には「過去問チェック」を掲載しているため、答練の復習と同時に過去問の肢を確認できます。また、受験経験者の方にとっては"本試験の勘"を取り戻していただくために、各回択一35問、記述2問を本試験と同様の形式で解き、年明けの学習へのステップとして利用できる答練となっています。

全出題範囲の主要論点を総潰し！

1月 開講（全12回）

科目別全潰し答練

＜出題数＞
択一式	全420問（各回35問）
記述式	全24問（各回2問）

年明けすぐの1月～3月は、4月からの直前期を迎える前に、全科目を一通り学習できる時機です。そこで、科目ごとにもう一度試験範囲を一通り学習するためペースメーカーとして、タイムリーな科目別答練を用意しました。択一式では、法書士試験の出題範囲である主要論点を網羅しているため、ご自身の科目別学習と併用して受講することにより学習効果が大きく上がります。また、記述式ついては、毎回2問を出題しており、時間配分の練習に着目して受講することで特に記述式の実戦練習をしたい方にも適している答練です。

 Point　「時機に即した学習」で重要論点を網羅！

 Point　質問メールで疑問・不安解消！

全ての答練・模試をパッケージ化した「答練本科生」「答練本科生記述対策プラス」には、「法改正対策講座（全2回）」もカリキュラムに加わります。

受験生を合格へと導く！
Wセミナー
「太鼓判」
答練で磨く！答練で合格を勝ち取る♪

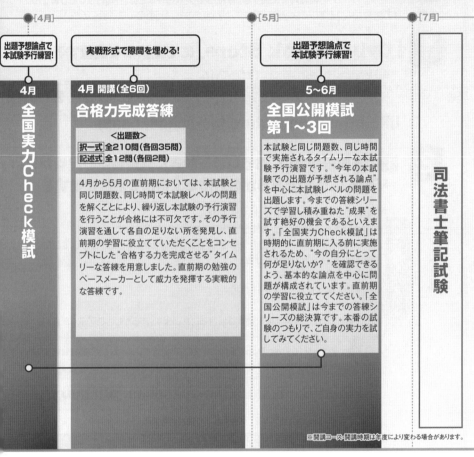

─[4月]─────────────────────────[5月]──────────[7月]─

出題予想論点で本試験予行練習！

4月

全国実力Check模試

実戦形式で隙間を埋める！

4月 開講（全6回）

合格力完成答練

<出題数>
択一式	全210問（各回35問）
記述式	全12問（各回2問）

4月から5月の直前期においては、本試験と同じ問題数、同じ時間で本試験レベルの問題を解くことにより、繰り返し本試験の予行演習を行うことが合格には不可欠です。その予行演習を通して各自の足りない所を発見し、直前期の学習に役立てていただくことをコンセプトにした"合格する力を完成させる"タイムリーな答練を用意しました。直前期の勉強のペースメーカーとして威力を発揮する実戦的な答練です。

出題予想論点で本試験予行練習！

5～6月

全国公開模試 第1～3回

本試験と同じ問題数、同じ時間で実施されるタイムリーな本試験予行演習です。"今年の本試験での出題が予想される論点"を中心に本試験レベルの問題を出題します。今までの答練シリーズで学習し積み重ねた"成果"を試す絶好の機会であるといえます。「全国実力Check模試」は時期的に直前期に入る前に実施されるため、"今の自分にとって何が足りないか？"を確認できるよう、基本的な論点を中心に問題が構成されています。直前期の学習に役立ててください。「全国公開模試」は今までの答練シリーズの総決算です。本番の試験のつもりで、ご自身の実力を試してみてください。

司法書士筆記試験

※開講コース・開講時期は年度により変わる場合があります。

Point **充実した割引制度で受験生をバックアップ！**

Point **通信生も答練教室受講OK！**

パンフレットのご請求・お問合せはこちら

電話 **0120-509-117**
　　　ゴウカク　イイナ
受付時間
9:30～19:30（月曜～金曜）
9:30～18:00（土曜・日曜・祝日）
※営業時間短縮の場合がございます。詳細はWebでご確認ください。

資格の学校 **TAC**
Wセミナー
WASEDA

WセミナーはTACのブランドです。

書籍の正誤に関するご確認とお問合せについて

書籍の記載内容に誤りではないかと思われる箇所がございましたら、以下の手順にてご確認とお問合せをしてくださいますよう、お願い申し上げます。

なお、正誤のお問合せ以外の**書籍内容に関する解説および受験指導などは、一切行っておりません。**
そのようなお問合せにつきましては、お答えいたしかねますので、あらかじめご了承ください。

1 「Cyber Book Store」にて正誤表を確認する

早稲田経営出版刊行書籍の販売代行を行っている
TAC出版書籍販売サイト「Cyber Book Store」の
トップページ内「正誤表」コーナーにて、正誤表をご確認ください。

CYBER TAC出版書籍販売サイト
BOOK STORE

URL:https://bookstore.tac-school.co.jp/

2 1 の正誤表がない、あるいは正誤表に該当箇所の記載がない
⇒ 下記①、②のどちらかの方法で文書にて問合せをする

★ご注意ください★

お電話でのお問合せは、お受けいたしません。
①、②のどちらの方法でも、お問合せの際には、「お名前」とともに、
「対象の書籍名（○級・第○回対策も含む）およびその版数（第○版・○○年度版など）」
「お問合せ該当箇所の頁数と行数」
「誤りと思われる記載」
「正しいとお考えになる記載とその根拠」
を明記してください。
なお、回答までに1週間前後を要する場合もございます。あらかじめご了承ください。

① ウェブページ「Cyber Book Store」内の「お問合せフォーム」より問合せをする

【お問合せフォームアドレス】

https://bookstore.tac-school.co.jp/inquiry/

② メールにより問合せをする

【メール宛先　早稲田経営出版】

sbook@wasedakeiei.co.jp

※土日祝日はお問合せ対応をおこなっておりません。
※正誤のお問合せ対応は、該当書籍の改訂版刊行月末日までといたします。

乱丁・落丁による交換は、該当書籍の改訂版刊行月末日までといたします。なお、書籍の在庫状況等により、お受けできない場合もございます。
また、各種本試験の実施の延期、中止を理由とした本書の返品はお受けいたしません。返金もいたしかねますので、あらかじめご了承くださいますようお願い申し上げます。

（2022年7月現在）